教育部人文社会科学青年基金项目“基于文化和能力形成技术的家庭子女人力资本投资决策研究”（13YJC790204）

家庭消费者
人力资本动态积累
理论及其应用研究

张 锐◎著

中国财经出版传媒集团
经济科学出版社
Economic Science Press

图书在版编目（CIP）数据

家庭消费者人力资本动态积累理论及其应用研究/张锐著. —北京：经济科学出版社，2021.12
ISBN 978-7-5218-3294-5

Ⅰ.①家…　Ⅱ.①张…　Ⅲ.①消费者-人力资本-研究　Ⅳ.①F014.5

中国版本图书馆 CIP 数据核字（2021）第 253925 号

责任编辑：张　燕
责任校对：王肖楠
责任印制：邱　天

家庭消费者人力资本动态积累理论及其应用研究
张　锐　著
经济科学出版社出版、发行　新华书店经销
社址：北京市海淀区阜成路甲 28 号　邮编：100142
总编部电话：010-88191217　发行部电话：010-88191522
网址：www.esp.com.cn
电子邮箱：esp@esp.com.cn
天猫网店：经济科学出版社旗舰店
网址：http://jjkxcbs.tmall.com
固安华明印业有限公司印装
710×1000　16 开　14 印张　220000 字
2022 年 4 月第 1 版　2022 年 4 月第 1 次印刷
ISBN 978-7-5218-3294-5　定价：69.00 元
（图书出现印装问题，本社负责调换。电话：010-88191510）

前　言

越来越多的研究人员和企业管理者认识到顾客才是企业最有价值的资产，顾客资产这一概念能够很好地衡量一个企业的顾客的潜在价值。一个企业的顾客资产大小会直接影响其财务绩效和市场价值大小。准确地测算企业顾客资产的大小、在企业营销战略与顾客资产之间建立直接的联系，这不仅有利于企业正确地管理其顾客、优化其营销资源的配置，而且还能够应对“营销在企业市场价值方面的低解释能力”这一挑战。

既然顾客终身价值和顾客资产是如此重要的概念，那么它们是否能够被准确地量化呢？就好像企业的市场价值概念可以通过各种企业估价模型来进行测量。其实现在已经存在相当数量的顾客终身价值和顾客资产的测量模型，如静态确定性模型、动态确定性模型、动态随机性模型等。但是，正如本书所指出的那样，这些模型都存在这样或者那样的不足，使得顾客资产的测量结果不是那么准确。本书的目的就是尝试从消费者效用最大化的基础理论开始，构建一个更为完善的顾客资产测量模型。

为了实现上述目的，本书从两个角度进行了尝试。第一，从基本理论的角度来讲，本书从消费者生产理论的角度来考察消费者的最优决策过程。这样做既可以打开消费者决策过程这样一个“黑盒子”，也可以将营销、消费者行为学的许多研究成果纳入本书的理论框架中来，比如在模型分析中引入的家庭制成品和消费者人力资本两个变量，就能很好地与产品特性、质量以及消费者知识等营销学、消费者行为学中已经被广泛研究的课题联系在一起。第二，为了解决现有实证测量模型的不足，本书引入了马尔可夫转移矩阵这一概念，并通过这一矩阵预测消费者未来的产品选择。

为了打开消费者决策过程这一“黑盒子”，本书先后构建了静态和动态的消费者生产理论，并在理论框架中引入了家庭制成品（有别于企业所提供的市场产品）和消费者人力资本两个概念。静态消费者生产理论分析的结果显示，消费者人力资本的变化通过改变消费者生产函数的边际生产率和消费者的真实收入进而改变消费者对各种家庭制成品和市场产品的需求。分析发现，即使在市场产品价格、消费者的货币收入以及对各种家庭制成品的偏好相对稳定的条件下，由于消费者所拥有的消费者人力资本的改变也会引起消费者家庭制成品需求与市场产品需求的变化。从表面看起来这似乎是消费者的偏好结构发生了变化，但实际上只是由于消费者的生产函数效率发生了改变。企业可以通过改变消费者的人力资本而使得需求对自己更为有利。但是，应该怎样提供消费者人力资本，以及提供何种人力资本，这取决于消费者对使用该企业所提供的市场产品所能生产的家庭制成品的偏好以及消费者人力资本对消费者其他家庭制成品生产函数的影响方式等因素。

在动态消费者生产理论中，本书将消费者人力资本与家庭制成品需求量、市场产品需求量同时内生确定，研究得到了在家庭制成品消费存在消费者人力资本积累效应的情况下，消费者当期的消费决策不仅受当期消费者人力资本存量和产品价格的影响，还会受到未来预期的影响。由于消费者人力资本能提高家庭制成品的生产效率，那么在当期市场产品需求的最优原则就不再是当期的总价值最大化，而是当期市场产品的边际价值（包含当期效用与未来效用）等于当期市场产品的边际价格。本书也证明了，在这种情况下消费者家庭制成品消费的边际价格是小于其平均价格的，即如果家庭制成品消费能改善消费者人力资本积累，那么消费者会比在通常情况下消费更多的市场产品。这对企业来说具有重要的意义，即企业在竞争过程中不能只考虑产品本身，还要考虑产品能为消费者人力资本积累所作的贡献，只有那些能有效提高消费者人力资本的企业才能最终赢得市场。由于在离散动态模型中无法对消费资本的稳态水平进行更为细致的分析，因此本书构建了一个动态连续时间模型。采用这一办法，本书发现，消费者的最优人力资本积累稳态均衡是一个鞍点均衡。这一均衡水平受折现水平以及消费者人力资本折旧率等外在因素的影响。在此情况下，企业可以采用不同的战略以应对不同的情况，使得消费者的稳态最优市场产品需求量对企业而言是最优的。由于本书的理论模型中变量的定义都是相当抽象的，本书随后的研究在理论模型和实证测量模型之间建立了一座桥梁——以产品特性和消费者知识作为家庭制成品和消费者人力资本的操作化定义。

首先，在上述研究的基础上，本书构建了一个测量顾客资产的模型。这一模型是建立在消费者效用最大化基础之上的，并且深入了顾客进行消费决策的“黑盒子”，因此其测量结果应该是更为准确的。同时，本书所建立的测量模型的一个重要基础——马尔可夫转移矩阵，使得本书能够在分析不同品牌之间的竞争会带来的顾客资产变化的同时，也能把握顾客资产的三个驱动因素，即顾客获取、顾客维系与追加销售。其次，作为一个应用，本书采用顾客资产模型测量了八个不同品牌洗发水的顾客资产。在品牌资产估算过程中，证实了本书的理论观点。最后，还展示了如何采用最大化顾客资产这一原则在不同的营销战略之间做出最优选择。

本书由八章内容构成，第一章对选题背景、研究问题和方法等进行了介绍；第二章为文献综述；第三章和第四章构建了消费者生产理论分析框架；第五章和第六章对如何经验性地定义消费者生产理论中的重要变量进行了分析；第七章构建了在第三章到第六章理论基础之上的顾客资产测量模型，并以洗发水为例测算了八个品牌的顾客资产大小；第八章是总结和讨论。

张　锐

2021 年 12 月

目　　录

第一章　导　　论

营销理论和实践在最近40年来越来越把顾客放在中心的位置，例如，营销活动的重心已经从短期交易型转变为长期顾客关系型（Hakassson，1982；Storbacka，1994）。以顾客为中心的观点还体现在许多基于顾客的概念和度量指标成为驱动营销研究和实践的重要因素，诸如顾客满意度（Oliver，1980），市场导向（Narver and Slater，1990），以及顾客价值（Bolton and Drew，1991）。近年来的一个发展趋势是顾客终身价值（customer lifetime value，CLV）以及相关概念受到越来越多的关注（Berger and Nasr，1998；Mulhern，1999；Reinartz and Kumar，2000）。关于这一趋势的一个例证是，品牌资产这一以产品为中心的概念，已经开始受到另一个以顾客为中心的概念的挑战，它就是顾客资产。本书所研究的就是关于顾客资产这一概念的，而顾客资产所涵盖的内容是非常广泛的，本书研究集中在顾客资产测量的相关问题上。

本章是全书的导论，目的是希望能起到一个提纲挈领的作用。本章的内容安排如下：第一节简要叙述本书的研究背景和研究意义；第二节介绍本书的研究路径；第三节集中介绍本书所用的研究方法；第四节介绍本书的主要创新点。

第一节　研究背景和意义

一、研究背景

市场营销作为十分重要的企业职能，渗透到了企业经营管理的全过程和各个方面，影响和制约着企业的市场价值和股东价值，这在理论和实践上都是不容置疑的，但是长期以来市场营销学界对此的研究成果却很少。拉斯特等（Rust et al.，2004）研究指出，营销学者长期以来未能很好地解释营销是如何增加企业价值的，“也正是由于缺乏这种解释，使营销人员在企业中的可信度降低，威胁营销职能在企业中的地位，甚至是营销在企业中的存在”。20 世纪 90 年代，随着“企业的终极目标除了增加自身的市场价值外还应包括股东利益”这一理念被认同，国外有学者尝试研究营销是如何增加股东价值的，开始以上市公司财务数据为基础研究营销战略与企业市场价值、股东价值之间的关系。

理论和管理实践都要求营销的“财务解释能力”必须要加强，这促使研究人员不断地找寻能够解决这一问题的方法。在这一过程中，学者们使用了市场反应模型和资本市场反应模型，但是，正如本书在文献综述中将会提到的，市场反应模型和资本市场反应模型都有着其先天的缺陷。由于上述两类方法的不足，使得许多学者将眼光投向能弥补上述两类方法的理论上来。学者们发现了顾客终身价值和顾客资产的概念。顾客终身价值和顾客价值是衡量企业营销财务影响的一个最为直接的概念。斯里瓦斯塔瓦等（Srivastava et al.，1999）曾经指出，顾客才是企业最有价值的资产，这意味着如果从顾客的角度来解释营销的财务影响能力，它将会是最具有说服力的。从另一个角度来说，由于只有顾客才能为企业创造价值，之前的所有努力和过程都只会增加企业的成本，因此从顾客的角度——顾客终身价值和顾客资产，来解释营销的财务影响应该是最为合适的。

既然顾客终身价值和顾客资产是如此重要的概念，那么它们是否能够被准确地量化呢？就好像企业的市场价值概念可以通过各种企业估价模型来进行测量。其实目前已经存在相当数量的顾客终身价值和顾客资产的测量模型，如静态的确定性模型、动态确定性模型、动态的随机性模型等。但是，正如本书文献综述所指出的，这些模型都存在这样或者那样的不足，使得顾客资产的测量结果不是那么准确。正是由于顾客终身价值、顾客资产等概念在解释营销的财务影响方面的重要性以及现有测量模型的不足，激励本书对顾客终身价值和顾客资产相关的测量方法和模型进行深入的研究，以求得出更为准确的顾客资产测量模型。

二、研究意义

前面已经指出现有的顾客终身价值和顾客资产测量模型存在的种种不足，而本书希望能弥补这些不足之处，力求建立起更为准确的顾客资产测量方法和模型。总的来讲，本书的研究意义主要有以下四个方面。第一，将人力资本理论和生产理论引入消费者行为分析，拓展已有的消费者生产理论，加深对消费者行为的理解。第二，构建消费者人力资本的测量方式。虽然消费者人力资本所起的作用与一般意义上的人力资本相似，能够提高消费者在消费活动中的效率，但是其测量方式与常见的人力资本有很大的差异。找到准确测量消费者人力资本的方式能够帮助消费者生产理论获得更广泛的应用。第三，构建基于消费者生产理论的顾客资产测量模型，这一模型将加深当前对于顾客资产的理解，提高顾客资产测量的准确性。第四，本书构建的顾客资产测量模型有助于企业优化营销资源配置，提高营销投入的效率，增强企业的竞争力。

第二节 研究路径

一、研究思路

为了能够建立更为合理的顾客资产测量模型，本书研究从基本理论入手，运用经济学建模的办法构建了消费者生产理论模型，并以之作为研究消费者产品选择决策的分析框架。在打开了以往顾客资产测量模型中所没有涉及的“黑盒子”——消费者最优决策过程后，本书对理论模型中所提到的变量发展了经验验证中的可操作性概念和指标。有了理论模型和实证模型中的可操作性变量以后，本书的目标转向了发展适合的测量方法，这一方法要满足四个条件：第一，它必须是随机性的，关于随机性测量模型的好处本书会在后面的文献综述中指出；第二，必须能够明确地分析企业之间相互竞争的因素；第三，必须要能够同时涵盖顾客获取、顾客维系和顾客追加销售这三个顾客资产驱动因素的影响；第四，这一测量模型必须与本书的理论分析模型一致，即这样的测量模型必须建立在消费者最优决策过程的基础之上。在构建了适当的测量模型以后，本书对测量模型进行了经验检验——选取消费者对洗发水的选择进行了经验分析，并测定了消费者的顾客资产。实际上，本书研究从逻辑上分为理论部分和经验验证部分两块，具体的思路如图 1.1 所示。

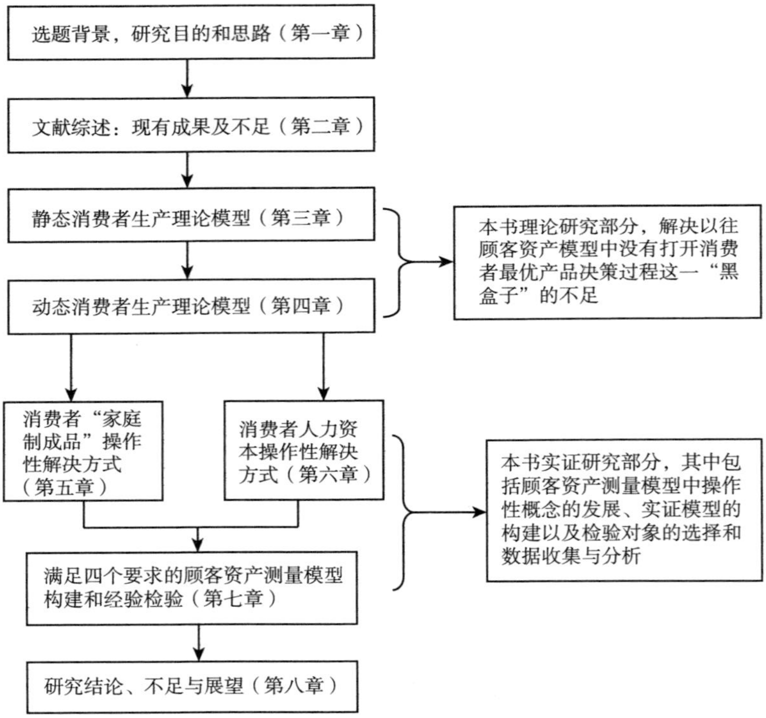

图 1.1 本书研究思路

二、研究内容

本书分为八章内容，全面地从顾客资产测量模型得以建立的基础理论到顾客资产测量模型构建本身进行了深入的分析。

第一章是本书的研究背景、研究目的和研究思路，以及对所用到的研究方法的详细介绍。

第二章是文献回顾和评述。从顾客资产思想的来源开始，第二章详细回顾了顾客资产的相关定义，并对顾客资产的现有测量模型进行了分类与讨论，从静态/动态维度到确定性/随机性的维度，并对现有的顾客资产测量模型进行了详细的分析。随后，本章详细讨论了顾客资产的三个驱动因素——顾客获取、顾客维系与顾客追加销售，并认为这三个驱动因素是相互联系的有机整体。在上述文献回顾的基础上，本章总结出了现有顾客资产模型存在的几点不足：第一，本书需要发展更好的随机测量模型。早期的顾客终身价值测量模型和顾客资产测量模型以确定性模型为主。这类模型在实际的运用过程中往往需要非常多的输入变量，如顾客获取率、维系率、追加销售、顾客生命周期长度等。而这些输入变量往往是不易获得的，因而极大地限制了确定性模型的应用范围。这类模型还有一个更大的缺点就是往往不能将企业的营销战略与顾客资产概念直接联系起来，所以它们就不可能对指导企业经理人员配置营销资源起到具体的帮助作用。而随机的测量模型则能弥补确定性模型的上述不足。虽然随机测量模型在理论上存在着上述的优点，但是现有的随机性模型应用却不是很广泛。这可能主要是由于现有的随机性模型存在估计上的困难。因此，更易于处理的随机模型需要进一步的发展。第二，本章认为需要在模型中直接纳入企业之间的竞争因素，或者从更为广义的角度来讲就是要建立企业的营销战略与顾客资产之间价值的关系。早期的确定性模型在这一点上表现很差，而现有的随机性模型在这方面的处理上也不是很理想，如 RFM 模型和随机 RFM 模型，以及随机测量模型等都不能将营销组合变量纳入分析模型中来，这类模型主要关注的是消费者的购买历史信息，当购买历史信息不足时，这类模型就无法发挥作用了，并且也不能对企业在不同的营销策略组合上分配资源提供有建设性的指导。第三，顾客资产模型预测准确性的问题。现有顾客资产模型在预测准确性上存在很大的不足。原因是现有的测量模型几乎都没有对消费者选择过程进行考虑，只是在尝试提出什么样的数学模型对数据的拟合程度更高。不考虑消费者的选择过程，不理解消费者的偏好、决策依据，便不可能对消费者的行为进行准确的预测。第四，现有模型没有很好地把握顾客资产的三个驱动因素，包括顾客获取、顾客维系、追加销售之间的相互联系。如果不考虑这种相互联系，模型的测量结果肯定是不准确的。因此，本书需要构建合适的测量模型，考虑到这三个驱动因素的相互影响关系。其实这四个问题可以分为消费者决策理论问题和顾客资产经验测量模型有关的两大类。

第三章和第四章是关于消费者生产理论的分析。这两章的分析主要是针对本书在文献综述中所提出的现有研究不足中的第二点和第三点展开的。本书认为，现有的顾客资产模型的准确性不足以及不能直接将企业之间的竞争纳入分析模型，主要是由于现有的顾客资产测量模型没有考虑消费者最优决策过程这一“黑盒子”（Gupta et al.，2006）。如何打开这一“黑盒子”？本书认为贝克尔（Becker，1965）、迈克尔和贝克尔（Michael and Becker，1973）以及斯蒂格勒和贝克尔（Stigler and Becker，1977）所建立的顾客生产理论分析框架是正确的方向。这一分析框架可以区分顾客需要与顾客市场产品需求，这二者之间的区别也是本书想要极力强调的，只有真正明白了消费者的需要，本书才能正确地预测消费者的产品需求。第三章和第四章的理论模型也正是基于这一观点的。

第三章的分析是静态的消费者生产模型，即在消费者人力资本等给定的条件下消费者是如何做出最优家庭制成品需求决策以及相应的最优市场产品需求决策的。这里本书强调两个概念——消费者人力资本和家庭制成品。消费者人力资本是关于消费者生产效率的一个变量，这一变量的大小会对消费者的市场产品需求产生重要的影响，本书可以据此对消费者的市场产品需求做出准确的预测。家庭制成品则是沿用了贝克尔等人的定义方式，实际上与营销中的消费者需求是等价的。

静态的分析模型对于消费者未来行为预测作用非常有限，因此本书在第四章中发展出了动态的消费者生产理论模型。这一模型与第三章静态模型的本质区别就是消费者人力资本可以动态地积累，即消费行为会带来消费者人力资本的动态变化，因此消费行为不仅有满足当前效用的目的，也有消费者人力资本积累的作用。消费者人力资本的动态积累行为可以用来解释和预测消费者市场产品需求。第三章和第四章探究了消费者最优决策过程这一“黑盒子”，并且发现了消费者市场产品需求是可以通过两个变量——家庭制成品和消费者人力资本进行准确预测的。

为了建立可行的顾客资产测量模型，还需找出家庭制成品和消费者人力资本测量方式。第五章和第六章正是为了实现这一目的，并且也是本书第三章和第四章的理论模型通向第七章最终的顾客资产测量模型的桥梁。

通过回溯相关的文献，本书认为，基于产品特性的需求理论可以帮助解决家庭制成品这一概念的经验性测量问题。因此，本书在第五章介绍了相关的理论，借鉴兰卡斯特（Lancaster，1966）、贝里（Berry，1994）以及贝里和佩克斯（Berry and Pakes，2006）的研究，本书最终选择产品的客观特性这一概念作为家庭制成品概念的代理变量。

第六章讨论了消费者人力资本的测量问题。本书对消费者心理学和消费者行为学的研究进行了回顾，发现阿尔巴和哈金森（Alba and Hutchinson，1986）以及布拉克斯（Brucks，1986）的研究中所定义的顾客知识这一概念与本书的消费者人力资本这一概念有着内在联系，顾客知识可以用来测量消费者人力资本。顾客知识的测量方式也可以从结构和内容两个维度进行，本书第六章的分析显示从内容上测量的顾客知识更符合本书的需要。

在理论模型、理论模型中变量的操作性定义都确定了以后，第七章就是要建立更合理的顾客资产测量模型并对其进行经验性检验。本书前面已经指出，经验性的测量模型必须满足四个条件。第一，它必须是随机性的，关于随机性测量模型的好处本书会在后面的文献综述中指出；第二，必须能够明确地分析企业之间相互竞争的因素；第三，必须能够同时涵盖顾客获取、顾客维系和顾客追加销售这三个顾客资产驱动因素的影响；第四，这一测量模型必须与本书的理论分析模型一致，即这样的测量模型必须建立在消费者最优决策过程的基础之上。进一步分析认为，离散选择模型结合马尔可夫转移矩阵的计量模型符合本书的要求，为此本书进行了详细的举例证明。在构建了适当的测量模型以后，本书对测量模型进行了经验检验——估计了八个品牌洗发水的顾客资产。选择洗发水这一产品的理由在于：其一，这一产品是快速消费品，其重复购买频率较高，顾客资产在这一类产品中意义更为明显。其二，洗发水的选择需要消费者具有较高的消费者人力资本，即相关的头发护理知识以及选择与自己的发质相适应的洗发产品。最后，第八章是相关研究结论总结与讨论，并指出了本书的研究局限和未来研究方向。

第三节　研究方法

本书综合运用营销学、经济学、消费者行为学、心理学和计量经济学等学科的理论与方法，借鉴了国外已有的研究成果，采用了规范研究与实证研究相结合的方法，主要方法列举如下。

一、文献资料法

本书对现有的顾客资产文献进行了回顾和评述，总结出了现有研究的不足，为后面的理论分析提供了切入点。同时，在对理论模型中的相关变量进行操作化定义时，本书也采用了文献资料法对经济学、消费者心理学和消费者行为学的相关研究进行了讨论，借此才发现了适当的变量操作化定义方式。

二、经济学建模方法

为了解决以往顾客资产测量模型中没有打开消费者决策过程这一“黑盒子”的问题，本书采用了经济学建模方法。本书构建了新的消费者生产理论模型，以及动态消费者生产理论模型中的消费者人力资本最优积累路径，为本书最终的顾客资产测量模型提供了坚实的理论基础。

三、计量经济学建模方法

为了构建与理论模型一致的顾客资产经验测量模型，本书采用了计量经济学建模的方法。在对理论进行分析以后，本书认为离散选择模型和马尔可夫转移矩阵是非常合适的方法。并且在最后的数据分析中，本书采用了逻辑回归模型的方法对相应参数进行了估计。

四、问卷调查法

在检验本书的测量模型时，为了测量消费者人力资本和购买意向，本书采用了问卷调查法。本书的问卷主要参照了拉斯特等（Rust et al.，2004）研究中的问卷，对产品相关特性从品牌和产品品质方面进行了区分。

第四节　研究创新点

本书的研究创新点在于对现有顾客资产测量模型的不足之处的补充。虽说是补充，但是本书研究也对消费者最优决策过程的基础理论进行了一定的创新，这体现在本书中消费者生产理论模型上。

第一，本书建立了更合理的随机测量模型。早期的顾客终身价值测量模型和顾客资产测量模型以确定性模型为主。这类模型虽然能够从概念上将顾客终身价值、顾客资产的各个驱动因素清晰地表示出来，但是在实际运用过程中往往需要非常多的输入变量，如顾客获取率、维系率、追加销售、顾客生命周期长度等。而这些输入变量往往是不易获得的，因而极大地限制了确定性模型的应用范围。因此，这类模型的主要作用还是在于对顾客终身价值和顾客资产概念的描述而非测量。这类模型还有一个更大的缺点就是往往不能将企业的营销战略与顾客资产概念直接联系起来，因而这类模型就不可能对指导企业经理人员配置营销资源起到具体的帮助作用。而随机的测量模型则能弥补确定性模型的上述不足。虽然随机测量模型在理论上存在着上述的优点，但是现有的随机性模型应用却不是很广泛。这可能主要是由于现有的随机性模型存在估计上的困难。斯密特雷恩（Schmittlein，1987、1994）所提出的随机性测量模型中，一共有顾客购买次数、顾客流失可能性、购买率分布、流失率分布四个待估计方程，分别服从指数以及伽玛分布，模型的密度函数非常复杂，估计非常困难，并且对数据格式要求也很高，因此更易于处理的随机性模型需要进一步的发展。这一目的实际上是有关于如何具体地对已有的数据进行测量，重点还是测量工具的选择。正如本书后文中所要详细分析的一样，计量经济模型将会是一个理想的选择，尤其是离散选择模型这种计量方法，将会是本书实现上述目的的有效手段。

第二，本书在顾客终身价值和顾客资产测量模型中直接纳入企业之间的竞争因素，或者从更为广义的角度来讲，就是建立了企业的营销战略与顾客资产之间价值的关系。早期的确定性模型在这一点上表现很差，而现有的随机性模型在这方面的处理上也不是很理想，如 RFM 模型和随机 RFM 模型，以及随机测量模型等都不能将营销组合变量纳入分析模型中来，这类模型主要关注的是消费者的购买历史信息，当购买历史信息不足时，这类模型就无法发挥作用了，并且也不能对企业在不同的营销策略组合上分配资源提供有建设性的指导。同样，后文将会指出，基于消费者效用最大化的离散选择模型能够实现这一目的。

第三，解决顾客资产模型预测准确性的问题。正如马尔修斯和布兰登伯格（Malthouse and Blattberg，2005）研究所指出的，现有的顾客资产模型在预测准确性上存在很大的不足。究其原因，是现有的测量模型几乎都没有对消费者选择过程进行考虑，只是在尝试提出什么样的数学模型对数据的拟合程度更高。不考虑消费者的选择过程，不理解消费者的偏好、决策依据，本书便不可能对消费者的行为进行准确的预测。正如博尔丁等（Boulding et al.，2005）和古普塔等（Gupta et al.，2006）所指出的，深入考虑消费者选择决策过程这一“黑盒子”或者说产品如何为消费者带来价值这一过程对于预测消费者行为、增进企业为消费者提供价值的能力来说是尤为重要的。因此，本书认为，要提高顾客资产模型预测的准确性必须将消费者决策过程直接纳入建模过程中来。这一问题有关于顾客最优决策，只有解决这一问题，本书才有可能在此基础上建立起准确程度更高的顾客终身价值和顾客资产的测量模型。在本书研究中，将会借鉴经济学中贝克尔等（Becker et al.，1965、1973、1977）所建立的消费者生产理论，并在原有的理论模型上进行大幅的扩展，以建立符合本书需要的消费者最优决策模型。在这一过程中，本书还将着重分析消费者人力资本这一对消费者决策来说非常重要的变量。本书在后文的经验分析中指出，消费者生产理论以及其中重要的变量将会为本书的更为准确的顾客资产测量模型提供坚实的理论基础。

第四，现有模型没有很好地把握顾客资产的三个驱动因素，包括顾客获取、顾客维系、追加销售之间的相互联系，正如马尔修斯和布兰登伯格（Malthouse and Blattberg, 1996）、托马斯等（Thomas et al., 2001）研究所指出的，如果不考虑这种相互联系，模型的测量结果肯定是不准确的。因此，本书需要构建合适的测量模型，分析这三个驱动因素的相互影响关系。这实际上也是有关于具体的测量方法的选择，本书解决这一问题的办法是求助于计量经济学的方法。

第五，虽然前面四个目的解决了顾客资产测量的两个重要问题——理论基础和测量方法，但是本书还必需的是具体测量过程中的操作变量。本书将结合经济学中有关消费者生产理论的经验性研究和消费者心理学中与消费者人力资本有关的研究，将产品特性和顾客知识内容作为本书顾客资产测量模型中的变量输入。做出这样的选择，将使得本书的测量模型与消费者最优决策理论在逻辑和思想上是一致的，并且也使得本书的测量模型相对简洁，以便于处理。

第二章　文献综述

第一节　介　绍

顾客资产分析范式将顾客作为现在以及将来现金流的首要来源。在这个分析框架内，企业的目标是最大化企业现在以及将来的客户群所带来现金流的现值，而这一值被认为能很好地代表企业的价值（Gupta et al.，2002）。顾客资产模型的出现，为企业提供了强大的工具用以最大化营销投入回报、指导营销预算分配（Blattberg and Deighton，1996；Rust et al.，2004；Reinartz et al.，2005）。

现有关于顾客资产的研究可以在几个互有重叠的研究中找到其根源，它们分别是直销研究、服务质量研究、关系营销以及品牌资产（Hogan et al.，2002a、2002b、2002c）。虽然关系营销在20世纪90年代才开始逐步变得非常流行，但是其实这一概念很早就被直销人员运用在实际营销活动中了（Petrison et al.，1997）。正如直销研究，关系营销、服务质量和品牌资产的研究都将顾客维系作为主要的研究目标。一些研究人员警告以上一些概念在实际实施过程中存在很大的不足。例如，常见的一个例子就是许多企业并不清楚消费者到底需要什么，则可能会在试图同消费者建立长期关系的时候激怒消费者，因为这时候消费者可能更加偏好交易营销的方式。此时这些企业的努力只会产生适得其反的效果（Fournier et al.，1998）。研究人员同时指出，那些执着于不断提高服务水平以期使消费者更加满意的企业的投入最终可能会超过合理的水平而陷入“满意陷阱”。另一个早就被指出的问题是，有的企业在花费巨额投资建立顾客关系管理（CRM）系统以后，并不知道如何运用这一系统来管理顾客关系，因此这些投入并未给他们带来应有的回报（Rigby，2002）。

顾客资产的研究则建立在弥补上述研究不足的基础上，也正因为如此，顾客资产的相关研究有两个非常明确的目标：第一，测算顾客关系的经济价值；第二，识别能够建立有利可图的顾客关系的战略。所以顾客资产范式是在最大化企业价值的目标下指导资源的合理分配。

研究人员在早期对顾客关系的经济价值测算的研究中引入了顾客终身价值的概念，测算了企业现有的一个顾客能为企业带来的净现金流现值。虽然在直销行业和金融行业，这一技巧很早就得到了运用（Jackson，1989a、1989b、1989c），但是最近又涌现出一些更有意思的模型，例如，指导在获取新顾客和维系老顾客之间如何合理分配资源（Blattberg and Deighton，1996）的模型，通过研究企业现有以及将来可能的顾客关系来测算企业的价值（Gupta et al.，2002）。

布兰登伯格和戴顿（Blattberg and Deighton，2001）研究指出，要最大化企业的顾客资产，其实是要同时考虑如何平衡获取新顾客、维系老顾客和对老顾客的追加销售等三个方面的问题，这些问题之间明显存在着相互联系，正如托马斯（Thomas，2001）所指出的，不考虑这些联系的建模会导致顾客资产测算的偏差。

现有的一系列研究都表明顾客资产的相关研究是极具价值的，因为它可以在以下领域中为管理实践提供指导：（1）合理分配营销资源以使企业获得长期的盈利；（2）更好地理解营销支出、营销度量指标和财务绩效之间的联系；（3）提供一种以顾客为中心的企业价值测算方法；（4）为顾客关系管理系统提供更符合需求的分析框架、工具和度量指标以提高系统的生产率。

从另一个角度来说，如果企业管理人员不采纳顾客资产分析的观点，则可能面临一些风险：第一，将营销资源投入那些能带来较高短期收益而使企业长期盈利能力受损的营销活动上；第二，对消费者行为产生无意义影响的营销活动错误地得到营销资源；第三，投资于昂贵的顾客关系管理系统时未曾仔细考虑这些系统应该如何被用于增加企业的顾客资产。

本章文献综述的组织结构如下：第二节将对顾客资产的定量测算模型进行系统回顾，与此同时，本书将根据模型的特点对这些定量测算模型进行分类；第三节、第四节和第五节将对顾客资产的三个驱动因素——获取新顾客、维系老顾客以及对老顾客进行追加销售的相关研究逐一进行评述。

第二节　顾客资产计量模型

直销人员最早开始对其消费者群的期望终身价值进行计算。早在20世纪80年代末期，当别的行业几乎无人知晓顾客终身价值的计算方法（Jackson，1989）时，直销人员已经在能够存储消费者交易数据的大型数据库的帮助下，将顾客终身价值测算方法作为增加长期利润的强力工具，同时更好地调整他们的营销战略。

企业价值评估模型有着较长的研究时间，并且在各个层次和各种类型的企业中都得到了广泛的认可。与之不同的是，顾客价值评估模型不论是在研究人员还是企业管理人员中都是在最近才开始得到关注。顾客资产模型明显应用不足的一个原因可能是由于这一领域的研究时间相对较短，同时只有很少的模型被开发出来。

本节将回顾并评述现有的顾客资产模型，并为未来的深入研究提供一些建议。具体来讲，本书将回答下列问题：（1）现有的顾客资产的定义有哪些；（2）顾客资产与品牌资产之间的区别和相似之处是什么；（3）顾客资产模型需要进一步完善的部分的特征；（4）现有相关模型的回顾。

一、顾客资产的定义

为了避免后文的阐述出现混淆，首先给出在本书研究顾客关系所带来的未来现金流时会用到的三个定义。

（1）顾客终身价值。顾客终身价值是企业单个消费者或其某一消费者群在其一生中为企业创造的现金流的现值。因此，正如本书在后面将要强调的，顾客终身价值这一指标并未包含顾客对其他消费者群产生的间接效应（如口碑效应）。早期一些研究人员也用净现值来代替顾客终身价值，因为其原则是一致的——一些投资（如获取顾客的成本）能给企业带来未来收入，这一收入会随时间的推移而递减。

（2）静态顾客资产。静态顾客资产是指企业某一特定的消费者群的顾客终身价值的总和。例如，企业可能会对在时间 t 获得的客户群带来的预期收入现值感兴趣。用来估计某一特定客户群的顾客终身价值模型可以被直接用来估计这一客户群的静态顾客资产价值。相反，一些静态顾客资产模型只能估计某个消费者群的平均顾客终身价值而非具体每个消费者的终身价值。

（3）动态顾客资产。动态顾客资产是指企业现在以及将来的所有消费者带来的收入净现值。根据古普塔等（Gupta et al.，2002）的研究，动态顾客资产这一指标是企业价值一个很好的近似替代值。在德雷兹和邦弗雷尔（Dreze and Bonfrer，2003）的研究中，动态顾客资产模型将顾客视为可再生资源，所以这一模型对于那些注重长期战略均衡的企业来说是非常有用的。

顾客资产的相关研究对于那些只注重最大化诸如市场份额等短期指标的战略提出了批评。同时，最近的研究也指出，早期的那些只注重最大化顾客终身价值而非企业动态顾客资产的模型也存在着很大的不足，因为这样的模型可能会导致企业做出次优而非最优的决策。

在顾客资产研究文献中，相关的概念还包括：顾客资产贡献，指新获得的一个顾客为企业动态顾客资产带来的增加值；顾客资产弹性，指营销组合支出（如广告）或者顾客资产的相关度量指标（如顾客维系率）改变1%使顾客资产改变的百分比。这些度量指标在营销资源分配或建立营销支出与财务绩效因果联系时将会是非常有用的。

二、顾客资产与品牌资产

与品牌资产相比，顾客资产是营销领域新近出现的一个分析框架。相对于研究成果已经很丰富的品牌资产，顾客资产的相关研究可以说还处于成长期。一些研究人员发现这两个领域的研究存在很多的共通之处。库玛等（Kumar et al.，2006）研究指出了顾客资产与品牌资产二者之间关系的重要性。他们的研究也指出了二者之间的相似之处、区别以及联系。

第一，相似之处。两个概念本质上都是长期性的，它们都衡量了营销资产的无形价值，同时都是以消费者忠诚为基础构建起来的。

第二，不同之处。品牌资产和顾客资产存在显著的区别，分别是：(1) 从定义来看，顾客资产价值的计量方法在现有相关文献中非常一致，而品牌资产价值的度量方法在文献中则有很多不同的模型与方法，有相当一部分是由实际管理人员开发的（Fernandes，2001）；(2) 顾客资产的分析单位是消费者，而品牌资产的分析单位是产品；(3) 从分析的层次上看，顾客资产通常关注消费者的实际行为，而品牌资产往往关注的是消费者的态度；(4) 从研究方法来看，顾客资产的研究方法通常是以分析式和统计方法为主的，而品牌资产的研究主要是以描述式的方法为主；(5) 从度量指标来看，营销支出对顾客资产和品牌资产产生影响的方式不同，这就导致了二者对于企业财务绩效的影响方式也是不同的；(6) 从驱动因素上看，顾客资产的驱动因素比较便于定义而且通常可观察到消费者行为，而品牌资产的驱动因素往往涉及更为复杂的消费者心理方面的因素；(7) 从分析框架适用的行业来看，在一些行业中顾客资产的分析框架往往很难甚至不能实施，相对的，品牌资产分析框架也会遇到相同的困难。

第三，二者之间的联系。如果对某些企业来说，顾客资产和品牌资产这两个分析框架同时适用，那么二者之间有什么联系呢？事实上，拉斯特等（Rust et al.，2004）的研究第一次建立了一个以品牌资产作为顾客资产的一个主要驱动因素的模型。在这个模型中，研究人员可以根据那些在影响品牌资产的子驱动因素上的投入的变化来计算顾客资产的回报。莱昂纳等（Leone et al.，2006）提出了一个分析框架来连接品牌资产和顾客资产。

三、建立完整的顾客资产模型

利托（Little，1970）提供了好的决策计算模型应该达到的一些标准——

简洁、稳定、便于控制、可适应，比较完备地涵盖了重要问题并易于交流。虽然完备性通常会和模型的简洁性存在冲突，但是一个模型还是应该抓住问题的所有相关要素，同时研究人员应该将完备性作为在特定情况下的一个相对的概念。

进行顾客资产模型开发的研究人员首先应该明白的是哪些要素与问题是相关的。后文将提供一些指导，以便于明确能够较为完备地涵盖顾客资产相关的重要问题的模型应该具备的一些特点，尽管如此，有时在诸如数据可获得性以及较高的简洁性要求的情况下，包含所有这些特点将不太可能。

（一）顾客的生命周期长度

所有那些试图评价一个顾客长期内对企业的财务贡献的模型中都必须有的一个要素就是顾客与企业之间关系的预期长度。早期的顾客终身价值模型中都会包括一个顾客维系率参数 r，或者时间长度，有的模型中二者同时具备。由于顾客维系率通常会比 1 小很多，一些研究人员认为研究中时间长度应该假设为无穷大（Gupta et al.，2002）。估计顾客的维系率往往是一项艰巨的工作，尤其是在那些顾客和企业间不存在契约关系，而很难直接观察到一个顾客是否依然与企业有活跃的商业关系的时候。一些研究人员开发出的模型通过研究现有顾客与企业的关系来计算这一关系的预期长度。这些模型允许顾客可以在不同的状态之间进行转换，因此对于那些具备“总是一份”特点的消费者来说尤其适用。另一种方法是采用马尔可夫过程的方法来测量顾客的品牌转移行为（如 Rust et al.，2004）。需要指出的是，向量自回归（vector auto regression，VAR）模型也被用于估计顾客与企业之间关系的长度（Yoo and Hanssens，2005；Villanueva et al.，2006）。

（二）通过直接效应增加利润

获得一个新的顾客可以通过两种不同的效应贡献于顾客资产，分别是直接效应和间接效应。直接效应是指在顾客与企业关系存在期间由于顾客购买企业的产品和服务而带来的价值。直接效应可以通过传统的顾客终身价值模型测算得到。间接效应主要是该顾客针对企业品牌的口碑效应。

（三）通过间接效应增加利润

如果企业失去一个顾客，那么它失去的不仅仅是这个顾客的终身价值所衡量的利润，同时也失去了其他一些能带来未来收入的效应。本书将分别阐述以下一些间接效应：交叉效应、反馈效应、口碑效应以及网络外部性。（1）交叉效应是指某一消费者细分的行为对其他消费者细分终身价值的影响。（2）反馈效应是指企业现阶段的业绩表现对其将来与消费者之间的关系的影响。（3）口碑效应是指企业现有的消费者通过介绍、推荐等手段帮助企业获取新的消费者。口碑效应在顾客资产模型中是相当重要的一个要素，尤其是在企业需要在不同的消费者细分之间分配营销资源，而某些消费者细分比其他消费者细分更善于推荐其产品的情况下（Villanueva et al.，2006）。（4）网络外部性在某些行业中尤为重要。网络外部性是指某种产品对消费者的价值与已经在使用该产品的消费者数量成正比的特性，如电子邮件、社交网络平台等服务。

（四）竞争

尽管竞争会对企业的顾客价值产生直接的影响，但现有的顾客资产模型很少直接将竞争行为包含在其建模过程中。如果顾客资产模型所估计的数据是企业之间相互竞争的结果，那么直接对这些数据进行估计的顾客资产模型就可以间接地考虑企业之间的影响因素。虽然这样不无道理，但是不在模型中直接考虑企业之间相互竞争因素的模型却有着很大的不足，例如不能直接得出竞争企业如果采取不同的营销战略会对本企业的顾客资产带来什么影响。只有相对较少的顾客资产模型直接考虑了竞争对顾客资产的影响，如拉斯特等（Rust et al.，2004）的研究采用问卷的方式，并构建了顾客转移矩阵以确定企业竞争对顾客资产的影响。

（五）参数内生化

顾客资产测量模型中的许多因素，如新顾客获取率、老顾客维系率与追加销售以及顾客预期生命周期等因素都可以认为是内生的。例如，当期企业在新顾客获取方面的投入肯定会影响企业未来老顾客的维系率，因此新顾客获取与老顾客维系之间的相互作用就应该在顾客资产模型中体现出来（Thomas，2001），而不是外生给定相关参数。实际上仔细地分析可以发现，新顾客获取会对顾客资产的所有方面产生影响，诸如未来的顾客获取率、未来的价格、营销成本等。类似地，同样可以发现，老顾客的维系率会对顾客资产的其他各个方面产生重要的影响。柳和汉森斯（Yoo and Hanssens，2005）通过向量自回归的方法证明了新顾客获取率与老顾客维系率之间的相互影响关系。他们研究发现，一些企业当期新顾客获取率的增加意味着下一期老顾客维系率的增加，而另外一些企业中则会有相反的结果出现。

参数内生化在传统的确定性模型之下很难进行，而采用随机模型的方法则更易于解决。

（六）测量顾客终身价值模型的预测准确性

顾客终身价值模型的测量结果是企业对某一消费者价值的预测，这一价值往往是通过历史数据估计得出的。由于这一估计过程需要很多的解释变量和外在假设，这使得即使在采用复杂的估计技术的情况下也会出现估计结果一定存在偏差的情况。马尔修斯和布兰登伯格（Malthouse and Blattberg，2005）通过将来自几个企业的数据分为两部分的办法来检验顾客终身价值模型预测的准确性。他们发现，模型预测结果中对企业来说最优质的20%的消费者中有高达55%是预测错误的，而最差的80%的顾客中有大约15%是预测错误的。因此，现有的顾客终身价值模型在预测精确性上存在较大的问题。

四、顾客资产测量模型

随着对顾客资产研究的不断深入发展，顾客资产的测量模型也越来越丰富，与品牌资产不同，顾客资产定义在学界非常统一，因此在测量原则上也是统一的，出现不同模型的原因就在于不同测算模型采用的数据不同。在进行顾客资产测算时经常采用的数据包括企业内部数据库数据、问卷调查数据、企业公开报告、面板数据以及管理判断（经验数据）。以下将按照上述不同数据分类对现有顾客资产测算模型做简要回顾。

（一）企业内部数据库数据

使用企业内部数据库数据进行顾客资产测算的模型是最为常见的，因为对于顾客关系管理日益看重，许多企业都采用了相应的顾客关系管理数据库储存了大量描述顾客与企业之间关系的数据。借助丰富的已有数据，应用企业内部数据库数据测算顾客资产变得非常方便。这些模型又分为确定性模型和随机性模型。

（1）确定性模型。最初的确定性模型的部分参数是作为外生给定代入模型以计算顾客终身价值，后来有的学者继续采用这类模型，但是其中部分参数是由随机的方法测算得到的。贾因和辛格（Jain and Singh，2002）给出了一个计算顾客终身价值的确定性模型，具体如下：

$$CLV = \sum_{t=1}^{T} \frac{R_t - C_t}{(1+d)^{t-0.5}}$$

其中，R_t 是顾客在时间 t 所创造的收入，C_t 是相应的成本。还有一些模型，如贝尔格尔和纳斯尔（Berger and Nasr，1998）假定毛收入和成本是常数，并且考虑到顾客维系率以及营销成本通常比收益发生的时间早，提出了下面一种计算顾客终身价值的模型：

$$CLV = GC\sum_{t=0}^{T} \frac{r^t}{(1+d)^t} - M\sum_{t=1}^{t} \frac{r^{t-1}}{(1+d)^{t-0.5}}$$

许多研究人员在这两个基本模型的基础进行了有益的扩展，以便更为准确地计算顾客资产。在所有这些确定性模型中，布兰登伯格和戴顿（Blattberg and Deighton，2001）给出的模型可以说是最为完备的，在其模型中包含了潜在顾客的数量、获取顾客的支出以及消费者细分等变量，具体模型如下：

$$CE(t) = \sum_{i=0}^{l} \Big[N_{it}\alpha_{it}(S_{it} - c_{it}) - N_{it}B_{iat} + \sum_{k=1}^{\infty} N_{it}\alpha_{it}\Big(\prod_{j=1}^{k}\rho_{j(t+k)}\Big)$$
$$(S_{i(t+k)} - c_{i(t+k)} - B_{ir(t+k)} - B_{iAO(t+k)})\Big(\frac{1}{1+d}\Big)^k\Big]$$

$$CE = \sum_{k=0}^{t} CE(t-k)$$

确定性的顾客资产测算模型与其他顾客资产测算模型相比，主要有以下一些缺点：首先，这种测算模型需要关于消费者个体层面大量的数据；其次，这种模型不能体现出模型参数之间的相互影响关系。优点在于确定性模型容易实现。

（2）消费者转移模型。这类模型以德怀尔（Dwyer，1997）的研究为代表，他研究对消费者满足“总是一份”的情形下顾客终身价值的测算尤为适用。莱拜等（Libai et al.，2002）的研究将德怀尔的模型进行了扩展，以使模型可以包括诸如消费者人口统计信息等变量以及历史购买信息，如 RFM，在此基础上，顾客资产测算模型被定义为：

$$SCE = \sum_{t=0}^{T} \frac{M_t C_t P_t}{(1+d)^t}$$

其中，M_t 为消费者在时间 t 在不同细分之间转移的可能性的矩阵，C_t 为时刻 t 各个消费者细分消费者数量的向量，P_t 是各个消费者细分的利润。

（3）其他随机性测算模型。这些模型包括最近发展起来的向量自回归模型，维兰纽瓦等（Villanueva et al.，2006）就采用向量自回归模型研究了经由不同渠道获取的消费者对企业的顾客资产的影响。以 AD 表示由企业广告获取的顾客数量，WOM 表示由口碑获取的顾客数量，V 表示企业的业绩表现，则 VAR 模型可以具体表示为：

$$\begin{pmatrix} AD_t \\ WOM_t \\ V_t \end{pmatrix} = \begin{pmatrix} a_{10} \\ a_{20} \\ a_{30} \end{pmatrix} + \sum_{l=1}^{p} \begin{pmatrix} a_{11}^l a_{12}^l a_{13}^l \\ a_{21}^l a_{22}^l a_{23}^l \\ a_{31}^l a_{32}^l a_{33}^l \end{pmatrix} \begin{pmatrix} AD_{t-l} \\ WOM_{t-l} \\ V_{t-l} \end{pmatrix} + \begin{pmatrix} e_1 \\ e_2 \\ e_3 \end{pmatrix}$$

假定模型具有稳态特征，则可以将上面的 VAR 模型重新写为：

$$\begin{pmatrix} AD_t \\ WOM_t \\ V_t \end{pmatrix} = \begin{pmatrix} \overline{AD} \\ \overline{WOM} \\ \bar{V} \end{pmatrix} + \sum_{i=0}^{\infty} \begin{pmatrix} \phi_{11}(i)\phi_{12}(i)\phi_{13}(i) \\ \phi_{21}(i)\phi_{22}(i)\phi_{23}(i) \\ \phi_{31}(i)\phi_{32}(i)\phi_{33}(i) \end{pmatrix} + \begin{pmatrix} \varepsilon_{1t-i} \\ \varepsilon_{2t-i} \\ \varepsilon_{3t-i} \end{pmatrix}$$

参数 $\phi_{jk}(i)$ 称为影响乘数，它测量了每单位 ε_{kt-i} 的改变对第 j 个变量的影响，则可以据此计算出消费者细分 k 的顾客资产为：$CEC_k = \sum_{i=0}^{m} \frac{1}{(1+d)^i}\phi_{vk}(i)$。向量自回归测算模型的优点在于，它不仅能测算出某个消费者或者消费者细分对顾客资产的直接贡献，而且能计算出其对顾客资产的间接贡献。但是这一方法的缺点则在于，不能估计单个消费者的终身价值，只能估计某一消费群的顾客资产或者平均顾客终身价值。

德雷兹和邦弗雷尔（Dreze and Bonfrer，2001）使用了另一种非常有意思的方法来估计基于企业内部数据的顾客终身价值。他们认为，顾客终身价值是关于企业电子邮件联系间隔时间的函数，即 $CLV(\tau) = \frac{(1+d)^\tau}{(1+d)^\tau - p(\tau)}A(\tau)$，这一公式中 τ 为企业两次电子邮件联系之间的时间间隔，$A(\tau)$ 为在该联系时间间隔下所能获得的期望收益，$p(\tau)$ 为在该时间间隔下维系顾客的概率。通过使用娱乐产业中某一企业的数据，德雷兹和邦弗雷尔（2001）对上述顾客终身价值测量公式进行了估计，并发现了企业进行电子邮件联系的最优时间间隔。

雷纳兹等（Reinartz et al.，2005）的研究虽然没有直接对顾客终身价值或顾客资产进行计算，但是他们的模型从消费者个体层面上研究了消费者利润与关系持续时间之间的联系。因此，他们的模型使得企业可以通过在顾客获取与维系之间配置资源以最大化长期利润。他们的模型还通过使用钱包份额这一指标直接地将企业之间的竞争关系纳入分析模型中。

文坎特桑和库玛（Venkatesan and Kumar，2004）发展了一个在“总有一份”情形下的随机顾客终身价值测量模型。在他们的研究中，消费者的贡献边际和关系持续长度被分别估计，并且被认为是关于通过几个沟通渠道联系的次数的函数。这一模型的估计需要采用面板数据，通过考虑顾客购买历史数据以及营销组合变量，这一模型可以从单个顾客层面估计出顾客终身价值。刘易斯（Lewis，2005b）则发展了一个适用于“永远失去”情形下的顾客终身价值模型。他采用结构动态规划的方法描述了消费者的动态决策制定过程。这样，这一模型可以直接地研究营销战略（在刘易斯的研究中为促销深度）

对顾客终身价值的影响。

法德尔等（Fader et al.，2005）所发展的模型中，通过使用帕累托/负二项分布模型将传统的 RFM 模型与顾客终身价值模型联系在一起。这样法德尔等的模型可以估计消费者未来的购买行为以及每次购买的交易额。在他们的模型中，频率和新近购买时间所构成的等价值曲线被估计并且说明了等价值曲线往往是非线性的。

（二）问卷数据

使用问卷数据测算顾客资产，拉斯特等（Rust et al.，2000，2004）的研究就是非常典型的代表。这类方法的最大优势就是不需要非常精密的数据以及复杂的建模技巧。这类方法的另一个优点是可以很好地将企业之间的竞争关系纳入分析模型中。这一模型还有一个好处就是能够很好地将营销变量与企业的顾客资产直接联系在一起，进而使得企业经理可以很清楚地认识到需要在哪些方面投入更多的资源以改进企业的顾客资产。这类方法的缺点如下：一是消费者的购买数量以及购买间隔时间都是外生给定的；二是这一顾客终身价值测量模型采用了马尔可夫转移概率，因此也会受制于马尔可夫过程本身的特点。

（三）企业公开报告

在认识到顾客是企业重要的资产之一后，古普塔等（Gupta et al.，2002）研究发现，企业的市场价值可以由企业现在和未来的顾客终身价值来近似代替。他们发展出一个运用企业公开报告来测算企业顾客资产的模型，并用实际数据对其进行了经验性检验。这个模型的主要优点包括不需要很复杂的数据，并且在概念上很简单并易于使用，以及企业之外的人员也可以方便地使用该模型，该模型如下所示：

$$DCE = \sum_{k=0}^{\infty} \frac{n_k}{(1+d)^k} \sum_{t=k}^{\infty} m_{t-k} \frac{r^{t-k}}{(1+d)^{t-k}} - \sum_{k=0}^{\infty} \frac{n_k c_k}{(1+d)^k}$$

以及

$$DCE = \int_{k=0}^{\infty} \int_{t=k}^{\infty} n_k m_{t-k} e^{-\mathrm{d}k} e^{-\left(\frac{1+d-r}{r}\right)(t-k)} \mathrm{d}t\mathrm{d}k - \int_{k=0}^{\infty} n_k c_k e^{-\mathrm{d}k} \mathrm{d}k$$

两个模型分别用于离散数据和连续数据测算，但是上述模型不能够测量单个消费者或者某一消费者群的终身价值。同时这一模型也有着一些较强的假定，包括：不变的平均贡献边际、不变的维系率以及新顾客获取成本就是所有的营销支出，营销支出全部由新顾客获取成本构成这一假设对于那些在顾客维系上花费很多的成熟市场企业来说是非常不准确的。

另外，古普塔和雷曼（Gupta and Lehman，2003）通过使用下面的方程来计算平均消费者价值：

$$CLV = \sum_{t=1}^{\infty} \frac{mr^t}{(1+d)^t} = m\left(\frac{r}{1+d-r}\right)$$

他们将 $r/(1+d-r)$ 称为“边际乘数”。这一边际乘数在他们的研究中取值范围在1.05～4.50。可以看出，折现率越小或者维系率越大，边际乘数就越大。

（四）面板数据

使用面板数据测算顾客资产对研究人员提出了有力的挑战，但同时也提供了未来研究的机遇。使用面板数据测算顾客资产的模型主要有以下一些优势：第一，可以直接考虑企业之间的竞争行为；第二，可以在模型中直接研究营销组合与顾客资产的关系。柳和汉森斯（Yoo and Hanssens，2005）提出的向量自回归模型运用汽车市场的数据，测算了价格以及对现有消费者和新消费者的促销对企业当期和总的顾客资产的影响，他们的研究还说明顾客获取与顾客维系之间存在着相互影响的关系。

（五）管理判断

这种方法通过使用决策计算和管理人员对市场相关参数的经验判断，来确定企业的营销行为对其顾客资产的影响。这一方法的代表性研究为布兰登伯格和戴顿（Blattberg and Deighton，1996）的研究。他们在提出顾客资产的概念时就采用这种方法测算了企业在获取新顾客和维系老顾客上的投入对顾客资产的影响。他们的模型旨在帮助经理人员找出最优的顾客获取和维系支出。他们通过以下两个步骤来解决这一问题。

首先，经理们需要回答两个简单的问题：第一，去年在顾客获取方面的花费是多少（A）以及获得的新顾客占总的潜在顾客的比例是多少（a）；第二，在获取新消费者上可以投入的资源没有限制时，可以获得新消费者占总的潜在消费者的比例是多少（最大值）。假定消费者获取比例与相应的投入之间的函数关系是指数型的，并且0投入时相应的获取率为0，他们得出了以下方程：

$$a = CeilingRate[1 - \exp(-k_1 A)]$$

其中，参数k_1表示了曲线的陡峭程度，可以通过上述两个问题的回答解出。获取潜在顾客的净贡献为$am - A$，m为每次交易的利润。最优的顾客获取率可以通过最大化上述方程求得。

其次，经理需要回答下述问题：第一，去年在维系老顾客上的花费（R）是多少，以及顾客的维系率是多少（r）；第二，在顾客维系方面的资源投入没有限制的时候，企业能够实现的维系率是多少。在相似的假设下，他们得出了以下方程：

$$r = CeilingRate[1 - \exp(-k_2 R)]$$

其中，k_2可以通过完全相同的方法解出。一个消费者在任意给定一年t的价值为$(1+d)^{-t}(m - R/r)$。结合上述两个表达式，顾客资产可以被表示为：$SCE = am - A + a(m - R/r)\left(\frac{r}{1+d-r}\right)$。经理人员可以很容易地找出最大化顾客资产的顾客维系投入。

布兰登伯格和戴顿的模型非常的方便和简洁，但是也有一些不足：第一，他们的模型不能同时得出最优的顾客获取和维系投入；第二，这一模型假定顾客获取和维系曲线的纵截距为0；第三，这一模型只能运用在企业层面。

五、小结

通过对顾客资产的定义、顾客资产与品牌资产之间的联系以及顾客资产测量模型的回顾和评述，本书发现，顾客资产及其相关的测量模型还远未达到成熟的阶段，还需要更加深入的研究工作，这主要体现在以下三个方面。

第一，现有研究中所选择的模型主要以确定性模型为主，与现实中消费者行为受诸多随机因素影响的现实不符合，而现有随机性模型又存在计算复杂与难以直观解释的问题。第二，现有顾客资产测量模型基本上与企业营销战略没有直接联系，或者营销仅作为一个极为抽象的成本变量出现在测量方程式中。这就使得这些测量模型难以解释多种多样的营销现象与问题，进而限制模型的应用范围。第三，现有的顾客资产测量模型多数情况下被用于顾客分类，帮助企业识别重要的客户。但经常出现的问题是模型所预测的重要客户可能并不会给企业带来足够多的利润，而预测中的轻量级客户的利润实际贡献却出人意料的高。这说明当前的顾客资产模型的准确性还有待进一步提高。

在对顾客资产定义以及测量模型进行回顾之后，本书将逐一对测量模型中的三个驱动因素——新顾客获取、老顾客维系以及追加销售相关的研究逐一进行评述，以期进一步理解现有的研究以及可能存在的空白点。

第三节　顾客资产驱动因素：获取新顾客

企业需要不断获取新顾客的原因很简单，企业要发展，就必须不断地获取新进入市场的顾客以及夺取竞争对手所拥有的已有顾客。再者，企业自身的消费者总有不断离开的，如果企业不去获取新的顾客，企业所拥有的客户群就会不断减少直至没有任何顾客的境地，此时的企业也就没有存在的必要了。根据布兰登伯格和戴顿（Blattberg and Deighton，2001）的研究，获取新顾客有基于交易观点的定义和基于过程观点的定义。基于交易观点的定义，获取新顾客是指只要顾客与企业成功发生第一次交易，企业就获得了该顾客。而基于过程观点的定义，获取新顾客是指包括企业与顾客完成的第一次交易活动在内，以及第一次购买发生前、第一次交易后直到第二次交易发生之前，企业针对消费者的所有行为，而只有当再次购买发生才能认为企业获得了该顾客。

基于行业特征以及产品的生命周期，获取消费者的决策会对企业的顾客资产有着不同的影响，但总的来说，以下一些因素会影响企业获取消费者的决策。第一，消费者转移成本的高低。如果消费者转移成本较高，则企业之间在消费者获取上的竞争会更加激烈（Klemperer，1987a、1987b）。如果消费者转移成本较低，相对于消费者维系而言，企业在消费者获取上花费的资源可能会少一些。第二，产品生命周期阶段，对于那些处于生命周期早期阶段的产品而言，企业应该在获取新顾客上花费更多的资源，尤其是当这些产品的使用存在模仿效应的时候。第三，产品购买的频繁程度。对于那些购买频度很低的产品，如房产等，企业可能会将所有的资源都投入到消费者的获取上来。第四，企业是否是新进入市场的。如果企业是新进入市场的，那么它首先要面临的就是获取顾客，此时顾客获取应该是企业的首要目标，此时还要同时考虑市场中现有企业的竞争性反应。虽然上述一些因素会影响企业在顾客获取上的决策，但总的来说企业需要做的是获取“正确”的消费者而不是“任意”的消费者。基于此，企业在新顾客获取的过程中应当注意三个问题：（1）应该在新顾客获取上花费多少？（2）符合哪些特征的潜在顾客应成为获取对象？（3）在不同的新顾客获取渠道上应该如何合理分配资源？

一、顾客获取的最优支出

在企业业务的开展过程中，经理们面临的一个很重要的问题就是制定顾客获取预算。本书在前面已经说明了，在有的情况下顾客获取可能比在另外一些情况下更为重要。但不管怎样，营销预算中有很大的一部分实际上是投入到顾客获取中去的。投入多少预算到顾客获取上，这不仅关系到企业的短期和长期的市场份额以及市场地位，而且还会影响企业的顾客资产。因此，确定最优的顾客获取投入是一个非常重要的问题。

为了确定在新顾客获取过程中的最后支出，研究人员发展出了盈亏平衡点法和新顾客获取反应函数法。盈亏平衡点法，指只要获取该顾客所花费的成本小于该顾客的预期终身价值，企业就应该去获取这个顾客（Jackson，1989；Hansotia and Wang，1997）。翰索迪亚和黄（Hansotia and Wang，1997）

的研究给出这种方法应用的一个示例，企业是否投入成本以获取一个顾客取决于以下公式：

$$r^* = \frac{c}{CLV}$$

其中，c 是获取一个顾客所需的成本（假定为固定的），CLV 指顾客的预期终身价值，只要根据顾客特征所估计的能够获得该顾客的可能性大于 r^* ——这一可能性是根据消费者个人的一些指标估计得出的，则企业就应该花费 c 去尝试获取该顾客，而对那些小于该盈亏平衡获取可能性的消费者，企业选择放弃。杰克森等人后来将这一模型进行了扩展，以使得这一模型可以应用于具有不同预期终身价值以及选择不同产品的消费者群。

盈亏平衡点法的使用必须满足两个前提：一是单个消费者是可以被区分的；二是企业拥有足够多的消费者信息。而这两个条件往往都很难同时得到满足。新顾客获取反应函数法是布兰登伯格和戴顿（Blattberg and Deaghton，1996）在提出顾客资产这一概念时就提出的方法，如下所示：

$$\max_{A} N \times [1 - \exp(-k \times A)] \times m - A$$

其中，A 是新顾客获取的支出，N 为市场容量，k 为参数，m 为新获取的顾客所能带来的利润率，企业的目的就是在 N 和 k 两个参数的限制下选择最优的 A。这一方法的缺陷在于会低估新获取顾客的价值进而导致在新顾客获取过程中的投入偏低。

二、识别最优秀的潜在顾客

哪些潜在顾客才是企业最值得去获取的呢？应该是那些能够对企业的顾客资产贡献最大的顾客，而不是那些最不可能离开企业或者那些拥有最高顾客终身价值的顾客。虽然顾客终身价值是顾客对企业顾客资产贡献的一个较好近似，但是如果在口碑等间接效应很重要的情况下，一个顾客个人的终身价值可能与其对企业顾客资产的贡献就会存在很大差距。如维兰纽瓦等（Villanueva et al.，2006）采用互联网企业数据的研究显示，通过企业营销手段获得的顾客平均来说只会向 1.77 个其他消费者推荐企业产品，而通过口碑传播获得的顾客则平均会为企业带来 3.64 个新消费者。这说明即使在顾客终身价值相同的情况下，后一种消费者对企业来说才是更值得获取的。如何识别优秀的潜在顾客？大致来说有两种方法：第一种方法是布兰登伯格等（Blattberg et al.，2001）所使用的画像法。这一方法首先确定代表消费者质量的被解释变量，如顾客终身价值或者顾客资产贡献值，然后再找出那些能够影响被解释变量的解释变量，通常是一些与消费者有关的特征变量，如消费者与企业关系的长度、消费量、消费者家庭大小等。一旦确定解释变量以后，就将消费者按照这些变量的值来排序，这样就可以识别出企业最优秀的潜在顾客。第二种方法是测量消费者的反应概率。这一方法是通过使用对企业消费者的小部分样本进行分析，估计出消费者的个体特征对消费者选择企业产品可能性的影响。在回归模型的基础上，企业将那些更有可能选择企业产品的消费者作为其最优的潜在顾客。上述两种方法在某种程度上来说是互补的，画像法识别出那些对企业来说最为重要的消费者，而反应概率的办法识别出那些企业最易于获取的消费者，如果这两种方法能够结合使用则可能起到更好的效果。

三、获取新顾客的渠道选择

在确定了消费者获取的花费以及获取对象以后，企业需要考虑的问题就是通过哪些渠道来获取新的消费者？总的来说，企业有多种多样的渠道可以选择，如通过电视广告、电话或者目录进行直销，也可以采用销售代表的方式，或者是口碑传播的方式。这些渠道有不同的消费者群，同时这些渠道在获取新顾客的时候费用也是不同的。进一步来说，不同渠道在获取新顾客的时候成本效率是有很大差别的。因此需要有模型来测算不同渠道的成本效率，以及在不同渠道之间分配预算以最大化顾客资产。曼查拉等（Mantrala et al.，1992）研究指出，如果预算分配不是最优的，那么对企业的利润将会产生非常大的影响，尤其是企业的利润函数在最优点相对比较平坦的时候。而福瑞斯特尔等（Forrester et al.，2001）通过问卷调查得出，企业在不同渠道之间的预算分配往往不是最优的。他们的研究表明，许多企业在获取新顾客的渠道选择上远不是最合理的。造成这一境况的主要原因可能是由于许多企业将其营销沟通活动完全外包给广告代理机构来进行，因而企业获取新顾客的渠道就是由这些广告代理机构来选择的，而代理机构的选择与企业的最优选择可能就是不一致的。

四、小结

新顾客的获取是企业顾客资产的基础，如果企业停止获取新顾客，那么等待企业的必定是破产。顾客获取的成本确定、潜在顾客的识别以及顾客获取渠道的选择实际上是密切联系的，本书需要在顾客资产模型中明确地包含这些影响因素。其实，将所有这些因素明确地纳入顾客资产模型实际上与本书前面提到的将企业营销组合变量纳入顾客资产模型在本质上是相同的，如何才能完成这一任务？这需要本书进一步地研究。

第四节　顾客资产驱动因素：顾客维系

毋庸置疑，顾客与企业之间关系的长度是顾客终身价值的一个重要的影响因素，合理地维系与老顾客之间的关系有利于提高顾客的终身价值。这就不难理解为什么研究人员和企业的经理们都对如何才能提高企业顾客的维系率（或品牌忠诚）如此感兴趣。根据布兰登伯格和戴顿（Blattberg and Deighton，2001）的说法，“老顾客的维系不是一个简单的概念”，他们指出可以根据产品购买频率也就是重复购买的周期来分别定义顾客维系。对于那些购买频率较高的产品或者服务，如果消费者在某一特定时间段内持续购买企业的产品或者服务，就认为企业成功地维系了与这个顾客的关系；对于那些购买频率较低的产品或服务，如果消费者表现出继续购买该企业产品或者服务的意图，就认为企业成功实现了顾客维系。现有文献对于顾客维系的相关研究主要集中在以下五个方面：（1）顾客维系的决定因素有哪些？（2）顾客维系与企业利润之间的关系是什么？（3）估计顾客维系率的模型。（4）失去顾客会给企业带来哪些损失？（5）获取新顾客与顾客维系之间的联系是什么？

一、顾客维系的决定因素

到底是什么因素决定了一个消费者会忠于某一企业和/或品牌？可能既有顾客内在因素的影响如价格敏感性，又有外在因素的影响如竞争对手的行为。纵观文献中所涉及的，可能最为重要的影响因素包括以下三个。

第一，转移成本。很明显顾客从一个企业的产品转移到另一个企业的产品时所需要付出的成本的大小会直接影响消费者转移的倾向。根据克伦佩勒（Klemperer，1987、1995、2007）的分类，转移成本包括交易成本、学习成本和人为的或合同成本。克伦佩勒的研究指出，由于转移成本的存在，使得企业可以在一定程度上“锁定”消费者，因而可以避免激烈的价格竞争，增加企业的利润。也就是说转移成本可以使消费者更加倾向于继续与企业保持长期的关系，也可以认为这是消费者为了实现其消费一致性的一种理性抉择。克伦佩勒的研究中所指的转移成本通常是一种净社会损失，而转移成本中的第三类，即人为的或者合同成本则只是一种转移支付形式，在很多情况下表现为某种价格歧视，如飞行旅程优惠等忠诚计划。道灵和昂科斯（Dowling and Uncles，1997）的研究指出，虽然这些忠诚计划可以增加顾客的维系率，但是往往花费太高，甚至有时候会给企业带来损失。这是由于虽然转移成本可以增加消费者与企业之间关系的长久度，但是一旦所有企业都认识到被锁定的消费者很难再转移，企业之间就会在获取消费者方面发生激烈的争夺，这一争夺往往是高成本的，有时候甚至会大大降低企业的总利润（Klemperer，1985）。欧布莱恩和琼斯（O'Brien and Jones，1995）则指出，忠诚计划只有在能够将消费者的行为习惯转变成为真正的忠诚以后才能为企业带来利润。由于互联网的快速发展极大地改变了消费者的消费行为，这种发展到底对转移成本会产生何种影响呢？现有研究表明了一种不确定的状况。阿尔巴等（Alba et al.，1997）、巴克斯（Bakos，1991、1997）研究发现，互联网的发展极大地降低了消费者的转移成本；与之相对，布林约尔夫松和史密斯

（Brynjolfsson and Smith，2000）则认为，消费者在互联网上表现出比线下世界中更强的忠诚度；约翰逊等（Johnson et al.，2004）、祖贝尔曼（Zauberman，2003）也认为，消费者在互联网上出现了“锁定”。

第二，顾客满意度。顾客是否愿意与企业继续保持关系，在很大程度上取决于顾客对企业的产品和服务的满意程度。许多研究（Anderson et al.，1994；Bolton，1998；Bolton and Lemon，1999；Garbarino and Johnson，1999；Gustafsson et al.，2005）都指出，顾客满意和顾客与企业之间的关系的长度和/或顾客愿意与企业保持关系的可能性之间存在正相关关系。正如安德森和米塔尔（Anderson and Mittal，2000）所指出的，由于顾客满意、顾客维系与企业利润之间的关系有时可能是间接、非对称以及非线性的，有的企业就可能会错误地减少在增加顾客满意度方面的投资。米塔尔和卡玛库拉（Mittal and Kamakura，2001）的研究则指出，顾客自身的特点会影响顾客满意度与购买倾向、重复购买行为之间的关系。

第三，预期未来使用。有的研究人员认为，当顾客决定是否继续维持与企业的关系时，他们会考虑一些与产品和服务将来相关的因素，如将来使用该产品可能会带来的价值，将来是否会不再使用该产品（Lemon et al.，2002）。这些研究人员认为，现有模型中如果不考虑这些因素的话可能会对正确认识顾客维系产生不利的影响。

二、顾客维系与企业利润之间的关系

顾客关系管理文献认为，企业的长期顾客会从多个方面为企业带来价值，如莱克海尔德和塞萨（Reichheld and Sasser，1990）以及莱克海尔德和迪尔（Reichheld and Teal，1996）的研究。这些价值可以归纳为以下七个命题：（1）维系顾客比获取顾客所需成本低；（2）为老客户提供产品和服务的成本比新顾客的低；（3）与企业保持长期关系的顾客会提高企业的声誉并能通过口碑为企业带来新的顾客；（4）企业的老客户的价格敏感性低于新顾客，因此熟客愿意支付较高的价格；（5）企业的老客户愿意购买更多该企业的产品，因此企业可以通过追加销售、交叉销售等手段增加占有老客户的“钱包份额”；（6）顾客与企业关系的长短与该顾客为企业带来的利润有正相关关系；（7）企业从老顾客获得的利润随时间递增（其中，命题（6）和（7）由前五个命题总结而得）。虽然以上七个命题直觉上的意义很明确，但是相应的实证检验却显得不足。雷纳兹和库玛（Reinartz and Kumar，2000）的实证结果显示，顾客与企业之间是非契约关系时，老顾客并不一定比新顾客带来的利润高。他们采用目录销售公司三年数据，运用负二项分布/帕累托模型估计了每个顾客是否已经流失，然后在此基础上计算出每个消费者的终身价值并以此检验了上面命题中的（2）、（4）、（6）和（7）。雷纳兹和库玛（Reinartz and Kumar，2002、2003）将他们的研究数据扩大到4个不同企业的消费者数据库，发现一些与企业有长期关系的顾客为企业带来的利润远远小于那些“交易型”的顾客。进一步，他们还发现，所有四个公司的数据中，那些与企业有长期关系的顾客的服务成本更高一些，以及长期关系顾客与交易型顾客所支付的服务价格没有显著的差异，甚至有一家企业的长期关系顾客支付的价格比交易型顾客支付的价格更低。上述的研究结果至少说明消费者之间的行为差异是明显存在的，因此上述七个命题并不是在所有情况下对所有消费者都是适用的。如何正确地管理这种消费者之间的差异性才是企业取得长期成功的关键。

三、顾客维系率的估计模型

任何一个估计顾客维系率的模型，其准确性取决于顾客与企业之间的关系，正如维兰纽瓦和汉森斯（Villanueva and Hanssens，2007）所指出的，取决于以下几点：（1）合同与非合同关系；（2）顾客在市场中的存续特征，是“总是一份”还是“永远失去”；（3）购买频率；（4）可寻址性；（5）可定位性。在考虑以上五点的基础上，企业管理人员与研究人员开发出了不同的模型用以测量顾客维系率，常用的有以下四种。

第一，启发式方法。启发式方法的最大优点就是简洁易用，最常用的启发式方法是RFM模型。如果只是为了估计某个消费者或者某一消费者群的维系率，RF矩阵更加合适（Blattberg et al.，2001）。通过RF矩阵计算出每个消费者最近一次购买的日期起的时间间隔长度与该顾客平均的每两次购买之间的时间间隔长度，然后对比二者之间的相对大小，如果前者相对后者更长，说明企业很可能就已经失去了该顾客。这一方法的优势在于成本低、易于实现以及可以很容易地被管理人员所理解。但是由于其过于简单，往往在预测过程中不可避免地出现准确性偏低的结果。

第二，二元逻辑模型。该模型的被解释变量是消费者是否继续购买某一产品，其值为 0 或者 1，是一个二元离散变量；解释变量是有关于产品和消费者的一些特征信息，通过使用逻辑模型估计以后就可以直接预测消费者是否继续购买某一产品的概率，也即顾客维系率。如果被解释变量是一个序变量并且超过二元，则通过使用多元逻辑模型直接估计。使用该模型的时候，如果被解释变量中 0 或者 1 所占比例太高，模型估计所得的结果就会非常不准确。

第三，随机测量模型。或许现有的顾客维系率估计模型中，最为完备的当属斯密特雷恩等（Schmittlein et al.，1987）提出的，并在随后由斯密特雷恩和彼得森（Schmittlein and Peterson，1997）进行扩展和完善的随机测量模型。该模型根据顾客在特定观测期内购买某产品的次数以及最后一次购买到观测期结束时之间时间间隔的长度来预测顾客的维系率。模型所建立的假设条件是：消费者的购买服从泊松分布，并且消费者的寿命服从指数分布；消费者存在差异，其购买的频率服从伽玛分布，消费者流失率也服从伽玛分布，这两个分布是相互独立的。可能由于该模型的估计非常困难，实证研究相对较少，只有雷纳兹和库玛（Reinartz and Kumar，2000、2003）以及法德尔等（Fader et al.，2005）进行了尝试。

第四，风险模型。风险模型在营销中被广泛用于重复购买的时间间隔的研究。雷弗朗等（Leeflang et al.，2000）以及赫尔逊和斯密特雷恩（Helson and Schmittlein，1993）提供了风险模型在营销研究中运用的综述。该模型的优点是能很好地处理数据的右截断问题以及易于估计。同时该模型在估计中能够使用包括消费者人口统计信息在内的一些具体信息。该模型的一个常用形式是考克斯（Cox，1973）提出的模型：

$$\lambda(t \mid x(t)) = \lambda_0(t)\exp[x(t)'\beta]$$

其中，$\lambda_0(t)$ 为初始风险，$x(t)$ 为解释变量。该模型的一个可能的问题是当顾客和企业之间是合同关系时，在合同快要到期的时候顾客流失的比率明显上升，这时风险函数是不连续的，应该会出现一些跳跃和断点等情况，但上述模型并不能处理这种情况，所以需要修改模型以便能解决这一问题。

总的来说，在估计顾客维系率时，研究人员可以采取多种多样的方法，这些方法使得研究人员既可以对消费者个体层面的数据进行估计，也可以对市场细分层面的数据进行估计。随机测量模型甚至可以估计在给定时间内企业某一指定消费者是否流失的概率。同时需要注意的是，并不存在一个在所有情形下都完全适用的模型，模型的选择要考虑数据的可得性以及具体的顾客—企业关系。

四、企业失去顾客带来的损失

在此前的评述中已经发现，企业获得新的消费者给企业带来的不仅是该消费者的顾客终身价值，同时还会因口碑等间接效应为企业带来更多的价值。与此相对的是，企业失去一个顾客不仅仅会失去其顾客终身价值，而且还会失去这个顾客可能为企业带来的所有间接价值。失去一个顾客的价值，由霍甘等（Hogan et al.，2002）定义为：$VLC = \alpha VLC_{disadopter} + (1 - \alpha) VLC_{defector}$，在不同的行业中 α 的取值会不同，也即离开企业的顾客为企业带来的间接损失占总损失的比重会因行业不同而不同，在有的行业中 $\alpha \to 0$，而有的行业中 α 值会很高。

五、获取新顾客与顾客维系之间的联系

在布兰登伯格和戴顿（Blattberg and Deighton，1996）提出顾客资产概念伊始，他们就指出了获取新顾客与顾客维系之间存在着权衡取舍关系，企业要最大化其顾客资产，就必须同时考虑这两个问题，他们提出了以下方程：

$$a = N \times [1 - \exp(-k_1 \times A)]$$

$$r = a \times [1 - \exp(-k_2 \times R)]$$

$$r' = r/(1 + d)$$

$$CE = a \times m - A + a \times (m - R/r)[r'/(1 - r')]$$

其中，A 为新顾客获取的支出，R 为顾客维系的支出，N 为市场容量，k 为代表曲线陡峭程度的参数，m 为每个顾客所能带来的利润率，d 为折现率。企业如果要最大化其顾客资产 CE，那么它就将同时选择最优的 A 和 R。虽然他们的研究试图同时考虑顾客获取和顾客维系之间的相互影响，但是由于他们的模型潜在假定企业所有已获取的顾客都是完全相同的，因此该模型的最终结果实际上顾客维系与顾客获取之间是相互独立的。托马斯（Thomas，2001）提出了一种新的方法研究顾客维系率，并同时考虑顾客获取的影响，结果显示，如果不考虑顾客获取将会使顾客维系的估计结果是有偏的，进一步将会使得对顾客资产和顾客终身价值的估计出现错误。刘易斯（Lewis，2006）的研究结果显示，顾客获取的方式将会影响顾客的维系率，如因促销行为而获得的顾客往往重复购买率很低，因此其顾客终身价值也不高。

上述研究说明，本书至少应该认识到顾客维系与顾客获取之间是存在相互影响的，如果单独地对顾客资产的这两个驱动因素进行考虑，顾客资产的测量模型结果肯定是不准确的。

六、小结

本节对顾客资产驱动因素之一——顾客维系相关的文献进行了回顾。本书指出诸如转移成本在内的诸多因素会影响顾客维系率。而顾客维系率确实也与顾客资产之间存在着联系。但是这一联系并不是像本书之前的直观理解一样，如与企业有长期关系的消费者其顾客终身价值更高。雷纳兹和库玛（Reinartz and Kumar，2001、2003、2005）对传统认识提出了挑战。他们的研究使学界认识到消费者与企业关系的长短可能并不是决定其终身价值的唯一因素或主要因素，需要在顾客维系率与顾客终身价值、顾客资产关系的模型中考虑消费者自身的特征以及企业的营销组合变量。全面地在模型中考虑这些因素有利于更清楚地认识顾客维系率与顾客终身价值，以及顾客资产之间的关系。

影响顾客维系率的因素很多，如转移成本、顾客满意度、顾客的预期等。但是现有模型，尤其是 RFM 模型、随机测量模型都没有将这些因素考虑在内，而仅仅是根据消费者的购买历史数据进行估计，而估计的方法是假定消费者的维系率服从某种特殊的分布，这实际上对如何有效地配置营销资源没有很高的实际指导意义。因此需要将转移成本、顾客满意度和顾客预期等因素引入本书的模型之中。这一过程可能就需要对消费者的决策过程进行直接的建模，而不再是仅仅假定消费者的购买行为服从某种特定的概率分布。

顾客获取与顾客维系之间存在着必然的联系，而现有大多数模型都是将这二者分开进行研究。布兰登伯格和戴顿（Blattberg and Deighton，1996）的研究虽然试图将二者之间的相互影响直接纳入分析模型中，但是由于其模型假设的限制，这一努力实际上并未达到预期的效果。托马斯等（Thomas et al.，2001）的模型从计量估计的角度讨论了这一问题，并发现如果忽略二者的相互联系所得出的顾客资产测量结果一定是有偏的。因此，本书需要构建一个能同时考虑顾客资产驱动因素的模型，而不是对各个驱动因素进行独立的研究和测量，这一点不仅对顾客获取与维系，同样对后面将要讨论的顾客追加销售也是必要的。

第五节　顾客资产驱动因素：追加销售

在上一节的分析中指出，那些与企业有着较长期关系的顾客终身价值较高的原因就是企业可以对这些顾客进行追加销售。布兰登伯格和戴顿（Blattberg and Deighton，2001）指出，追加销售的形式包括交叉销售、向上销售，以及对相同家庭制成品或者服务更高的需求量。实际上企业可以通过追加销售提高顾客的终身价值，进而改善企业的顾客资产。例如，杰克逊（Jackson，1989a、1989b、1989c）的研究发现，通过向现有投保者在 12 个月里（交叉和向上）销售六种保险产品，可以将现有消费者的终身价值平均提高 40%。

布兰登伯格和戴顿（Blattberg and Deighton，2001）指出，附加销售取决于以下一些因素：（1）每期为每个顾客提供的可能的附加销售产品种类（I）；（2）每种产品的反应率（s）；（3）每种产品的销售量（S）；（4）每种产品的利润（m）；（5）被定位的消费者数量（H）；（6）每个消费者的成本（c）；（7）每个顾客下一期的维系率（r）。附加销售的净现值则可以由以下公式进行计算：

$$VAOS = \sum_{h=1}^{H}\Big[\sum_{i=1}^{I}\Big(S_i s_{ih} m_i \frac{r_h^t}{(1+d)^t}\Big) - c_{ih}\Big]$$

当然这一公式也是描述性的，但从中可以看出，要正确地分析对消费者的附加销售，必须注意的重要问题是附加销售产品的选择。

附加销售应该选用什么样的产品，给哪些消费者，在什么时候给他们，这些都是附加销售产品选择过程中需要考虑的重要问题。现有研究在这个问题上主要有以下一些建模方法。

第一，交叉购买分析。交叉销售是附加销售的重要组成部分，布兰登伯格和戴顿（Blattberg and Deighton，2001）的研究给出了一个简单而直观的度量指标来分析两种产品之间的交叉购买效应。这一度量指标为两种不同产品 i 和 j 一起购买的次数 Z_{ij} 与两种产品单独购买的次数 X_i 和 Y_j 乘积的比值：$CB_{ij} = \frac{Z_{ij}}{X_i Y_j}$，这一比值越大，说明两种产品的交叉购买效应越大。

第二，协同筛选。这一方法在 20 世纪 90 年代获得了研究人员较大的注意（Resnick and Varian，1997）。这一方法的核心思想是，为了确定某种给定的产品可能给某一消费者带来的价值的大小，可以通过度量与该消费者相似的、已经购买该产品和服务的消费者对这种产品的偏好程度来进行预测。采用消费者投票的办法可以得到消费者对某种产品的偏好。在获得消费者的投票以后，根据布瑞斯等（Breese et al.，1998）的研究，就可以进行协同筛选的分析了。假定企业有 n 个消费者，消费者 i 对产品 j 的投票值为 z_{ij}，则 $V_{a,j} = \bar{z}_a + \kappa\sum_{i=1}^{n} w(a,i)(z_{ij} - \bar{z}_i)$ 为产品 j 能为消费者 i 提供价值的预测值，该值越大，产品 j 就越应该成为对消费者 i 的附加销售产品。

第三，李、孙和维尔考克斯（Li，Sun and Wilcox，2005）提出的消费者成熟模型。他们研究认为，消费者对一系列产品的选择取决于其是否足够成熟，即消费者的选择与产品在一个连续统中的距离是否足够近，越近的产品为消费者带来的效用越高。他们采用了以下的消费者效用函数：

$$U_{ijt} = \beta_i \left| O_j - DM_{it-1} \right| + \gamma_{ij} X_{it} + \varepsilon_{ijt}$$

该方程表示的是消费者选择某种产品能为其带来的效用。这一效用与消费者的成熟程度和产品的距离成反比。他们使用金融行业的数据对模型进行了估计，证明了离消费者所处成熟度越近的产品，消费者越有可能选择。同时还证明了消费者对金融产品的购买是按照特定的顺序的，即银行可以按照这一顺序对消费者进行向上销售。

前面的分析中一直强调顾客资产的各个驱动因素之间应该存在相互联系的关系，而现有模型中几乎都是将追加销售单独进行分析。这样的测量模型肯定会导致顾客资产的估计是不准确的。因此，本书需要构建一个能够将顾客获取、顾客维系、追加销售结合在一起考虑的顾客资产测量模型。而现有的模型中也很少有将营销战略组合纳入的，但是本书认为营销组合对顾客的追加销售应该有着很直接的影响。进一步的研究需要完善这一点。

第三章　消费者生产理论与消费者人力资本——静态模型

正如前文中所提到的，现有研究已经开始将消费者的感知度量指标和行为度量指标加入营销对企业的财务绩效和市场价值的影响研究中来。这些研究取得了相当丰硕的成果，但也存在着不足和一些难以解释的问题，如消费者满意度对企业财务绩效的影响是非线性且不对称的，而且这一影响强度随着行业和企业的改变而发生变化；企业采用的行为度量指标在预测消费者的营利性时存在准确性的问题。博尔丁等（Boulding et al.，2005）提出了解决这些问题的一条可能的途径。他们认为，消费者满意度、顾客获取率、维系率等都是结果变量，是对企业和消费者之间双向价值创造结果的度量，它们只能说明营销是否为消费者创造了价值，而对于认识营销如何为消费者创造价值这一过程的帮助是有限的。因此，博尔丁等建议营销学者应该深入研究营销为消费者创造价值的这一过程。

企业如何为消费者创造价值？这一概念在经济学和营销学中都有相关的研究。经济学研究假定消费者存在一个由其偏好决定的效用函数，消费者对不同的产品有不同的效用评价，消费者因而在预算约束的条件下选择不同的产品以实现效用最大化，企业在一定的价格条件下通过向消费者提供不同的产品为消费者创造效用，也就是价值，同时实现利润最大化。这一过程可以由以下方程表达出来。对于消费者而言，他们的价值最大化问题为：

$$\underset{\{x_1,\cdots,x_n\}}{\text{Max}}\ U = u(x_1,\cdots,x_n) \tag{3.1}$$

$$\text{s.t.}\ \sum_{i=1}^{n} p_i x_i \leqslant I$$

其中，I 为消费者的收入，x_i 为消费者在第 i 类产品上的消费量。企业通过向消费者提供合适的产品和价格组合以实现自身利润的最大化。方程（3.1）中的效用函数又被贝克尔（Becker，1996、1998）称为次效用函数（sub-utility function），因为消费者是直接地评价产品所带来的效用或价值以决定其购买量的。方程（3.1）中所代表的价值创造模式非常单一，不能表示诸如质量、款式、性能等消费者通常在评价一项产品的价值时所考虑的因素，因此经济学家对方程（3.1）进行了扩展，以使其可以具体涵盖产品的不同特性在价值创造过程中的作用。这方面的研究最早由兰卡斯特（Lancaster，1971）开创，贝里和佩克斯（Berry and Pakes，2007）又给予了进一步的拓展。这些研究认为，企业所提供的产品是一系列特征的集合，诸如汽车的耗油量、可靠性、款式、颜色和价格等一系列特征。消费者通常通过评价所有这些特性为他们带来的价值和/或成本，在此基础上选择满足自己预算约束条件并能带来最大价值的产品。这一观点与本书后面将要提到的在营销学中的顾客受让价值观点非常类似。

正如本书刚刚提到的，营销学中也有许多关于企业为消费者创造价值的研究，最有名的恐怕就要数顾客受让价值（或者又被称为顾客让渡价值）了。科特勒（Kotler，2000）在其著作《营销管理》中对顾客受让价值给予了详细的论述。顾客受让价值就是顾客购买产品所获得的总的消费者价值与总的消费者成本之间的差额或比值，顾客受让价值为正或者大于 1 时，说明消费者获得了正的价值。其中，总消费者价值包括产品价值、服务价值、人员价值和形象价值，而总消费者成本包括货币成本、时间成本、体力成本和精神成本。顾客受让价值理论说明企业可以通过增加顾客的价值或者/和降低顾客的成本为消费者创造价值。

经济学和营销学虽然都提出了一些研究企业如何为消费者创造价值的分析模型，但是如果按照博尔丁等（2005）的观点，其中不论是效用也好，还是顾客让渡价值也好，度量的都是消费者对企业价值创造过程的一个最终评价结果，并不能很好地说明价值创造这一过程。上述模型一个更大的缺陷是由这类产品所得出的消费者对特定产品的偏好往往是不稳定的，即消费者总是在寻找能够最大化其效用的产品，如果市场上有一种新的产品出现，消费者往往就会抛弃原来的产品而选择新的产品。这在时装、高科技产品等方面表现得尤为明显。这也是本书在第二章中提到的很难准确预测消费者终身价值问题的一个重要原因。在营销学和管理学的研究中，现在越来越多地提及变幻莫测的市场需求往往是营销和管理过程中遇到的主要问题之一，如果能有效地管理消费者变化的需求，就能使营销更具有预测性和指导性。因此不禁要问，消费者的需求真的是变幻莫测的吗？在生活中不是也一直听到“江山易改，本性难移”的说法吗？后面的这一常识是说消费者所持有的价值观往往是很稳定的，不断变化的可能只是实现这些价值的手段而已，这也就意味着必须深入研究消费者如何获取价值以及企业如何为消费者创造价值的过程。因为这样可以提高营销对消费者变化的需求的管理，进而提高营销对企业财务绩效以及市场价值影响的预测精确性。

通过前面的介绍可以看出，不论是传统经济学还是营销学，对于消费者直接评价产品或者产品特性的价值和/或成本的办法都很难加深本书对于企业为消费者创造价值这一过程的理解，因此需要另觅其他的途径。

第一节　消费者生产函数——钻头与墙洞故事的重新审视

科特勒在其经典著作《营销管理》中为了区分消费者的需要与需求这两个概念，举了钻头与墙洞的例子：一个在市场上寻找钻头的消费者，他真正的需要是墙上的一个“洞”，而不是钻头，因此企业需要关注的是消费者的需要，而不应该只关注消费者的需求，也就是在“钻头”上下功夫。科特勒举这个例子是要提醒营销人员关注消费者的需要而不是只关注表面的需求。因为只有关注消费者的需要，营销人员才有可能创造出更加便于消费者在墙上打洞的工具，从而淘汰那些只关注“钻头”的企业。故事到这里，似乎已经结束了，真的是这样吗？事实不尽如此。因为即便有某种能取代钻头的先进工具，但最终也不能直接为消费者提供那个墙上的“洞”，消费者必须要懂得操作这种工具，参与到生产过程中，才能获得这个“洞”。所以说，厂商提供给消费者的任何产品，都不能直接满足消费者的需要，消费者的需要是通过消费者结合厂商的产品自己“生产”出来的。普利姆（Priem，2007）就认为，任何产品的价值都是消费者自己在使用过程中“创造”的。消费者通过一个“生产”的过程，这一过程的原材料是企业提供的产品或者服务，以及消费者自己的时间、知识和能力，创造出满足自己需要的物品或服务。企业在这一过程中的首要以及最重要的目标就是帮助消费者完成这一生产过程，企业在这一生产过程中起的作用的大小、独特程度直接决定了企业的竞争优势、利润。本节随后的内容就是要形式化消费者使用企业的产品并结合其他因素来生产满足自己需要的“物品”的过程，并进行比较静态分析，研究企业营销如何能有助于消费者完成这一生产过程，并在此基础上为企业创造利润。

在正式开始建立并分析模型之前，有一对概念需要做出界定。根据贝克尔等（Becker et al.，1977）和贝克尔（Becker，1965、1991、1996）的定义，消费者在市场上购买的产品或服务，如汽车、电视、面包和药品，并不能直接满足其需要，这些市场提供物本书统称为“市场产品”。消费者通过结合市场产品及自己的时间、知识和技能等生产出来的产品，如交通、休闲、饮食和健康等，则被统称为“家庭制成品”。

下面本书根据贝克尔（Becker，1965）、迈克尔和贝克尔（Michael and Becker，1973）提出的消费者生产函数分析框架，分析在一期消费的情况下，消费者给定预算约束条件下的效用最大化问题。假定消费者具有如下效用函数：

$$U = u(Z_1, \cdots, Z_n) \tag{3.2}$$

其中，Z_i 就是消费者的需要，如休闲、健康及交通等，也可以被称作消费者所生产的家庭制成品。函数（3.2）定义了消费者的偏好，这一偏好是稳定的。这里的稳定指的是消费者对不同需要的满足是稳定的，而并不是指消费者在市场产品的偏好上具有稳定性。举一个简单的例子：一个偏好变化的消费者其最大的需求就是“时尚”，而她对实现时尚需求的时装的选择标准则是在不断变化的。函数（3.2）意味着本书可以在一个稳定的消费者偏好效用函数框架内来预测消费者不断变化的市场产品需求，具体分析留待下一章讨论。本章的主要目的是通过对静态模型的分析建立一个基本的分析框架。Z_i 的生产函数定义如下：

$$Z_i = f_i(x_i, t_i; H) \tag{3.3}$$

其中，x_i 是一个包含用于生产家庭制成品 Z_i 的市场产品向量，例如休闲这一家庭制成品，消费者可以通过欣赏歌剧、旅游或者看电视等市场产品来生产；这些市场产品就是由企业提供的产品或者服务。而 t_i 就是生产家庭制成品 Z_i 所需要的消费者的时间；时间是最为稀缺的资源，因此也是消费者在选购市场产品时会主要考虑的因素之一。将时间引入生产函数中与顾客受让价值理论的逻辑是一致的。H 是代表消费者生产家庭制成品的能力、经验以及知识等因素的一个变量。在迈克尔（Michael，1972）和贝克尔（Becker，1965）的研究中，这一变量被认为是消费者的人力资本。而在拉奇福德（Ratchford，2001）的研究中，H 被认为是消费者的知识，一种消费者所拥有的关于如何生产家庭制成品 Z_i 的知识。在本书中，H 被定义为消费者人力资本，即有助于提高消费者生产家庭制成品 Z_i 的人力资本①。这种消费者人力资本就如贝克尔等（Becker et al.，1993）所定义的人力资本一样，不同的是，人力资本可以提高消费者在劳动力市场的生产率并为消费者带来更高的回报，而消费者人力资本则使得消费者在生产家庭制成品 Z_i 时的效率提高，如使用同样的市场产品和时间生产出更多的家庭制成品，生产相同的家庭制成品所消耗的时间和/或市场产品减少。同市场产品一样，消费者人力资本照样可以由企业提供，如企业向消费者提供的广告就是消费者人力资本的一种形式，通过广告向消费者提供的信息，使得消费者可以更有效地利用企业提供的市场产品生产自己所需的家庭制成品。消费者人力资本也可以通过消费者自己在不断的消费过程中积累，以及在与企业的不断互动过程中获得、积累。同样，消费者人力资本也与消费者的受教育程度有关，如那些受过教育的消费者可以非常容易地使用如电脑之类的高科技产品，而那些未接受教育的消费者则可能会发现使用电脑是一件非常困难的事情。综上所述，消费者生产函数以及

---

① 在这里本书对消费者人力资本 H 只做一个概括性的定义，在后面的经验分析章节中再对其进行详细的分析。

消费者人力资本的引入，使得本书不仅能在传统的消费者效用最大化框架中考虑诸如产品、广告等4Ps营销变量，也可以拓展传统的效用最大化理论使其包含消费者感知、关系营销等新的元素①。而效用最大化模型所代表的消费者偏好的稳定性等优势也可以在分析中充分地发挥出来。

消费者除了受自己的生产函数限制以外，还有一个最重要的限制就是其预算约束限制，这一限制如方程（3.4）所示：

$$Y_m = wt_w + V = \sum_{i=1}^{n} x_i p_i \quad (3.4)$$

其中，非常直观地，w 是消费者的工资率，在现在的模型中，该工资率是外生给定的；相应地，t_w 就是消费者用于工作的时间，这一时间一般由模型内生决定，因为消费者在生产生活所需的各种家庭制成品时是需要时间的，因此消费者在工作时间的选择和家庭制成品生产时间的选择上就存在一个权衡取舍的问题。从另一个角度讲，这也是那些能够为消费者节约时间的营销战略获得消费者青睐的原因。本书在前面对消费者受让价值模型的分析使我们清楚地知道降低消费者的时间成本可以增加消费者总的受让价值，使得消费者选择的可能性增加。而变量 V 则是消费者其他的财产性收入，本书可以认为是其初始的财富、遗产等。方程（3.4）的含义是消费者总的货币支出等于其总的货币收入。既然本书一再提到消费者的时间成本是影响消费者进行消费者选择的一个重要变量，那么本书在方程（3.4）中引入消费时间可能会更为恰当一些。对任何消费者来说，其用在生产家庭制成品和工作上的时间总和应该是给定的，本书假设这一总和为 t，则本书可以有方程（3.5）：

$$t = \sum_{i=1}^{n} t_i + t_w \quad (3.5)$$

将方程（3.5）代入方程（3.4），得到方程（3.6）：

$$Y = wt + V = \sum_{i=1}^{n} (x_i p_i + wt_i) \quad (3.6)$$

---

① 消费者感知、关系营销等元素可以通过消费者人力资本这一变量进入效用最大化的分析模型。

方程（3.6）与方程（3.4）的不同之处在于，方程（3.6）说明消费者总的收入，即消费者如果将其给定的可支配时间全部用于工作再加上其初始财富收入，等于消费者总的支出，包括购买市场产品的货币支出和用于生产家庭制成品的时间支出。方程（3.6）也可以被认为是消费者的全部收入等于其全部支出。

在对消费者的效用最大化问题进一步分析之前，有三点需要说明一下。首先，在这一分析框架中，消费者被视为一个"小型工厂"，他们自己运用市场产品和自己的时间以及技能生产满足自己需要的家庭制成品。在这一过程中，消费者人力资本通过影响生产条件、生产过程以及生产效率来影响消费者的生产函数。因此，企业可以通过营销活动来影响消费者的消费者人力资本，如广告为消费者提供知识，服务营销中的消费场景改变消费者的生产条件，零售商送货上门服务提高消费者的生产效率等，进而达到影响消费者对市场产品的需求的目的。从这一点看来，各种不同的营销活动可以通过消费者人力资本这一变量被纳入一个统一的分析框架。其次，由于是静态模型，在这里暂时无法对消费者人力资本的变化进行分析，只能假定消费者人力资本是外生给定的。在后面的动态分析中，可以认为消费者人力资本是随着消费活动的持续进行而变化的。进一步，由于消费者人力资本是可以变化的，消费者对市场产品的需求也可能发生变化，后文在动态分析中可以发现，即使消费者的偏好所代表的效用函数（3.2）不随时间发生变化，消费者对市场产品的需求也可能由于消费者人力资本的变化而发生较大的变化。这就意味着表面看起来变幻莫测的消费者市场产品需求也具有可预测性，而这一预测的根据就是消费者人力资本和效用函数的稳定性。最后，消费者人力资本既有包括文化、习俗等在内的在某个市场细分中较为同质性的因素，也包括教育、家庭背景在内的因消费不同而变化较大的因素，这将在后文的经验分析模型中进一步讨论。

第二节 消费者人力资本对家庭制成品需求的影响

下面，本书就将对由方程（3.2）至方程（3.6）所代表的消费者效用最大化问题进行详细的分析。

由方程（3.2）至方程（3.6）可以构建如下的拉格朗日函数：

$$L = u[f_1(x_1,t_1;H),\cdots,f_n(x_n,t_n;H)] + \lambda[V + wt - \sum_{i=1}^{n}(x_ip_{x_i} + wt_i)] \tag{3.7}$$

对方程（3.7）分别求取关于 x_i 和 t_i 的一阶导数，可以得到如下的一阶条件：

$$\frac{\partial L}{\partial x_i} \equiv \frac{\partial u}{\partial f_i}\frac{\partial f_i}{\partial x_i} - \lambda p_{x_i} = 0$$

$$\frac{\partial L}{\partial t_i} \equiv \frac{\partial u}{\partial f_i}\frac{\partial f_i}{\partial t_i} - \lambda w = 0$$

，或者可以重新写作：

$$MU_{Z_i}MP_{x_i} - \lambda p_{x_i} = 0$$

$$MU_{Z_i}MP_{t_i} - \lambda w = 0$$

其中，MP_{x_i} 和 MP_{t_i} 分别是消费者的市场产品和个人时间在生产家庭制成品 Z_i 上的边际产品，上述一阶条件可以重新安排得到消费者收入的边际效用 λ 的表达式：

$$\lambda = \frac{MU_{Z_i}MP_{x_i}}{p_{x_i}} = \frac{MU_{Z_i}MP_{t_i}}{w} \tag{3.8}$$

或者，

$$\frac{MP_{x_i}}{p_{x_i}} = \frac{MP_{t_i}}{w} = \frac{\lambda}{MU_{Z_i}} = \frac{1}{MC_{Z_i}} \tag{3.9}$$

方程（3.9）最右边的等号是因为 λ 为每单位额外收入增加所带来的效用增加值，而 MU_{Z_i} 表示每单位家庭制成品 Z_i 所带来的效用增加值，这两者比值为生产家庭制成品 Z_i 的边际成本。方程（3.8）和方程（3.9）就是消费者效用最大化问题的最优条件，也就是通常所说的等边际原则：消费者的市场产品和时间的边际价值等于生产每单位家庭制成品的边际成本。有了上述结论，本书可以继续分析消费者人力资本对消费者生产函数、家庭制成品需求量以及市场产品需求量的影响了。这类分析才是本书的真正研究重点所在。

如果将由方程（3.2）至方程（3.6）结合方程（3.8）所求解出的消费

者最优需求为 $\{Z^*, x^*, t^*\}$，那么给定 x^* 和 t^*，消费者人力资本的边际生产率为：$\left.\frac{dZ_i}{dH}\right|_{x_i,t_i} = MP_i$，如果假定消费者的生产函数是关于 (x, t) 的一次齐次函数，那么由欧拉方程有：$Z_i = x_i MP_{x_i} + t_i MP_{t_i}$，代入上式可以得到：

$$\left.\frac{dZ_i}{dH}\right|_{x_i,t_i} = MP_i = \left(x_i \frac{\partial MP_{x_i}}{\partial H} + t_i \frac{\partial MP_{t_i}}{\partial H}\right) \tag{3.10}$$

如果定义消费者人力资本的边际生产率变化率为 $\widetilde{MP}_i = MP_i / Z_i$，那么有如下论断：消费者人力资本边际生产率的变化率是市场投入品的边际生产率和时间边际生产率的变化率的加权平均，权数之和为1，即：

$$\widetilde{MP}_i = W_{x_i} \widetilde{MP}_{x_i} + W_{t_i} \widetilde{MP}_{t_i} \tag{3.11}$$

$$W_{x_i} + W_{t_i} = 1$$

证明：由方程（3.10），可得：

$$\begin{aligned}
\widetilde{MP}_i &= \frac{MP_i}{Z_i} = \left(x_i \frac{\partial MP_{x_i}}{\partial H} \frac{1}{Z_i} + t_i \frac{\partial MP_{t_i}}{\partial H} \frac{1}{Z_i}\right) \\
&= \left(\frac{\partial MP_{x_i}}{\partial H} \frac{1}{MP_{x_i}} \frac{x_i MP_{x_i}}{Z_i} + \frac{\partial MP_{t_i}}{\partial H} \frac{1}{MP_{t_i}} \frac{t_i MP_{t_i}}{Z_i}\right) \\
&= W_{x_i} \widetilde{MP}_{x_i} + W_{t_i} \widetilde{MP}_{t_i}
\end{aligned}$$

$W_{x_i} + W_{t_i} = \frac{x_i MP_{x_i}}{Z_i} + \frac{t_i MP_{t_i}}{Z_i} = \frac{Z_i}{Z_i} = 1$，由一次齐次函数的欧拉方程可得。

在前面的分析中已经得出，企业实际上可以通过不同的营销战略改变消费者的消费者人力资本，进而影响其市场产品的购买决策。上述论断使本书认识到消费者人力资本的变化是通过改变消费者人力资本的边际生产率来影响消费者对市场产品的购买决策的。如果消费者在生产某种家庭制成品时市场产品在最终家庭制成品中所占的比例较高，即 W_{x_i} 较大，那么使消费者积累能够提高市场产品边际生产率的消费者人力资本将会使得消费者总的边际生产率有较大改变，因此就应该采用那些能够增加消费者此类消费者人力资本的营销战略，例如通过广告策略提供给消费者更多的关于产品用途的知识，或者提高产品的质量等，这样就能增加消费者的购买倾向。相反，企业则应该采用那些能够增加消费者时间的边际生产率的营销战略。总之，方程（3.11）从消费者生产率变化率的角度为企业提供了一个选择不同营销战略的标准，具体的经验应用留待后文的分析。

从消费者受让价值理论来看，上述分析可以被认为是从消费者总价值角度来讲的，同样，对消费者总成本进行分析应该是有益的。由于只有市场产品 x 才有明确的市场价格，而消费者生产的家庭制成品 Z_i 是没有市场定价的，因此本书需要用一种间接的方法来推导消费者自己生产的家庭制成品 Z_i 的价格。

如果本书将家庭制成品 Z_i 定义为 $\prod_i = \frac{x_i p_i + t_i w}{Z_i}$，将方程（3.8）代入价格定义式，则可以得到：

$$\prod_i = \frac{x_i MP_{x_i} MU_{Z_i}}{\lambda Z_i} + \frac{t_i MP_{t_i} MU_{Z_i}}{\lambda Z_i} = \frac{MU_{Z_i}}{\lambda}\left(\frac{x_i MP_{x_i} + t_i MP_{t_i}}{Z_i}\right)$$

$$= MC_{Z_i}\left(\frac{x_i MP_{x_i} + t_i MP_{t_i}}{Z_i}\right)$$

如果消费者生产函数是关于市场产品和时间的一次齐次函数，则有：

$\prod_i = MC_{Z_i}$，此时本书可以重新定义方程（3.11）中的权重：

$W_{x_i} = \frac{x_i MP_{x_i}}{Z_i} = \frac{x_i p_{x_i}}{\prod_i Z_i}$，$W_{t_i} = \frac{t_i MP_{t_i}}{Z_i} = \frac{t_i w}{\prod_i Z_i}$，即投入品占总成本的比重。

此外，上面定义的价格为家庭制成品的平均价格，虽然平均价格在研究消费者为生产家庭制成品所支付的总成本时会使得问题相应简化，但是影响消费者最优决策的是家庭制成品的边际价格，或者影子价格。由拉格朗日函数（3.7）本书可以按照如下方式计算影子价格：

$\frac{\partial L}{\partial Z_i} \equiv 0 = \frac{\partial u}{\partial Z_i} - \lambda\left(\frac{p_{x_i}\partial x_i}{\partial Z_i} + \frac{w\partial t_i}{\partial Z_i}\right) = MU_{Z_i} - \lambda \widehat{\prod}_i = 0$，进而有 $\widehat{\prod}_i = \frac{MU_{Z_i}}{\lambda} =$

$MC_{Z_i} = \prod_i$，其中，$\widehat{\prod}_i$ 为家庭制成品 Z_i 的影子价格。因此，当消费者的生产函数是关于时间和市场产品的一次齐次函数的时候，家庭制成品的影子价格等于其平均价格。

本书接下来分析消费者人力资本的变化对家庭制成品 Z_i 的影子价格变化的影响，如果本书将家庭制成品 Z_i 的价格变化率定义为 $\widetilde{\prod}_i = \frac{\frac{d\prod_i}{dH}}{\prod_i}$，则可以得到如下的推断：消费者生产家庭制成品 Z_i 的价格变化率等于消费者边际生产率变化率的相反数，即：

$$\widetilde{\prod}_i = -\widetilde{MP}_i \tag{3.12}$$

证明：由家庭制成品 Z_i 价格变化率的定义式可得：

$$\widetilde{\prod}_i = \frac{\frac{d\prod_i}{dH}}{\prod_i} = -\frac{\frac{\partial Z_i}{\partial H}(x_i p_i + t_i w)}{Z_i^2}\frac{1}{\prod_i}$$

$$= -\frac{\frac{\partial Z_i}{\partial H}}{Z_i}\frac{x_i p_i + t_i w}{\prod_i Z_i} = -\widetilde{MP}_i$$

即由消费者人力资本带来的消费者家庭制成品 Z_i 价格变化等于由消费者人力资本带来的边际生产率的变化的相反数，能够带来更多的生产率提高的消费者人力资本增加能更大程度地降低生产该家庭制成品的价格。由前面的分析可知，企业要想有效地降低消费者的生产价格，就需要使那些在生产过程中占比较大的投入品的边际生产率提升幅度较大。这取决于消费者所需家庭制成品的生产函数。

以上分析着重于消费者人力资本的变化对某一家庭制成品 Z_i 生产的影响，但事实是当消费者人力资本变化时还会引起消费者在不同的家庭制成品之间进行替代选择，例如如果消费者选择了读 MBA，则他很可能就会减少打高尔夫球的消费，抑或是一个旅行爱好者则更可能花更少的时间逛商场。接下来本书就将直接分析消费者人力资本所引起的不同家庭制成品之间相对价格的变化。

定义消费者的所有家庭制成品的平均价格为 $\prod = \prod_1^{s_1} \cdot \cdots \cdot \prod_n^{s_n}$，这一

价格定义方式为几何平均价格，其中，s_i 为消费者在第 i 种家庭制成品上的花费占总支出的比重，并且 $\sum_{i=1}^{n} s_i = 1$。消费者人力资本的变化带来的总的变化率为：

$$\widetilde{\prod} = \frac{\mathrm{dlog}\prod}{\mathrm{d}H} = \sum_{i=1}^{n} s_i \frac{\mathrm{dlog}\prod_i}{\mathrm{dlog}H} = \sum_{i=1}^{n} s_i \widetilde{\prod}_i = -\sum_{i=1}^{n} s_i \widetilde{MP}_i \quad (3.13)$$

方程（3.13）的结论显示，消费者用于生产所有满足需要的家庭制成品的平均价格因消费者人力资本而改变的变化率是所有生产函数的边际生产率变化率的加权平均值。如果给定消费者的总收入不变，家庭制成品 Z_i 的相对价格变化率 $\widetilde{\prod_i/\prod} = \widetilde{\prod}_i - \widetilde{\prod}$ 大于 0 的话，则该家庭制成品的需求量相对来说将会降低，反之则会增加。这说明消费者人力资本的变化会引起消费者在不同家庭制成品之间的替代，进而造成消费者在不同市场产品之间的替代。方程（3.13）是从消费者总的消费成本变化来解释消费者人力资本的影响的，类似地，本书也可以从消费者总的价值角度来解释。定义 $VMP_i = \prod_i MP_i = \prod_i Z_i \widetilde{MP}_i$，对所有的家庭制成品进行加总可以得到：

$$\tilde{Y}_c = \sum_i VMP_i/Y = \sum_i s_i \widetilde{MP}_i \quad (3.14)$$

方程（3.14）说明了消费者人力资本的变化所导致的消费者可用的消费支出的变化率，即消费者人力资本带来的消费者的真实总收入的变化率。如果本书将方程（3.6）中的总财富除以平均价格，就能得到消费者的真实收入水平（$Y/\prod$），当消费者人力资本变化时，将会导致消费者的真实收入水平发生变化，从而影响消费者对不同家庭制成品的需求，进而影响消费者对市场产品需求的变化。

第三节　消费者人力资本变化对消费者需求的影响

前面所有的分析都集中于消费者人力资本的变化对家庭制成品价格的影

响，作为企业而言，可能更感兴趣的是当营销战略改变消费者的消费者人力资本时，其对企业的市场产品需求将会有何变化？本节将就这一点进行详细的分析。

在上一节通过分析得知，消费者人力资本可以改变消费者家庭制成品的平均价格和真实收入，那么消费者人力资本则可以通过替代和收入效应改变消费者对不同家庭制成品的最优需求量。因此，本书可以将消费者对家庭制成品 Z_i 的最优需求量写作关于消费者真实收入以及家庭制成品的相对价格的函数，即 $Z_i^d = d_i\left(\frac{Y}{\prod},\frac{\prod_i}{\prod}\right)$，根据这一方程可以得出消费者人力资本改变带来的消费者最优家庭制成品需求量的变化率为：

$$\tilde{Z}_i^d = \frac{\mathrm{d}Z_i^d}{\mathrm{d}H}\frac{1}{Z_i^d} = \frac{\partial Z_i^d}{\partial\left(\frac{Y}{\prod}\right)}\frac{\mathrm{d}\left(\frac{Y}{\prod}\right)}{\mathrm{d}H}\frac{1}{Z_i^d} + \frac{\partial Z_i^d}{\partial\left(\frac{\prod_i}{\prod}\right)}\frac{\mathrm{d}\left(\frac{\prod_i}{\prod}\right)}{\mathrm{d}H}\frac{1}{Z_i^d}$$

$$= \frac{\partial Z_i^d}{\partial\left(\frac{Y}{\prod}\right)}\frac{\left(\frac{Y}{\prod}\right)}{Z_i^d}\frac{\mathrm{d}\left(\frac{Y}{\prod}\right)}{\mathrm{d}H}\frac{1}{\left(\frac{Y}{\prod}\right)} + \frac{\partial Z_i^d}{\partial\left(\frac{\prod_i}{\prod}\right)}\frac{\left(\frac{\prod_i}{\prod}\right)}{Z_i^d}\frac{\mathrm{d}\left(\frac{\prod_i}{\prod}\right)}{\mathrm{d}H}\frac{1}{\left(\frac{\prod_i}{\prod}\right)}$$

$$= \eta_i(\tilde{Y} - \widetilde{\prod}) + \varepsilon_i(\widetilde{\prod}_i - \widetilde{\prod}) = \eta_i(\tilde{Y}_c) + \varepsilon_i(\widetilde{\prod}_i - \widetilde{\prod}) \tag{3.15}$$

其中，η_i 和 ε_i 分别是家庭制成品 Z_i 的收入弹性和自身的价格弹性。方程（3.15）最右边第一项为收入效应，当家庭制成品为“正常家庭制成品”以及消费者人力资本能够降低消费者所需要的家庭制成品的平均价格时，收入效应为正；第二项为替代效应，当消费者人力资本增加且使得生产家庭制成品 Z_i 更加有效率的时候，$\left|\widetilde{\prod}_i\right| > \left|\widetilde{\prod}\right|$，因为 $\varepsilon_i < 0$，此时替代效应也为正。当消费者人力资本使得生产家庭制成品 Z_i 边际生产率改善等于平均边际生产

率改善时，$\left|\widetilde{\prod}_i\right| = \left|\widetilde{\prod}\right|$，替代效应不存在。

方程（3.15）说明了消费者人力资本的变化可以通过改变消费者生产函数的生产率，以及家庭制成品的价格而改变各种家庭制成品的最优需求量，可以预见消费者人力资本的变化也能使得消费者改变对市场产品的需求量，这或许是厂商最为感兴趣的了。接下来本书就将对这一点进行分析。

根据方程（3.3）$Z_i^d = f_i(x_i, t_i; H)$，方程左右同时全微分可以得到：

$$\frac{dZ_i^d}{dH} = \frac{\partial Z_i^d}{\partial x_i}\frac{dx_i}{dH} + \frac{\partial Z_i^d}{\partial t_i}\frac{dt_i}{dH} + \frac{\partial Z_i^d}{\partial H}$$

进一步变形可得：

$$\begin{aligned} Z_i^{\widetilde{d}} &= \frac{dZ_i^d}{dH}\frac{1}{Z_i^d} = \frac{\partial Z_i^d}{\partial x_i}\frac{dx_i}{dH}\frac{1}{Z_i^d} + \frac{\partial Z_i^d}{\partial t_i}\frac{dt_i}{dH}\frac{1}{Z_i^d} + \frac{\partial Z_i^d}{\partial H}\frac{1}{Z_i^d} \\ &= \frac{x_i MP_{x_i}}{Z_i^d}\tilde{x}_i + \frac{t_i MP_{t_i}}{Z_i^d}\tilde{t}_i + \widetilde{MP}_i = \tilde{x}_i - W_{t_i}(\tilde{x}_i - \tilde{t}_i) + \widetilde{MP}_i \end{aligned}$$

也即：

$$\tilde{x}_i = \tilde{Z}_i^d - \widetilde{MP}_i + W_{t_i}(\tilde{x}_i - \tilde{t}_i) \tag{3.16}$$

其中，W_{t_i} 的定义见方程（3.11）。在上述方程中还需要求解出（$\tilde{x}_i - \tilde{t}_i$），这可以根据最优消费决策的等边际条件求得：$MP_r = MP_x/MP_t = \phi(f_r, H)$，其中 f_r 是一个关于（x/t）的函数，这由一次齐次函数的性质可得。则可以得到：

$$\begin{aligned} \frac{dMP_r}{dH}\frac{1}{MP_r} &= \frac{\partial MP_r}{\partial f_r}\frac{df_r}{dH}\frac{1}{MP_r} + \frac{\partial MP_r}{\partial H}\frac{1}{MP_r} \\ &= -\frac{1}{\sigma}(\tilde{x} - \tilde{t}) + (\widetilde{MP}_x - \widetilde{MP}_t) \end{aligned}$$

其中，σ 为生产函数替代弹性，并且满足 $\sigma \geqslant 0$，由于在均衡条件下，$\frac{MP_x}{MP_t} = \frac{p_x}{w}$，因此 $\frac{dMP_r}{dH}\frac{1}{MP_r} = \tilde{p}_x - \tilde{w}$，代入可得 $\tilde{x} - \tilde{t} = \sigma(\widetilde{MP}_x - \widetilde{MP}_t) - \sigma(\tilde{p}_x - \tilde{w})$。

因为市场产品以及工资率外生给定，所以 $\tilde{p}_x - \tilde{w} = 0$。因而 $\tilde{x} - \tilde{t} = \sigma(\widetilde{MP}_x - \widetilde{MP}_t)$，代入方程（3.16）可以得到 $\tilde{x}_i = \tilde{Z}_i^d - \widetilde{MP}_i + W_{t_i}\sigma(\widetilde{MP}_x - \widetilde{MP}_t)$，再将方程（3.15）代入可得：

$$\tilde{x}_i = \eta_i \tilde{Y}_c - \widetilde{MP}_i + \varepsilon_i(\widetilde{\prod}_i - \widetilde{\prod}) + W_{t_i}\sigma(\widetilde{MP}_x - \widetilde{MP}_t) \tag{3.17}$$

方程中右边第一项表示消费者人力资本带来的真实收入变化对市场产品需求的影响；第二项表示消费者人力资本带来的边际生产率变化对市场产品需求的影响，第三项则表示消费者人力资本对相对价格的影响而产生的对市场产品需求的影响，前面三项都是通过最优家庭制成品 Z_i^d 需求量来影响最优市场产品需求量的。而最后一项则表示消费者人力资本造成的市场产品和时间的边际生产率差异而带来的市场产品需求量的变化。当消费者人力资本带来的市场产品边际生产率增加值更多时，$\widetilde{MP}_x > \widetilde{MP}_t > 0$，最后一项为正。还有一点需要注意的是，如果消费者人力资本增加可以增加消费者生产家庭制成品的效率，那么消费者人力资本的增加可以增加消费者的真实收入，即使得方程（3.17）中 $\eta_i\tilde{Y}_c > 0$，即财富效应使得消费者对市场产品 x_i 的需求增加，但是与此同时，由于边际生产率的提高，消费者在生产家庭制成品 Z_i 时所需的市场产品减少，即方程（3.17）中的右边第二项 $-\widetilde{MP}_i < 0$，最终结果取决于这两种效果的总和。

对企业来说，如果其营销战略能够增加消费者的消费者人力资本，消费者有可能会增加对该企业的市场产品的需求，但也有可能会减少对该企业产品的需求，这取决于方程（3.17）右侧所有四项因素之和。但是总的来说，如果企业增加的消费者人力资本具有专有性，即使得本企业产品在消费者生产函数中边际生产率提升幅度较大且生产出的家庭制成品的收入弹性较大时，企业增加消费者人力资本是有利于其产品销售的，例如汽车的广告以及试驾活动。

第四节　小　结

本章通过引入消费者生产函数和消费者人力资本，构建了一个静态的消费者家庭制成品生产和市场产品选择分析框架。在这个静态的分析框架里面，本书说明了消费者人力资本的变化通过改变消费者生产函数的边际生产率和消费者的真实收入，进而改变消费者对各种家庭制成品和市场产品的需求。分析发现，即使在市场产品价格、消费者的货币收入以及对各种家庭制成品的偏好相对稳定的条件下，由于消费者所拥有的消费者人力资本的改变也会改变消费者家庭制成品需求、市场产品需求的变化。从表面看起来这似乎是消费者的偏好结构发生了变化，但实际上只是由于消费者的生产函数效率改变而造成的。企业可以通过改变消费者的消费者人力资本而使得消费者需求对自己更为有利，但是应该怎样提供消费者人力资本，以及提供何种消费者人力资本，这取决于消费者对使用该企业所提供的市场产品所能生产的家庭制成品的偏好，以及消费者人力资本对消费者其他家庭制成品生产函数的影响方式等因素。所有这些因素带来的影响的综合结果就是方程（3.17）所显示的。

由于本章的分析框架从本质上来讲是静态的，虽然在给定消费者人力资本的条件下可以说明消费者对市场产品的选择，但是本书不能在动态的条件下预测消费者的消费者人力资本会如何演变，进而也就不能预测消费者对市场产品需求的动态变化。同时，由于本章中都是将消费者人力资本看作外生给定，这与实际中消费者能够主动地选择积累消费者人力资本的实际情形是违背的。所有上面提到的问题需要在一个动态的分析框架中给予解决，下一章的内容就将对此进行详细的讨论。

第四章　消费者生产理论与消费者人力资本——动态模型

博尔丁等（Boulding et al.，2005）认为，要解决现有模型中在将营销战略与企业市场价值联系在一起时遇到的问题的出路之一，是要深入分析消费者利用企业的产品或者服务创造价值这一过程本身，而不是简单地分析消费者事后的满意度等指标，消费者满意度等指标本身也是一个结果度量。在这一想法的驱使下，本书在区分了消费者产品需求和需要满足的前提下，引入了贝克尔等（Becker et al.，1965、1991、1996）所开创的消费生产函数和消费者人力资本这一分析模型。在此基础上，分析结果显示，消费者生产资本通过影响消费者所生产家庭制成品的全价格和消费者的全收入，进而影响消费者的家庭制成品需求以及市场产品需求。从根本上说，消费者利用企业的产品或者服务创造价值这一过程取决于消费者生产函数，生产函数的效率高低直接影响消费者价值创造的大小。因而企业可以通过改变消费者生产函数的效率来影响消费者对自己市场产品或者服务的需求。消费者生产函数效率的高低则体现在消费者所生产的家庭制成品的全价格，一个包括市场产品和消费者自己所投入的时间在内的价格。这一生产函数的效率受到消费者人力资本高低的影响，而企业可以通过不同的营销战略改变消费者人力资本的高低，进而改变消费者对企业市场产品和服务的需求。但第三章中的分析模型本质上是静态的分析模型，而消费者人力资本的积累和变化是一个动态的过程，因此第三章静态的分析模型就很难对消费者未来家庭制成品需求以及市场产品和服务的需求变化做出准确的预测。这一预测的准确性问题也是本书在文献综述中提出的现有研究的不足。企业难以预测消费者市场产品需求的主要原因是，消费者的需求看起来好像是不断变化并且难以捉摸的。本书将要建立的动态分析模型则显示，消费者对家庭制成品的需求实际上是非常稳定的，而消费者人力资本的变化导致了消费者市场产品需求的变化。只要企业能够有效地管理消费者人力资本的变化，就很有可能有效地管理消费者的市场产品需求。

第一节 消费者人力资本动态变化与消费者需求变化——离散时间模型

与第三章相同，本书假定消费者都是理性的并且要最大化其效用。消费者效用函数如下：

$$U = \sum_{t=0}^{T} \beta^t u(Z_{1j}, \cdots, Z_{nj}) \tag{4.1}$$

方程（4.1）与第三章中效用函数最大的区别在于引入了动态性，消费者要最大化其所能生存的（$T+1$）内总的效用的折现值，这样的消费者被认为是具有前瞻性的。在这里本书假定效用函数在不同时期是可分离的。与前面的定义相同，Z 为消费者利用自己的时间、消费者人力资本以及市场产品和服务生产的家庭制成品，家庭制成品 i 在第 j 期的生产函数定义如下：

$$Z_{ij} = f_i(x_{ij}, t_{ij}; H_{ij}) \tag{4.2}$$

这一生产函数与前面章节所定义的消费函数的不同之处在于家庭制成品 Z_i 在生产过程中需要特定的消费者人力资本 H_i。消费者生产函数满足 $\frac{\partial Z_{ij}}{\partial x_{ij}} > 0, \frac{\partial Z_{ij}}{\partial t_{ij}} > 0, \frac{\partial Z_{ij}}{\partial H_{ij}} > 0$，市场产品、消费者自己投入的时间的增加能够相应地增加家庭制成品的产出，同时消费者人力资本的增加能够增加消费者生产函数的生产效率。在这里本书假定不同家庭制成品的生产函数之间是相对独立的，如不存在范围经济。x_{ij} 和 t_{ij} 分别表示消费者在生产家庭制成品 Z_{ij} 时分别使用的市场产品和时间。同样，市场产品的成本和时间成本决定了所生产的家庭制成品的价格。到此为止模型的基本设定都与第三章的基本设定差别非常微小，现在本书要引入能够使模型产生动态特征的一个条件，即消费者人力资本的积累是动态的，定义如下：

$$H_{ij} = h(Z_{i(j-1)}, \cdots, Z_{i0}; E) \tag{4.3}$$

其中，$\{Z_{i(j-1)}, \cdots, Z_{i0}\}$ 是消费者在第 j 期以前所消费的家庭制成品 Z_i 的数量，E 是影响消费者人力资本的其他因素，比如消费者的教育水平以及性别等外在因素。方程（4.3）说明了消费者的消费者人力资本不仅受其教育等因素的影响，更为重要的是还要受消费者自身的消费过程的影响，即消费者昨天的消费决策会影响消费者今天及以后的消费决策。实际上这一思想在营销领域中由来已久，尤其是在直销领域中。直销领域中的 RFM 模型就是这一思想的一个很好的代表。RFM 模型根据消费者最近一次购买的时间、购买的频率以及购买金额推断消费者未来的消费行为，就是基于消费者过去的购买历史会影响消费者未来的购买行为这一假设。方程（4.3）不仅表达了上述这一假定，而且还进一步说明消费者对过去历史的依赖是因为过去的购买历史为消费者积累了消费者人力资本，使得未来的家庭制成品生产的效率发生改变，因而购买行为也会因此而改变。套用战略管理研究领域的一个术语，本书可以认为消费者的消费行为也是“路径依赖”的，而造成这一路径依赖的根本原因就是消费者人力资本的积累。进一步，本书假定对某种家庭制成品消费的增加会相应地增加与这种家庭制成品有关的消费者人力资本，即 $\frac{\partial H_{ij}}{\partial Z_{i(j-v)}} > 0, v = 1, 2, \cdots$。这一假定也是相当合理的，例如霍尔特（Holt，1995）关于观看棒球比赛的研究讨论了随着消费者观看棒球比赛时间的增加会增加其关于棒球比赛的各种知识，从而进一步提高在观看棒球比赛时所获得的效用。这里消费者对赛事观看这一娱乐性家庭制成品消费的增加就导致了关于观看棒球比赛所需的知识的增加，这一知识就能被看作消费者在生产休闲娱乐时的消费者人力资本。在成瘾性消费的研究文献中，上面这一条件也被称作有益的成瘾，即对家庭制成品消费的增加会增加消费者的消费者人力资本，例如歌剧欣赏、体育锻炼等。相应地，如果 $\frac{\partial H_{ij}}{\partial Z_{i(j-v)}} < 0, v = 1,2,\cdots$，则被称作破坏性成瘾，即家庭制成品消费的增加会降低消费者的消费者人力资本，如毒品消费和酗酒等。当然，本书将不会讨论 $\frac{\partial H_{ij}}{\partial Z_{i(j-v)}} < 0, v = 1,2,\cdots$ 时的情况。除了消费历史，消费者自身的特征，如受教育程度也会影响消费者人力资本的积累过程，本书假定 $\frac{\partial H_{ij}}{\partial E} > 0$ 以及 $\frac{\partial^2 H_{ij}}{\partial Z_{i(j-v)}\partial E} > 0$，即教育本身会增加消费者人力资本积累的程度和速度。这与本书的常识是一致的，例如受教育程度良好的消费者能够更加熟练地使用电脑，并且学会使用新的电脑软件所花的时间会更短一些。与此同时，消费者还面临跨期的预算约束函数：

$$\sum_{j=0}^{T}\frac{\sum_{i=1}^{n} x_{ij}p_{x_{ij}}}{(1+r)^j} = \sum_{j=0}^{T}\frac{wt_{w_j}+b_j}{(1+r)^j} \tag{4.4}$$

其中，r 代表利率，t_{w_j} 表示在第 j 期的工作时间。方程左边表示消费者总的货币支出现值，方程右边表示消费者总的货币收入现值。同样，用消费者总支出与总收入的现值表示消费者的预算约束函数可能更加合理一些，本书将方程（4.4）代入时间约束 $\sum_{i=1}^{n} t_{ij} + t_{w_j} = t$，并稍做整理可得：

$$\sum_{j=0}^{T}\frac{\sum_{i=1}^{n}(x_{ij}p_{x_{ij}}+t_{ij}w)}{(1+r)^j} = \sum_{j=0}^{T}\frac{wt+b_j}{(1+r)^j} = W \tag{4.5}$$

方程左边表示消费者的总支出现值，方程右边则表示总收入现值。

接下来，将对由方程（4.1）~方程（4.5）所构成的消费者效用最大化问题进行求解。通过构建拉格朗日函数：

$$L = \sum_{j=0}^{T}\beta^j u(Z_{1j},\cdots,Z_{nj}) + \lambda\left(W - \sum_{j=0}^{T}\frac{\sum_{i=1}^{n}(x_{ij}p_{x_{ij}}+t_{ij}w)}{(1+r)^j}\right) \tag{4.6}$$

对方程分别取关于 x_{ij} 和 t_{ij} 的一阶导数，可以得到如下的一阶条件：

$$\frac{\partial L}{\partial x_{ij}} \equiv 0 = \beta^j \frac{\partial u}{\partial Z_{ij}} \frac{\partial Z_{ij}}{\partial x_{ij}} + \sum_{k=j+1}^{T} \beta^k \frac{\partial u}{\partial Z_{ik}} \frac{\mathrm{d}Z_{ik}}{\mathrm{d}x_{ij}} - \frac{\lambda p_{x_{ij}}}{(1+r)^j}$$

$$\frac{\partial L}{\partial t_{ij}} \equiv 0 = \beta^j \frac{\partial u}{\partial Z_{ij}} \frac{\partial Z_{ij}}{\partial t_{ij}} + \sum_{k=j+1}^{T} \beta^k \frac{\partial u}{\partial Z_{ik}} \frac{\mathrm{d}Z_{ik}}{\mathrm{d}t_{ij}} - \frac{\lambda w}{(1+r)^j}$$

重新整理可得：

$$\left.\begin{aligned} p_{x_{ij}} &= \frac{(1+r)^j}{\lambda}\beta^j\left(\frac{\partial u}{\partial Z_{ij}} \frac{\partial Z_{ij}}{\partial x_{ij}} + \sum_{k=1}^{T-j} \beta^k \frac{\partial u}{\partial Z_{ik}} \frac{\mathrm{d}Z_{ik}}{\mathrm{d}x_{ij}}\right) \\ w &= \frac{(1+r)^j}{\lambda}\beta^j\left(\frac{\partial u}{\partial Z_{ij}} \frac{\partial Z_{ij}}{\partial t_{ij}} + \sum_{k=1}^{T-j} \beta^k \frac{\partial u}{\partial Z_{ik}} \frac{\mathrm{d}Z_{ik}}{\mathrm{d}t_{ij}}\right) \end{aligned}\right\} \tag{4.7}$$

$\forall i=1, \cdots, n$; $j=0, \cdots, T$，上述方程就是熟悉的等边际条件在动态条件下的形式。重新安排方程（4.7），可以得到如下结果：

$$\left.\begin{aligned} p^*_{x_{ij}} &= p_{x_{ij}} - \frac{(1+r)^j}{\lambda}\beta^j \sum_{k=1}^{T-j} \beta^k \frac{\partial u}{\partial Z_{ik}} \frac{\mathrm{d}Z_{ik}}{\mathrm{d}x_{ij}} = \frac{(1+r)^j}{\lambda}\beta^j \frac{\partial u}{\partial Z_{ij}} \frac{\partial Z_{ij}}{\partial x_{ij}} \\ w^*_{ij} &= w - \frac{(1+r)^j}{\lambda}\beta^j \sum_{k=1}^{T-j} \beta^k \frac{\partial u}{\partial Z_{ik}} \frac{\mathrm{d}Z_{ik}}{\mathrm{d}t_{ij}} = \frac{(1+r)^j}{\lambda}\beta^j \frac{\partial u}{\partial Z_{ij}} \frac{\partial Z_{ij}}{\partial t_{ij}} \end{aligned}\right\} \tag{4.8}$$

其中，$p^*_{x_{ij}}$ 是市场产品 x_i 的真实价格或成本，w^*_{ij} 是消费者所投入的时间的真实价格或成本。即当家庭制成品的消费会带来消费者人力资本积累的时候，消费者当期所消费的市场产品的真实价格或成本等于产品的市场价格减去当期所积累的消费者人力资本在未来所能带来的效用增加的货币价值的现值。相似地，消费者在当期为生产家庭制成品所投入的时间的真实价格或成本等于工资率减去当期所积累的消费者人力资本在未来所能带来的效用增加的货币价值的现值。如果当期增加的消费者人力资本在未来所能带来的效用增加为正，那么当期的市场产品和时间投入的真实成本就会比市场成本要低，这样消费者就会增加当期的市场产品消费和时间投入。

同样，根据消费者受让价值理论，消费者的价值取决于消费者所获取的总价值和付出的总成本，而总成本与家庭制成品平均价格和边际价格直接相关。所以本书接下来将分析在动态条件下家庭制成品 Z_{ij} 的平均价格和影子价格。所以本章定义家庭制成品 Z_{ij} 的平均价格如下：

$$\widehat{\prod}_{ij}=\frac{x_{ij}p_{x_{ij}}+t_{ij}w}{Z_{ij}} \tag{4.9}$$

将方程（4.8）代入方程（4.9）可得：

$$\begin{aligned}\widehat{\prod}_{ij}&=\frac{\frac{(1+r)^j}{\lambda}\beta^j\left[x_{ij}\left(\frac{\partial u}{\partial Z_{ij}}\frac{\partial Z_{ij}}{\partial x_{ij}}+\sum_{k=1}^{T-j}\beta^k\frac{\partial u}{\partial Z_{ik}}\frac{\mathrm{d}Z_{ik}}{\mathrm{d}x_{ij}}\right)+t_{ij}\left(\frac{\partial u}{\partial Z_{ij}}\frac{\partial Z_{ij}}{\partial t_{ij}}+\sum_{k=1}^{T-j}\beta^k\frac{\partial u}{\partial Z_{ik}}\frac{\mathrm{d}Z_{ik}}{\mathrm{d}t_{ij}}\right)\right]}{Z_{ij}}\\&=\frac{\frac{(1+r)^j}{\lambda}\beta^j\left[\frac{\partial u}{\partial Z_{ij}}\left(\frac{\partial Z_{ij}}{\partial x_{ij}}x_{ij}+\frac{\partial Z_{ij}}{\partial t_{ij}}t_{ij}\right)+\sum_{k=1}^{T-j}\beta^k\frac{\partial u}{\partial Z_{ik}}\left(\frac{\mathrm{d}Z_{ik}}{\mathrm{d}x_{ij}}x_{ij}+\frac{\mathrm{d}Z_{ik}}{\mathrm{d}t_{ij}}t_{ij}\right)\right]}{Z_{ij}}\\&=\frac{(1+r)^j}{\lambda}\beta^j\frac{\partial u}{\partial Z_{ij}}+\frac{\frac{(1+r)^j}{\lambda}\beta^j\left[\sum_{k=1}^{T-j}\beta^k\frac{\partial u}{\partial Z_{ik}}\left(\frac{\mathrm{d}Z_{ik}}{\mathrm{d}x_{ij}}x_{ij}+\frac{\mathrm{d}Z_{ik}}{\mathrm{d}t_{ij}}t_{ij}\right)\right]}{Z_{ij}}\end{aligned} \tag{4.10}$$

采用与第三章中相似的方法，可以计算家庭制成品 Z_{ij} 的影子价格。如果定义家庭制成品 Z_{ij} 的影子价格为 $\prod_{ij}$，则由方程（4.6）可得：

$$\beta^j\frac{\partial u}{\partial Z_{ij}}-\frac{\lambda}{(1+r)^j}\left(\frac{p_{x_{ij}}\partial x_{ij}}{\partial Z_{ij}}+\sum_{k=1}^{T-j}\frac{p_{x_{ik}}\mathrm{d}x_{ik}}{(1+r)^k\mathrm{d}Z_{ij}}+\frac{w\partial t_{ij}}{\partial Z_{ij}}+\sum_{k=1}^{T-j}\frac{w\mathrm{d}t_{ik}}{(1+r)^k\mathrm{d}Z_{ij}}\right)=0,$$

其中，$\prod_{ij}=\frac{p_{x_{ij}}\partial x_{ij}}{\partial Z_{ij}}+\sum_{k=1}^{T-j}\frac{p_{x_{ik}}\mathrm{d}x_{ik}}{(1+r)^k\mathrm{d}Z_{ij}}+\frac{w\partial t_{ij}}{\partial Z_{ij}}+\sum_{k=1}^{T-j}\frac{w\mathrm{d}t_{ik}}{(1+r)^k\mathrm{d}Z_{ij}}$，代入整理可得：

$$\begin{aligned}\prod_{ij}&=\left(\frac{p_{x_{ij}}\partial x_{ij}}{\partial Z_{ij}}+\frac{w\partial t_{ij}}{\partial Z_{ij}}\right)+\left(\sum_{k=1}^{T-j}\frac{p_{x_{ik}}\mathrm{d}x_{ik}}{(1+r)^k\mathrm{d}Z_{ij}}+\sum_{k=1}^{T-j}\frac{w\mathrm{d}t_{ik}}{(1+r)^k\mathrm{d}Z_{ij}}\right)\\&=\frac{(1+r)^j}{\lambda}\beta^j\frac{\partial u}{\partial Z_{ij}}\end{aligned} \tag{4.11}$$

比较方程（4.10）和方程（4.11），可以得到：

$$\widehat{\prod}_{ij}=\prod_{ij}+\frac{\frac{(1+r)^j}{\lambda}\beta^j\left[\sum_{k=1}^{T-j}\beta^k\frac{\partial u}{\partial Z_{ik}}\left(\frac{\mathrm{d}Z_{ik}}{\mathrm{d}x_{ij}}x_{ij}+\frac{\mathrm{d}Z_{ik}}{\mathrm{d}t_{ij}}t_{ij}\right)\right]}{Z_{ij}} \tag{4.12}$$

如果当期市场产品和时间投入带来的消费者人力资本能够增加未来消费者的效用，即 $\sum_{k=1}^{T-j}\beta^k\frac{\partial u}{\partial Z_{ik}}\left(\frac{\mathrm{d}Z_{ik}}{\mathrm{d}x_{ij}}x_{ij}+\frac{\mathrm{d}Z_{ik}}{\mathrm{d}t_{ij}}t_{ij}\right)>0$，那么家庭制成品的平均价格大

于其影子价格。也就是说，在动态条件下，消费者在当期消费某种家庭制成品获得的总价值即使是负值的情况下，由于考虑到当期消费对消费者人力资本有一个显著的提升，进而使得未来的可获得的总价值为较大的正值，那么消费者在当期也会选择消费该家庭制成品。这一结果所对应的实例在现实中并不少见，如消费者在学习使用某一软件的时候，刚开始往往会投入大量的时间、精力和金钱，虽然在一开始可能获得的总价值为负，但是由于消费者预期在将来能够获得很高的价值回报，消费者在一开始也会选择使用该软件。方程（4.12）也说明，在动态环境中，即使消费者的生产函数是关于市场产品和投入时间的一次齐次函数，家庭制成品的平均价格与影子价格也不是相同的[①]。而消费者在做消费决策的时候，影子价格才是更为关键的决策变量，因此本章需要对家庭制成品的影子价格进行更加详细的分析。

根据方程（4.11），可以得到影子价格的表达式为：

$$\prod_{ij} = \left(\frac{p_{x_{ij}}\partial x_{ij}}{\partial Z_{ij}} + \frac{w\partial t_{ij}}{\partial Z_{ij}}\right) + \left[\sum_{k=1}^{T-j}\frac{p_{x_{ik}}\mathrm{d}x_{ik}}{(1+r)^k\mathrm{d}Z_{ij}} + \sum_{k=1}^{T-j}\frac{w\mathrm{d}t_{ik}}{(1+r)^k\mathrm{d}Z_{ij}}\right]$$

因为 $\frac{\mathrm{d}x_{ik}}{\mathrm{d}Z_{ij}} = \frac{\mathrm{d}x_{ik}}{\mathrm{d}H_{ik}}\frac{\mathrm{d}H_{ik}}{\mathrm{d}Z_{ij}}$ 以及 $\frac{\mathrm{d}t_{ik}}{\mathrm{d}Z_{ij}} = \frac{\mathrm{d}t_{ik}}{\mathrm{d}H_{ik}}\frac{\mathrm{d}H_{ik}}{\mathrm{d}Z_{ij}}$，并且由于家庭制成品的消费会增加消费者的消费者人力资本积累，即 $\frac{\mathrm{d}H_{ik}}{\mathrm{d}Z_{ij}} > 0$。根据消费者生产函数 $Z_{ik} = f_i(x_{ik}, t_{ik}; H_{ik})$，保持家庭制成品数量以及投入时间不变并对方程取全微分可以得到：

$\mathrm{d}Z_{ik} = 0 = \left(\frac{\partial Z_{ik}}{\partial x_{ik}}\frac{\mathrm{d}x_{ik}}{\mathrm{d}H_{ik}} + \frac{\partial Z_{ik}}{\partial H_{ik}}\right)\Big|_{t_{ik}} \Rightarrow \frac{\mathrm{d}x_{ik}}{\mathrm{d}H_{ik}}\Big|_{t_{ik}} = -\frac{\partial Z_{ik}}{\partial H_{ik}}\Big/\frac{\partial Z_{ik}}{\partial x_{ik}} < 0$，类似地，保持家庭制成品数量以及投入市场产品不变时，可得：

$\mathrm{d}Z_{ik} = 0 = \left(\frac{\partial Z_{ik}}{\partial t_{ik}}\frac{\mathrm{d}t_{ik}}{\mathrm{d}H_{ik}} + \frac{\partial Z_{ik}}{\partial H_{ik}}\right)\Big|_{x_{ik}} \Rightarrow \frac{\mathrm{d}x_{ik}}{\mathrm{d}H_{ik}}\Big|_{x_{ik}} = -\frac{\partial Z_{ik}}{\partial H_{ik}}\Big/\frac{\partial Z_{ik}}{\partial t_{ik}} < 0$，综合上面的分析可以将家庭制成品 Z_{ij} 的影子价格写为如下形式：

---

① 注意对应第三章静态分析中影子价格与平均价格相等的情况。

$$
\begin{aligned}
\prod_{ij} &= \left(\frac{p_{x_{ij}}\partial x_{ij}}{\partial Z_{ij}} + \frac{w\partial t_{ij}}{\partial Z_{ij}}\right) \\
&\quad - \left[\sum_{k=1}^{T-j} \frac{p_{x_{ik}}}{(1+r)^k}\left(\frac{\partial Z_{ik}}{\partial H_{ik}}\Big/\frac{\partial Z_{ik}}{\partial x_{ik}}\right)\frac{\mathrm{d}H_{ik}}{\mathrm{d}Z_{ij}} + \sum_{k=1}^{T-j} \frac{w}{(1+r)^k}\left(\frac{\partial Z_{ik}}{\partial H_{ik}}\Big/\frac{\partial Z_{ik}}{\partial t_{ik}}\right)\frac{\mathrm{d}H_{ik}}{\mathrm{d}Z_{ij}}\right] \\
&= \left(\frac{p_{x_{ij}}\partial x_{ij}}{\partial Z_{ij}} + \frac{w\partial t_{ij}}{\partial Z_{ij}}\right) - \left[\sum_{k=1}^{T-j} \frac{1}{(1+r)^k}\frac{\mathrm{d}H_{ik}}{\mathrm{d}Z_{ij}}\left(p_{x_{ik}}\left(\frac{\partial Z_{ik}}{\partial H_{ik}}\Big/\frac{\partial Z_{ik}}{\partial x_{ik}}\right) + w\left(\frac{\partial Z_{ik}}{\partial H_{ik}}\Big/\frac{\partial Z_{ik}}{\partial t_{ik}}\right)\right)\right] \\
&= \left(\frac{p_{x_{ij}}\partial x_{ij}}{\partial Z_{ij}} + \frac{w\partial t_{ij}}{\partial Z_{ij}}\right) - A_{ij} = \left(\frac{p_{x_{ij}}}{MP_{x_{ij}}} + \frac{w}{MP_{t_{ij}}}\right) - A_{ij} \qquad (4.13)
\end{aligned}
$$

其中，w 为消费者在劳动力场所能获得的工资率，$p_{x_{ij}}$为市场产品的价格，r 是市场利率，T 为消费者生命周期长度，A_{ij}则是在第 j 期消费第 i 种家庭制成品的未来收益，表示的是当期因消费而形成的消费者人力资本带来的未来消费时间成本和市场产品成本减少的现值。

当 $A_{ij}=0$ 时，方程（4.13）就退化成为前一章中静态影子价格方程（3.11），即影子价格与平均价格相等。如果家庭制成品的消费能够带来消费者人力资本的积累，并且消费者人力资本的增加能够增加消费者生产函数的生产效率，这在日常消费中是比较常见的情况，此时就有 $A_{ij}>0$，即消费者当前家庭制成品消费的影子价格小于其平均价格。并且随着 j 的增大，A_{ij}会逐渐减小，当 j 趋近于 T 时 A_{ij}会趋近于 0。

结合方程（4.13）和第三章中第三节的研究，本章可以分析消费者消费行为的一个演变路径。首先，在消费者生命周期的早期，$\prod_{ij}$ 的变化主要取决于 $\left(\frac{p_{x_{ij}}}{MP_{x_{ij}}} + \frac{w}{MP_{t_{ij}}}\right)$，因为距离生命周期结束还有很长的时间，所以当期消费者人力资本积累的变化对于未来所能获得价值影响很小，即 A_{ij}的变化会比较小。此时消费者对家庭制成品的需求会随着生产函数边际生产率的增加而增加，因为当边际生产率上升会导致$\left(\frac{p_{x_{ij}}}{MP_{x_{ij}}} + \frac{w}{MP_{t_{ij}}}\right)$下降，进而使得家庭制成品的影子价格下降，由方程（3.15）可知影子价格的下降会带来家庭制成品消费量的上升。在家庭制成品需求量上升的时候，消费者对企业市场产品的需求量不一定会上升，这取决于方程（3.17）中各项参数的值，当家庭制成品需求的收入弹性较大并且对于市场产品的边际生产率提升较大的时候，消费者对市场产品的需求量会增加。

方程（4.13）还说明了不同家庭制成品之间替代关系的变化。由一阶条件可以得到以下方程：$MU_{Z_{ij}}/MU_{Z_{lj}}=\frac{\partial u}{\partial Z_{ij}}\Big/\frac{\partial u}{\partial Z_{lj}}=\frac{\prod_{ij}}{\prod_{lj}}$。如果家庭制成品 Z_{lj}的消费不存在消费者人力资本积累的效应，并且其影子价格相对稳定，那么随着 Z_{ij}影子价格的下降，消费者可能会不断增加对家庭制成品 Z_{ij}的消费。即便是消费者的需求偏好不发生改变，消费者在家庭制成品消费和市场产品的需求上也会由于消费者人力资本积累的变化而发生变化。从消费者生产函数来解释这一结果则可以表达为：随着消费者家庭制成品生产函数边际生产率的不断提高，消费者会更加倾向于消费这种家庭制成品。

由于家庭制成品消费带来的消费者人力资本积累效应，那些处在生命周期早期的消费者，即使其消费者人力资本比较低导致其家庭制成品消费的平均价格相对较高，他们也会选择大量消费那些能够带来消费者人力资本积累的家庭制成品。而对那些生命周期已经接近中后期的消费者来说，他们所积累的消费者人力资本已经较高，或者说积累消费者人力资本的影子价格较高，他们很可能就不会选择消费那些能够带来消费者人力资本积累的家庭制成品，而是去选择那些平均价格较低的家庭制成品进行消费。因此可以认为，那些具有较大 A_{ij}的消费者更有可能对企业提供的能够增加其消费者人力资本的营销战略做出正向反应，而对于那些 A_{ij}值较小的消费者，他们对企业提供的能够直接增加其当期生产函数边际生产率的营销战略做出正向的反应。

还有一点需要强调的就是，如果在家庭制成品消费的过程中存在消费者人力资本积累效应，并且消费者人力资本有利于改善消费者的家庭制成品生产函数，那么只有对家庭制成品的需求弹性较大的消费者才会在消费者人力资本积累的同时增加对企业市场产品的需求。否则，随着消费者人力资本的积累，消费者家庭制成品消费的替代效应会超过财富效应，进而使得消费者对家庭制成品的消费维持不变或少许增加，但是由于生产函数边际生产率的提高，消费者对市场产品的需求反而会下降。

上述分析给出了在动态条件下消费者家庭制成品生产的平均价格、影子价格以及由此带来的消费者家庭制成品需求、市场产品需求变化的特点，但是由于离散时间模型自身的特点使得本书只能对均衡路径的一些定性特征进行分析，而不能明确地分析最终的均衡结果的特点，如消费者人力资本积累与家庭制成品和市场产品之间是否存在定量的关系特征等。本书在下一节中将采用连续时间模型办法进一步进行分析。

第二节　消费者人力资本动态变化与消费者需求变化——连续时间模型

由于在离散时间模型中本书只能分析最优家庭制成品、市场产品以及时间需求的一阶条件特征，即这些变量是如何变化的，无法进一步得知这些变量在均衡时的具体特征以及是否存在稳定的均衡解。连续时间模型在一定程度上能够弥补离散时间模型在上述方面的不足，接下来本章将在一个连续时间模型里重新分析第一节的模型。

为了使模型的结果更为简洁和直观，本章将简化第一节中的一些设定。假定消费者只消费两种家庭制成品，在时刻 τ 消费者的瞬时效用函数为：

$$u(\tau) = u(Z_1(\tau), Z_2(\tau)) \tag{4.14}$$

消费者生产这两种家庭制成品的生产函数为：

$$\left.\begin{aligned} Z_1(\tau) &= f_1(x_1(\tau), t_1(\tau), H_1(\tau)) \\ Z_2(\tau) &= f_2(x_2(\tau), t_2(\tau), H_2(\tau)) \end{aligned}\right\} \tag{4.15}$$

进一步，假定消费者对家庭制成品 Z_2 的消费不存在消费者人力资本积累的效应，即 $H_2(\tau) \equiv H_2$ 为一个常数，是外生给定的；消费者对家庭制成品 Z_1 的消费会有消费者人力资本积累的效应，相应的消费者人力资本的变化过程如以下方程所示：

$$\dot{H_1}(\tau) = Z_1(\tau) + h[D(\tau)] - \delta H_1(\tau) \tag{4.16}$$

其中，$\dot{H_1}(\tau)$ 为消费者人力资本的变化率。方程（4.16）表示消费者人力资本的变化由三个方面决定：第一，家庭制成品的消费者人力资本能够积累消费者人力资本，这就像工人工作中的“干中学（learning by doing)”，如对某一软件的熟练程度与使用时间和深度相关，这一增加由 $Z_1(\tau)$ 决定。第二，消费者人力资本就像企业的各种资产一样，也会不断“折旧”，如随着软件的更新升级，以前所积累的关于软件的操作技能会有一部分不再适用。消费者人力资本折旧的速度由折旧率 δ 决定，这是一个外生的环境变量，由于使用家庭制成品的种类不同可能差别会非常大。如在中国消费者关于交通的知识发生了巨大的转变，最初积累的关于自行车使用的很多知识在现在可能作用就不是那么大了，说明这方面的消费者人力资本折旧也就非常大。而在艺术品欣赏方面，早期积累的相关知识其折旧可能就非常小。这一折旧率还与技术环境有着密切的关系，如 20 年前关于电脑 DOS 操作系统的知识在今天可能就完全不适用了（至少对于一般消费者而言是这样的)，因为现在几乎所有的软件都是基于视窗操作系统的。第三，消费者还可以通过投入额外的成本来增加其消费者人力资本，比如参加软件培训班加快自己对软件的熟悉程度，这由 $h[D(\tau)]$ 所决定，这是由消费者自己内生选择的；其中，$D(\tau)$ 是消费者通过其他渠道增加消费者人力资本时所必须购买的市场产品，本书可以称其为消费者人力资本投资品。同样这也意味着企业可以通过降低 $D(\tau)$ 的价格来吸引消费者积累相关的消费者人力资本，从而增加消费者对相应的市场产品的需求。

如第一节一样，本章假定消费者的效用在不同时间是可分离的，并且消费者要最大化总的效用折现值，消费者的生命周期为 T，折现率为 σ，则消费者的效用函数为：

$$U(0) = \int_{\tau=0}^{T} e^{-\sigma\tau} u(Z_1(\tau), Z_2(\tau))\mathrm{d}\tau \tag{4.17}$$

方程（4.17）中消费者不同时刻的瞬时效用通过消费者人力资本 $H_1(\tau)$ 动态地联系在一起，因此消费者在今天做决策时不仅要考虑到今天的效用大小问题，而且还要考虑到今天的家庭制成品消费对消费者人力资本的影响以及相应地对以后的效用会带来的影响。这样的消费者是具有“前瞻性”的。

与前面相似，消费者在最大化其效用时必定会面临一个跨期的预算约束。假定消费者拥有初始财富 A_0，并且利率 r 为一个常数。与上一节不同的是本书在这里假定消费者的工资率受其消费者人力资本的影响，并且是消费者人力资本的凹函数，即：$w(\tau) = w(H_1(\tau), H_2(\tau))$，首先，做这样的假设是因为消费者的消费者人力资本包括诸如消费者学历、经验和能力等因素，而这些因素也会影响消费者的工资收入，这在人力资本领域中已经有充分的研究可以证明；其次，这样假设也有一个隐含的意义，即消费者的消费模式与其收入水平存在联系，而这一联系是通过消费者人力资本建立起来的。因为本书在前面假定 $H_2(\tau) \equiv H_2$，本书可以将工资函数直接写作如下形式：$w(\tau) = w(H_1(\tau))$，这样，在假定存在一个完美的资本市场的条件下，本书可以将消费者的预算约束条件写为：

$$\int_{\tau=0}^{T} e^{-r\tau}[p_{x_1}(\tau)x_1(\tau) + p_{x_2}(\tau)x_2(\tau) + p_D(\tau)D(\tau)]\mathrm{d}\tau \leqslant A_0 + \int_{\tau=0}^{T} e^{-r\tau} w(H_1(\tau))t_w(\tau)\mathrm{d}\tau \tag{4.18}$$

方程（4.14）~方程（4.18）定义了消费者的最优化问题，现在将对其进行求解。首先需要构建拉格朗日函数：

$$\begin{aligned}
L = & \int_{\tau=0}^{T} e^{-\sigma\tau}u(Z_1(\tau), Z_2(\tau))\mathrm{d}\tau + \mu\Bigg(A_0 + \int_{\tau=0}^{T} e^{-r\tau}(w(H_1(\tau))t_w(\tau) \\
& - [p_{x_1}(\tau)x_1(\tau) + p_{x_2}(\tau)x_2(\tau) + p_D(\tau)D(\tau)])\mathrm{d}\tau\Bigg) \\
= & \int_{\tau=0}^{T} e^{-\sigma\tau}u(Z_1(\tau), Z_2(\tau))\mathrm{d}\tau + \mu\Bigg(\int_{\tau=0}^{T} e^{-r\tau}\left(\frac{rA_0}{1-e^{-rT}} + w(H_1(\tau))t_w(\tau)\right. \\
& \left. - [p_{x_1}(\tau)x_1(\tau) + p_{x_2}(\tau)x_2(\tau) + p_D(\tau)D(\tau)]\right)\mathrm{d}\tau\Bigg)
\end{aligned}$$

$$L = \int_{\tau=0}^{T} \begin{pmatrix} e^{-\sigma\tau}u(Z_1(\tau), Z_2(\tau)) \\ + \mu e^{-r\tau}\left(\dfrac{rA_0}{1-e^{-rT}} + w(H_1(\tau))t_w(\tau) - [p_{x_1}(\tau)x_1(\tau)\right. \\ \left. + p_{x_2}(\tau)x_2(\tau) + p_D(\tau)D(\tau)]\right) \end{pmatrix} \mathrm{d}\tau \tag{4.19}$$

此时可以将消费者的最优化问题简化为：

$$\max \int_{\tau=0}^{T} \left(\begin{array}{l} e^{-\sigma\tau} u(Z_1(\tau), Z_2(\tau)) \\ + \mu e^{-r\tau} \left(\dfrac{rA_0}{1 - e^{-rT}} + w(H_1(\tau)) t_w(\tau) - [p_{x_1}(\tau) x_1(\tau) + \right. \\ \left. p_{x_2}(\tau) x_2(\tau) + p_D(\tau) D(\tau)] \right) \end{array} \right) d\tau$$

s. t.

$$\dot{H_1}(\tau) = Z_1(\tau) + h[D(\tau)] - \delta H_1(\tau)$$

$$Z_1(\tau) = f_1(x_1(\tau), t_1(\tau), H_1(\tau))$$

$$Z_2(\tau) = f_2(x_2(\tau), t_2(\tau), H_2)$$

$$t_1(\tau) + t_2(\tau) + t_w(\tau) = t$$

上述最优化问题是一个包含状态变量和控制变量的动态控制问题，即消费者通过选择消费家庭制成品的数量以及对消费者人力资本有直接投资作用的产品的数量来控制消费者人力资本的存量，进而影响未来在消费过程中所能获得的效用。在这里可以看出，消费者人力资本是优化问题的状态变量；家庭制成品和消费者人力资本投资品是控制变量，但是由于家庭制成品实际上是由市场产品和时间生产的，因此在最优化问题中的控制变量是消费者选择的市场产品、时间投入以及消费者人力资本投资品。在明确了状态变量和控制变量以后，可以构建如下的汉密尔顿方程（Hamilton equation）：

$$\begin{aligned} \mathrm{H}(\tau, H(\tau), x(\tau), t(\tau), D(\tau)) &= e^{-\sigma\tau} u(Z_1(\tau), Z_2(\tau)) \\ &+ \left(\mu e^{-r\tau} \left(\begin{array}{l} \dfrac{rA_0}{1 - e^{-rT}} + w(H_1(\tau))(t - t_1(\tau) - t_2(\tau)) \\ - [p_{x_1}(\tau) x_1(\tau) + p_{x_2}(\tau) x_2(\tau) + p_D(\tau) D(\tau)] \end{array} \right) \right) \\ &+ \lambda(\tau)(Z_1(\tau) + h[D(\tau)] - \delta H_1(\tau)) \end{aligned} \tag{4.20}$$

由方程（4.20）可得以下的一阶条件：

$$\begin{cases} \dfrac{\partial \mathrm{H}}{\partial x_1(\tau)} \equiv 0 = e^{-\sigma\tau} \dfrac{\partial u}{\partial Z_1(\tau)} \dfrac{\partial Z_1(\tau)}{\partial x_1(\tau)} - \mu e^{-r\tau} p_{x_1}(\tau) + \lambda(\tau) \dfrac{\partial Z_1(\tau)}{\partial x_1(\tau)} \\ \dfrac{\partial \mathrm{H}}{\partial t_1(\tau)} \equiv 0 = e^{-\sigma\tau} \dfrac{\partial u}{\partial Z_1(\tau)} \dfrac{\partial Z_1(\tau)}{\partial t_1(\tau)} - \mu e^{-r\tau} w(H_1(\tau)) + \lambda(\tau) \dfrac{\partial Z_1(\tau)}{\partial t_1(\tau)} \end{cases}$$

$$\begin{cases}\dfrac{\partial \mathrm{H}}{\partial x_2(\tau)} \equiv 0 = e^{-\sigma\tau}\dfrac{\partial u}{\partial Z_2(\tau)}\dfrac{\partial Z_2(\tau)}{\partial x_2(\tau)} - \mu e^{-r\tau}p_{x_2}(\tau)\\ \dfrac{\partial \mathrm{H}}{\partial t_2(\tau)} \equiv 0 = e^{-\sigma\tau}\dfrac{\partial u}{\partial Z_2(\tau)}\dfrac{\partial Z_2(\tau)}{\partial t_2(\tau)} - \mu e^{-r\tau}w(H_1(\tau))\\ \dfrac{\partial \mathrm{H}}{\partial D(\tau)} \equiv 0 = -\mu e^{-r\tau}p_D(\tau) + \lambda(\tau)h_D(\tau)\\ -\dfrac{\partial \mathrm{H}}{\partial H_1(\tau)} \equiv \dot{\lambda}(\tau) = -\left(e^{-\sigma\tau}\dfrac{\partial u}{\partial Z_1(\tau)}\dfrac{\partial Z_1(\tau)}{\partial H_1(\tau)} + \mu e^{-r\tau}\dfrac{\partial w(\tau)}{\partial H_1(\tau)} + \lambda(\tau)\left(\dfrac{\partial Z_1(\tau)}{\partial H_1(\tau)} - \delta\right)\right)\end{cases}$$

以及边界条件 $H_1(0) = H_1^0, \lambda(T) = 0$，定义 $\dfrac{\partial u}{\partial Z} = MU_Z, \dfrac{\partial Z}{\partial x} = MP_x, \dfrac{\partial Z}{\partial t} = MP_t$，重新整理上面的一阶条件可以得到：

$$\left.\begin{aligned}&p_{x_1}(\tau) = \frac{1}{\mu}(e^{(r-\sigma)\tau}MU_{Z_1}(\tau)MP_{x_1}(\tau) + e^{r\tau}\lambda(\tau)MP_{x_1}(\tau))\\ &w(H_1(\tau)) = \frac{1}{\mu}(e^{(r-\sigma)\tau}MU_{Z_1}(\tau)MP_{t_1}(\tau) + e^{r\tau}\lambda(\tau)MP_{t_1}(\tau))\\ &p_{x_2}(\tau) = \frac{1}{\mu}e^{(r-\sigma)\tau}MU_{Z_2}(\tau)MP_{x_2}(\tau)\\ &w(H_1(\tau)) = \frac{1}{\mu}e^{(r-\sigma)\tau}MU_{Z_2}(\tau)MP_{t_2}(\tau)\\ &p_D(\tau) = \frac{1}{\mu}e^{r\tau}\lambda(\tau)h_D(\tau)\\ &\dot{\lambda}(\tau) = -\left(e^{-\sigma\tau}MU_{Z_1}(\tau)\frac{\partial Z_1(\tau)}{\partial H_1(\tau)} + \mu e^{-r\tau}\frac{\partial w(\tau)}{\partial H_1(\tau)} + \lambda(\tau)\left(\frac{\partial Z_1(\tau)}{\partial H_1(\tau)} - \delta\right)\right)\\ &H_1(0) = H_1^0, \lambda(T) = 0\end{aligned}\right\} \tag{4.21}$$

注意方程组（4.21）前四个方程就是本书所熟知的等边际条件的扩展形式；方程组中前两个方程式实际上就是方程组（4.7）在连续时间条件下的形式，即消费者每期生产家庭制成品的市场产品成本等于当期消费家庭制成品获得的效用值加上消费者人力资本增加带来的未来效用增加的现值；类似地，投入的时间成本等于当期消费家庭制成品的效用值加上消费者人力资本增加带来的未来效用增加的现值。如果家庭制成品的消费并没有消费者人力资本的积累效应，如家庭制成品 Z_2 的消费，那么当期消费家庭制成品的边际效用就等于生产家庭制成品所付出的边际价格。这同样也说明了，当家庭制成品的消费会带来消费者人力资本的积累的时候，即使在当期所付出的成本大于当期所能获得的价值消费者也会消费该家庭制成品。第五个方程表示消费者在消费者人力资本投资品的投资也要满足边际成本等于边际收益，也是最常见的一个等边际条件。

前面在离散时间模型的分析中说消费者每期生产家庭制成品的影子价格是消费者在做决策时需要考虑的一个关键变量，在那里也对这一影子价格进行了详细的分析。同样，在这里也要对影子价格进行详细的分析。首先需要计算消费者生产家庭制成品的影子价格。因为家庭制成品 Z_2 在消费过程中没有消费者人力资本积累效应，因此其影子价格计算也相对较为简单，本书首先计算家庭制成品 Z_2 的影子价格。由方程（4.20）本书有：$e^{-\sigma\tau}MU_{Z_2}-\mu e^{-r\tau}\left(\frac{p_{x_2}(\tau)\partial x_2(\tau)}{\partial Z_2(\tau)}+\frac{w(\tau)\partial t_2(\tau)}{\partial Z_2(\tau)}\right)=0$，据此可以定义家庭制成品 Z_2 的影子价格为：

$$\prod\nolimits_2(\tau)=\frac{p_{x_2}(\tau)\partial x_2(\tau)}{\partial Z_2(\tau)}+\frac{w(\tau)\partial t_2(\tau)}{\partial Z_2(\tau)} \tag{4.22}$$

当消费者家庭制成品生产函数是关于市场产品和时间的一次齐次函数时，可以证明家庭制成品 Z_2 的平均价格等于其影子价格，即：

$$\begin{aligned}\widehat{\prod\nolimits_2(\tau)}&=\frac{p_{x_2}(\tau)x_2(\tau)+w(\tau)t_2(\tau)}{Z_2(\tau)}\\&=\frac{\frac{1}{\mu}e^{(r-\sigma)\tau}MU_{Z_2}(\tau)MP_{x_2}(\tau)x_2(\tau)+\frac{1}{\mu}e^{(r-\sigma)\tau}MU_{Z_2}(\tau)MP_{t_2}(\tau)t_2(\tau)}{Z_2(\tau)}\\&=\frac{1}{\mu}e^{(r-\sigma)\tau}MU_{Z_2}(\tau)=\prod\nolimits_2(\tau)\end{aligned} \tag{4.23}$$

推导中第一个等号是平均价格的定义式，第二个等号是方程组（4.21）中的第三和第四个等边际条件，第三个等号是一次齐次函数的定义式，最后一个等号是影子价格的定义式。上面的分析表明，在动态条件下，如果家庭制成品的消费不存在消费者人力资本积累的效应，那么消费者生产家庭制成品的影子价格与平均价格就会相等，消费者在选择相应的市场产品的时候就只会将当期所能获得的总价值和总成本作为考虑的依据。这与本书在第三章中所得出的结论是一致的。

接下来，将对家庭制成品 Z_1 的影子价格进行分析，由于家庭制成品 Z_1 的消费会增加消费者人力资本，所以可以想象其影子价格应该有所不同。同样，根据方程（4.20），本书有：$e^{-\sigma\tau}MU_{Z_1} - \mu e^{-r\tau}\left(\frac{p_{x_1}(\tau)\partial x_1(\tau)}{\partial Z_1(\tau)} + \frac{w(\tau)\partial t_1(\tau)}{\partial Z_1(\tau)}\right) + \lambda(\tau) = 0$，据此可以将家庭制成品 Z_1 的影子价格定义为：

$$\prod_1(\tau) = \left(\frac{p_{x_1}(\tau)\partial x_1(\tau)}{\partial Z_1(\tau)} + \frac{w(\tau)\partial t_1(\tau)}{\partial Z_1(\tau)}\right) - \frac{e^{r\tau}}{\mu}\lambda(\tau) \qquad (4.24)$$

同样，可以定义家庭制成品 Z_1 的平均价格为：

$$\begin{aligned}\widehat{\prod_1(\tau)} &= \frac{p_{x_1}(\tau)x_1(\tau) + w(\tau)t_1(\tau)}{Z_1(\tau)} \\ &= \frac{\frac{1}{\mu}(e^{(r-\sigma)\tau}MU_{Z_1}(\tau)MP_{x_1}(\tau) + e^{r\tau}\lambda(\tau)MP_{x_1}(\tau))x_1(\tau)}{Z_1(\tau)} \\ &\quad + \frac{\frac{1}{\mu}(e^{(r-\sigma)\tau}MU_{Z_1}(\tau)MP_{t_1}(\tau) + e^{r\tau}\lambda(\tau)MP_{t_1}(\tau))t_2(\tau)}{Z_1(\tau)} \\ &= \frac{1}{\mu}(e^{(r-\sigma)\tau}MU_{Z_1}(\tau) + e^{r\tau}\lambda(\tau)) = \prod_1(\tau) + \frac{1}{\mu}e^{r\tau}\lambda(\tau)\end{aligned} \qquad (4.25)$$

如果 $\lambda(\tau) > 0$，本书就有 $\widehat{\prod_1(\tau)} > \prod_1(\tau)$，即消费者生产家庭制成品的平均价格大于其影子价格。这样，在家庭制成品的消费存在着消费者人力资本积累效应的时候，即使当期家庭制成品消费的总成本可能大于其总价值，消费者也会选择消费该家庭制成品。现在本章就来推导 $\lambda(\tau)$ 的具体表达形式。方程组（4.21）的最后三个方程可以用来推导出 $\lambda(\tau)$ 的表达式，因为

$\dot{\lambda}(\tau) = -\left(e^{-\sigma\tau} MU_{Z_1}(\tau)\dfrac{\partial Z_1(\tau)}{\partial H_1(\tau)} + \mu e^{-r\tau}\dfrac{\partial w(\tau)}{\partial H_1(\tau)} + \lambda(\tau)\left(\dfrac{\partial Z_1(\tau)}{\partial H_1(\tau)} - \delta\right)\right)$是一个满足边界条件 $\lambda(T) = 0$ 的一阶微分方程，即：

$$\dot{\lambda}(\tau) + \lambda(\tau)\left(\frac{\partial Z_1(\tau)}{\partial H_1(\tau)} - \delta\right) = -\left(e^{-\sigma\tau} MU_{Z_1}(\tau)\frac{\partial Z_1(\tau)}{\partial H_1(\tau)} + \mu e^{-r\tau}\frac{\partial w(\tau)}{\partial H_1(\tau)}\right),$$

求解可得：

$$e^{\int\left(\frac{\partial Z_1(\tau)}{\partial H_1(\tau)}-\delta\right)\mathrm{d}\tau}\lambda(\tau) = \int_{s=\tau}^{T}\left(e^{-\sigma s} MU_{Z_1}(s)\frac{\partial Z_1(s)}{\partial H_1(s)} + \mu e^{-rs}\frac{\partial w(s)}{\partial H_1(s)}\right)e^{\int\left(\frac{\partial Z_1(s)}{\partial H_1(s)}-\delta\right)\mathrm{d}s}\mathrm{d}s + c,$$

因为 $\lambda(T) = 0$，则 $c = 0$，因此可以得到：

$$e^{r\tau}\lambda(\tau) = \int_{s=\tau}^{T}\left(e^{-\sigma s} MU_{Z_1}(s)\frac{\partial Z_1(s)}{\partial H_1(s)} + \mu e^{-rs}\frac{\partial w(s)}{\partial H_1(s)}\right)e^{\int\left(\frac{\partial Z_1(s)}{\partial H_1(s)}-\delta\right)\mathrm{d}s - \int\left(\frac{\partial Z_1(\tau)}{\partial H_1(\tau)}-\delta\right)\mathrm{d}\tau + r\tau}\mathrm{d}s \tag{4.26}$$

由于 $\dfrac{\partial Z_1(s)}{\partial H_1(s)} > 0$，$\dfrac{\partial w(s)}{\partial H_1(s)} > 0$，则根据方程（4.26）可以得到 $\lambda(\tau) > 0$，实际上是在时刻 τ 增加一单位的消费者人力资本在未来所能带来的效用增加值的现值，其实也就是在时刻 τ 消费者人力资本的边际价值（这一价值使用效用来衡量，并且全部折现到初始时刻0）。由方程（4.25）可以得出家庭制成品 Z_2 的平均价格大于其影子价格。这说明了在消费者的家庭制成品消费存在消费者人力资本积累效应的情况下，即使消费者在当期所获得的总价值可能较低，但是考虑到当期消费所积累的消费者人力资本能够增加未来的效用（这就意味着实际的影子价格较低），消费者仍然会选择消费该家庭制成品。

上述的分析结果与前面在离散时间模型中得到的结论是基本类似的，即当家庭制成品消费存在消费者人力资本积累效应的时候，消费者的消费决策不仅仅取决于当期的总成本和总价值，而且还会考虑到由于消费者人力资本增加带来的外来效用的额外增加值。由于消费者人力资本的改变会带来家庭制成品消费数量的改变，进而会导致消费者市场产品需求量的改变①，在这

---

① 家庭制成品消费以及市场产品需求随消费者人力资本改变的比较静态结果参见第三章，具体结论见方程（3.15）和方程（3.17）。

一过程中，家庭制成品自身的需求弹性以及由资本积累带来的替代效应将会决定家庭制成品和市场产品需求量的变化大小。前面的一系列分析都说明，消费者人力资本的最优变化路径将决定消费者家庭制成品以及市场产品的需求量，如果能确定消费者人力资本的演变路径以及其最优值，这对本书来说将具有相当大的意义。在第一节的分析已经说明了离散时间模型很难处理这一问题，这也是本节进行连续时间模型分析的主要出发点。下面就将进一步对此进行分析。

为了使方程记号更加简洁，假定消费者的效用折现率等于市场利率，即 $\sigma = r$，并且假定消费者的生命周期足够长，即 $T = \infty$，以及 $D(\tau) = 0$，即消费者不会专门为消费者人力资本积累而进行额外消费；同时，消费者的工资率为常数；最后，假定消费者因家庭制成品消费带来的消费者人力资本积累主要是由市场产品以及时间投入数量决定的，即：

$$\dot{H}_1(\tau) = x_1(\tau) + t_1(\tau) - \delta H_1(\tau) \tag{4.16'}$$

而不是直接与所生产的家庭制成品数量相关，这样的好处在于能使得分析更为简化，同时这样的假定也更加合理，主要有以下原因。首先，消费者在尝试搜寻新的市场产品进行家庭制成品生产的时候，由于一开始消费者人力资本尚低，可能花费较多时间和市场产品也只能生产出较少的家庭制成品，但这一过程积累的消费者人力资本则可能更多，因为这一过程中所获得的新知识、新信息都是前所未有的，对消费者人力资本的积累有相当大的作用。其次，在消费者人力资本较为充裕的时候，消费者使用相对较少的市场产品和时间也能生产出较多的家庭制成品，但是这一过程的知识积累可能就会很少，因为这一过程只是原有消费者人力资本的进一步运用和加深而已。由于需要最大化效用函数净现值总和，在后面的分析中使用现值汉密尔顿方程（current value Hamiltonian）更加方便一些，如下所示：

$$\begin{aligned} \mathrm{H}(\tau,H(\tau),x(\tau),t(\tau),D(\tau)) &= u(Z_1(\tau),Z_2(\tau)) \\ &+ \left(\mu\begin{pmatrix} rA_0 + w(t - t_1(\tau) - t_2(\tau)) \\ - [p_{x_1}(\tau)x_1(\tau) + p_{x_2}(\tau)x_2(\tau)] \end{pmatrix}\right) + m(\tau)(x_1(\tau) + t_1(\tau) - \delta H_1(\tau)) \end{aligned} \tag{4.27}$$

其中，$m(\tau) = e^{r\tau}\lambda(\tau)$，表示消费者在时刻 τ 的消费者人力资本在当时的边际价值。在这里最让人感兴趣的是具有消费者人力资本积累效应的那些家庭制成品的消费，家庭制成品 Z_2 则不具备这一特点，其最优消费可以根据方程组（4.21）中的一阶条件直接求解出，以消费者人力资本 H_1 以及消费者人力资本的边际价值表示，因此本书在随后的分析中除了特别要分析就将不再提及。由方程（4.27）可得以下一阶条件：

$$\left.\begin{aligned}
0 &= MU_{Z_1}(\tau)MP_{x_1}(\tau) - \mu p_{x_1}(\tau) + m(\tau) \\
0 &= MU_{Z_1}(\tau)MP_{t_1}(\tau) - \mu w(H_1(\tau)) + m(\tau) \\
0 &= MU_{Z_2}(\tau)MP_{x_2}(\tau) - \mu p_{x_2}(\tau) \\
0 &= MU_{Z_2}(\tau)MP_{t_2}(\tau) - \mu w(H_1(\tau)) \\
\dot{m}(\tau) &= rm - (MU_{Z_1}(\tau)MP_{H_1}(\tau) - \delta m(\tau))
\end{aligned}\right\} \tag{4.28}$$

由方程组（4.28）中的前四个方程，可以求解出市场产品需求量、时间投入为：

$$\left.\begin{aligned}
x_1(\tau) &= g^1(H_1(\tau), m(\tau); \mu, p(\tau)) \\
t_1(\tau) &= g^2(H_1(\tau), m(\tau); \mu, p(\tau)) \\
x_2(\tau) &= g^3(H_1(\tau), m(\tau); \mu, p(\tau)) \\
t_2(\tau) &= g^4(H_1(\tau), m(\tau); \mu, p(\tau))
\end{aligned}\right\} \tag{4.29}$$

本章感兴趣的只是方程组（4.29）中的前两个方程，下面将做进一步的分析。假定在消费者的最优市场产品需求以及时间投入中，给定 $t_1(\tau) = t_1^*(\tau)$，$x_2(\tau) = x_2^*(\tau), t_2(\tau) = t_2^*(\tau)$ 不变，现在来看消费者人力资本边际价值以及消费者人力资本数量变化时，消费者市场产品 $x_1(\tau)$ 会如何变化。方程组（4.28）的第一个方程给出了这一变化的描述。首先，如果消费者人力资本数量不变，而消费者人力资本的边际价值增加，即 $m(\tau)$ 增加，那么 $\mu p_{x_1}(\tau) - m(\tau)$ 降低，由方程组（4.28）的第一个方程可知 $MU_{Z_1}(\tau)MP_{x_1}(\tau)$ 降低，由效用函数以及消费者生产函数为凹函数的假设，可得最优消费组合中市场产品 x_1 的需求量必定会增加，因此本书有 $g_m^1 > 0$；类似的逻辑过程，根据

$\frac{\partial MP}{\partial H}>0$，本书有 $g_H^1<0$ 以及消费者投入时间，有 $g_m^2>0,g_H^2<0$。在上述条件下，本书就可对消费者稳态消费行为以及实现稳态消费的最优路径进行较为深入的分析。

将方程组（4.29）代入消费者人力资本积累函数（4.16′）并结合方程组（4.28）中最后一个方程可以得到：

$$\left.\begin{aligned}\dot{H_1}(\tau)&=g^1(H_1(\tau),m(\tau);\mu,p(\tau))+g^2(H_1(\tau),m(\tau);\mu,p(\tau))-\delta H_1(\tau)\\ \dot{m}(\tau)&=rm-(G(H_1(\tau),m(\tau);\mu,p(\tau))-\delta m(\tau))\end{aligned}\right\}\tag{4.30}$$

其中，$G(H_1(\tau),m(\tau);\mu,p(\tau))=MU_{Z_1}(\tau)MP_{H_1}(\tau)$，因为 $G(H_1(\tau),m(\tau);\mu,p(\tau))$ 实际上表示的是一单位消费者人力资本的边际效用，如果消费者效用函数和生产函数都是凹函数，那么很直接地就有 $\frac{\partial G}{\partial H_1}<0$；如果 m 增加，在给定消费者最优的家庭制成品使用量的条件下，消费者人力资本的积累水平会提高，即消费者的市场产品需求量会增加，由于生产函数是凹函数，此时 $\frac{\partial G}{\partial m}<0$。根据方程组（4.30）构成了一组关于 H_1 和 m 的微分方程组，根据这一微分方程组就能在 (H_1,m) 所构成的空间内分析最优稳态家庭制成品消费的一些性质。先来考虑 $\dot{H_1}(\tau)=0$ 轨迹。由方程组（4.30）得到：

$$g^1(H_1,m)+g^2(H_1,m)-\delta H_1=0\tag{4.31}$$

对方程取全微分，可以得到：

$$(g_{H_1}^1+g_{H_1}^2-\delta)\mathrm{d}H_1+(g_m^1+g_m^2)\mathrm{d}m=0\text{，即}\frac{\mathrm{d}m}{\mathrm{d}H_1}=\frac{\delta-(g_{H_1}^1+g_{H_1}^2)}{g_m^1+g_m^2}\text{，因为}$$

上面的分析中有 $g_m^1>0,g_m^2>0,g_{H_1}^1<0,g_{H_1}^2<0$，因此 $\frac{\mathrm{d}m}{\mathrm{d}H_1}>0$，同时，由于即使在消费者人力资本的边际价值为 0 时，消费者每期也会有家庭制成品消费，即 $g^1(0,m)>0,g^2(0,m)>0$，进而可以得到 $\delta H_1|_{m=0}=g^1(H_1,0)+$

$g^2(H_1,0)>0$，即在（H_1-m）空间中是一条与 H_1 轴正值部分相交且递增的曲线，如图 4－1 所示。

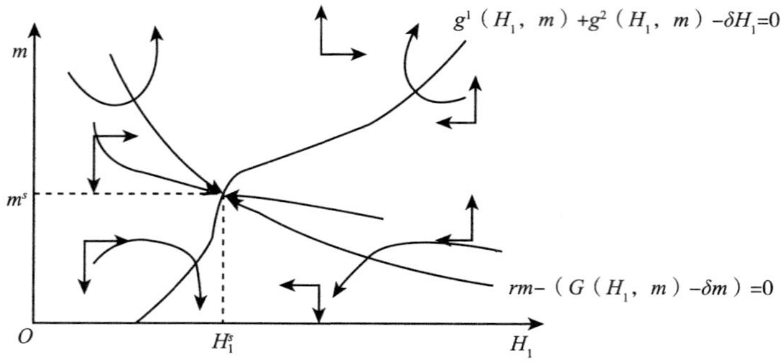

图 4－1　最优消费者人力资本—消费者人力资本边际价值稳态路径

在曲线 $g^1(H_1,m)+g^2(H_1,m)-\delta H_1=0$ 上的任意一点（H_1^a,m^a），方程（4.31）成立，对于位于该点之上的一点（$H_1^a,m^a+\Delta$），$\Delta>0$，$g^1(H_1,m+\Delta)+g^2(H_1,m+\Delta)-\delta H_1>0$，这是因为函数 g^1,g^2 是关于 m 的增函数，即 $\dot{H}_1>0$，因此在曲线上方的所有点其消费者人力资本都有增加的趋势。类似地，可以得出，在曲线下方的所有点其消费者人力资本都有下降的趋势，如图 4－1 所示。

同样，下面再来分析方程组（4.30）中的第二个方程，即：$\dot{m}=rm-(G(H_1,m)-\delta m)$，$\dot{m}=0$ 所代表的曲线为：

$$rm-(G(H_1,m)-\delta m)=0 \tag{4.32}$$

对该方程取全微分并化简可得 $\frac{\mathrm{d}m}{\mathrm{d}H_1}=\frac{G_{H_1}}{r+\delta-G_m}$，根据前面的分析，本书有 $G_{H_1}<0$，同时由于 $\frac{\partial G}{\partial m}<0$，本书有 $r+\delta-G_m>0$ 成立，则本书有 $\frac{\mathrm{d}m}{\mathrm{d}H_1}<0$，即方程（4.32）所代表的曲线是一条向右下方倾斜的曲线，如图 4－1 中所示的。与前面类似的，在方程（4.32）所代表的任意一点（H_1^b,m^b）满足 $(r+\delta)m^b-G(H_1^b,m^b)=0$，该点右侧的一点（$H_1^b+\Delta,m^b$），$\Delta>0$，使得 $(r+\delta)m^b-G(H_1^b+\Delta,m^b)>(r+\delta)m^b-G(H_1^b,m^b)=0$，因为 $G_{H_1}<0$，所以任意

在方程（4.32）右侧的点都有 $\dot{m}>0$，即消费者人力资本有增加趋势；同样，进一步的分析可以得到在曲线左侧的所有点消费者人力资本有降低的趋势（见图4-1）。

图4-1中所表示的就是在 H_1-m 象限中消费者人力资本以及消费者人力资本的边际价值演变的可能路径，这些路径是由方程组（4.30）所代表的一次微分方程组所决定的。在消费者拥有较长生命周期的假定下，就有可以由方程组（4.30）分析稳态的消费者资本与其边际价值的一些性质。如果消费者的消费者人力资本积累以及消费者人力资本的边际价值存在一对稳态值 (H_1^s, m^s)，由于在稳态点消费者人力资本及其边际价值的变化率为0，即 $H_1(\dot{\tau})=m(\dot{\tau})=0$，这在图4-1中实际就是两条曲线的交点。可以看出这一稳态均衡是一对鞍点均衡（saddle point equilibrium）。接下来就将对这一均衡进行详细的分析。

将方程组（4.30）在稳态点附近按一阶泰勒公式展开，可以得到：

$$\left.\begin{aligned} H_1' &= (g_{H_1}^1+g_{H_1}^2-\delta)(H_1-H_1^s)+(g_m^1+g_m^2)(m-m^s) \\ m' &= -G_{H_1}(H_1-H_1^s)+(r+\delta-G_m)(m-m^s) \end{aligned}\right\} \quad (4.33)$$

其中，(H_1^s, m^s) 为稳态消费者人力资本及其边际价值，$(g_{H_1}^1, g_m^1, g_{H_1}^2, g_m^2, G_{H_1}, G_m)$ 分别为相应函数在稳态点的取值，以及 $H_1=H_1(\tau), m=m(\tau)$。方程组（4.33）所代表的一阶微分方程组的解由其特征根决定，可以通过以下方式求解其特征根：

考虑一阶微分方程组 $\begin{aligned} H_1' &= (g_{H_1}^1+g_{H_1}^2-\delta)H_1+(g_m^1+g_m^2)m \\ m' &= -G_{H_1}H_1+(r+\delta-G_m)m \end{aligned}$，将第一个方程取一阶导数并将第二个方程代入化简可得以下关于消费者人力资本的二阶微分方程：

$$H_1''-(r+A-G_m)H_1'+(BG_H+(A-\delta)(r+\delta-G_m))H_1=0 \quad (4.34)$$

其中，$A=g_{H_1}^1+g_{H_1}^2<0, B=g_m^1+g_m^2>0$，方程（4.34）的特征根就是一阶微分方程组的特征根，为：$k_1, k_2=\frac{r+A-G_m}{2}\pm\frac{1}{2}\sqrt{(r+A-G_m)^2-4(BG_H+(A-\delta)(r+\delta-G_m))}$。

因为 $A<0, B>0, G_{H_1}<0$，所以 $4(BG_H+(A-\delta)(r+\delta-G_m))<0$，即：$|r+A-G_m|<\sqrt{(r+A-G_m)^2-4(BG_H+(A-\delta)(r+\delta-G_m))}$，此时就可以论断微分方程组有两个相异的实数根，这就保证了鞍点均衡（H_1^s, m^s）是存在的。

当家庭制成品消费存在消费者人力资本积累效应时，消费者的消费者人力资本存在一个稳态值，如果消费者的消费者人力资本小于稳态的消费者人力资本数量，即 $H_1<H_1^s$，消费者就会增加相应家庭制成品的消费，即增加对市场产品的需求和时间投入，直至消费者人力资本存量达到稳态消费者人力资本的存量；而如果消费者积累的消费者人力资本过高，消费者就会降低家庭制成品的消费，使得消费者人力资本回到稳态水平。而在稳定状态，消费者会保持较为稳定的家庭制成品消费，进而实现较为稳定的消费者人力资本存量。

在前面分析的基础上可以对消费者人力资本及其边际价值（H_1^s, m^s）进行比较静态分析，即当其他参数改变时，均衡结果会发生怎样的变化。先来看折现率的变化：当折现率 r 增加为 r' 时，当 m 给定时，$(r'+\delta)m$ 增加，由于 $G_{H_1}<0$，所以当只有 H_1 减少时，方程 $rm-(G(H_1,m)-\delta m)=0$ 才能成立，即曲线 $rm-(G(H_1,m)-\delta m)=0$ 会向左方移动，如图 4－2 所示。

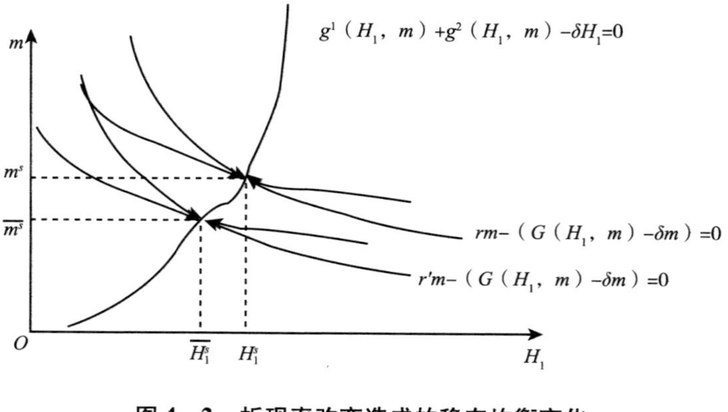

图 4－2　折现率改变造成的稳态均衡变化

在图 4－2 中可以清楚地看出，由于折现率由 r 增加到 r' 后，方程 $rm-(G(H_1,m)-\delta m)=0$ 所代表的曲线向左移动，稳态均衡解也由（H_1^s, m^s）降低为（$\overline{H_1^s}, \overline{m^s}$），即 $\partial H_1^s/\partial r<0$ 以及 $\partial m^s/\partial r<0$，由方程组（4.30）有 $\partial x_1^s/\partial r<$

$0, \partial t_1^s / \partial r < 0$。即如果折现率增加，消费者稳态消费者人力资本及其边际价值以及市场产品需求和投入时间都会降低，降低程度大小取决于第三章方程（3.17）所示的结果，即与家庭制成品本身的需求弹性和价格弹性相关，同时也与家庭制成品生产过程中市场产品以及时间投入所占比重相关。这一结论同样也说明了，如果消费者的折现率较高，消费者相对来说更为短视，企业要想提高消费者对其产品的需求量就应该在消费者家庭制成品生产的过程中提供更多的帮助，即将消费者部分消费者人力资本的积累代为完成，帮助消费者“及时行乐”；相对应地，那些旨在提高消费者人力资本的营销战略则很可能遭遇失败，因为消费者在稳态来看并不是希望积累太多的消费者人力资本，因此他们就不会主动地去增加对市场产品的需求。

当其消费者人力资本的折旧率 δ 改变时，消费者的稳态消费结果又会发生什么变化呢？当 δ 增加时，会同时改变图 4－1 中两条曲线的位置。对于曲线 $g^1(H_1, m) + g^2(H_1, m) - \delta H_1 = 0$，由于 $g_m^1 > 0, g_m^2 > 0, g_{H_1}^1 < 0, g_{H_1}^2 < 0$，曲线会向左转动；类似地，由于 $G_{H_1} < 0$，曲线 $rm - (G(H_1, m) - \delta m) = 0$ 会向左下方移动，具体变化如图 4－3 所示。

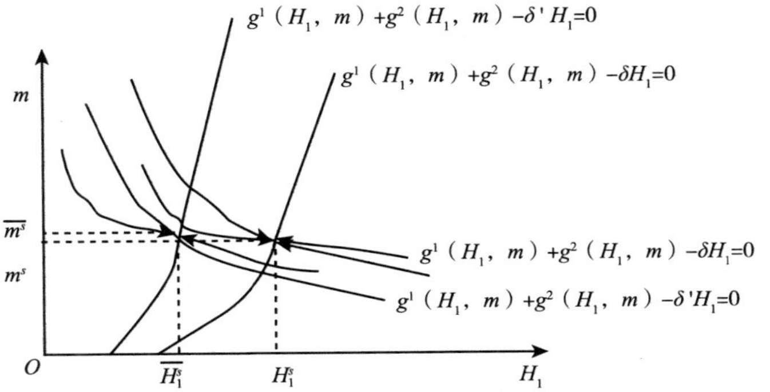

图 4－3 消费者人力资本折旧率对稳态均衡的影响

从图 4－3 中可以看到，消费者人力资本折旧率的上升会使得稳态消费者人力资本量下降，但是对于消费者人力资本边际价值的影响就不那么明显了，即 $\partial H_1^s / \partial r < 0, \partial m^s / \partial r \begin{pmatrix} > \\ = \\ < \end{pmatrix} 0$，由方程组（4.30）可知，消费者稳态市场产品

的需求和时间投入的变化也是不确定的，但可以肯定的是，即使稳态消费者人力资本的量下降，如果消费者人力资本的边际价值较大的话，消费者的市场产品需求量和时间投入也会较高。

从这一结论可以看出，即便较高的消费者人力资本折旧率导致消费者稳态的消费者人力资本存量较低，但是如果消费者人力资本的边际价值较高的话，消费者也会有较高的市场产品需求量。这一点在追求时尚产品的消费中可以看出来。关于时尚的消费者人力资本折旧较快，但是对于那些时尚产品爱好者来说，这类消费者人力资本的边际价值却是相当高的，所以尽管消费者人力资本折旧很快，他们还是会不断地通过高额的市场产品消费来不断获取新的消费者人力资本。对企业而言，即使消费者人力资本折旧很快，但是如果能让消费者感觉到这类消费者人力资本的边际价值是很高的，也能提高消费者的市场产品需求量。或者说企业甚至可以采取策略性的消费者人力资本加速折旧的办法来刺激消费者的市场产品需求，但前提是消费者人力资本的边际价值必须维持在一个较高的水平上。

第三节　小　结

本章所分析的内容是第三章的延续，在第三章中消费者人力资本是被假定为外生给定的，而本章将消费者人力资本与家庭制成品需求量、市场产品需求量同时内生确定，并得到在家庭制成品消费如果存在消费者人力资本积累效应的情况下，消费者当期的消费决策不仅受当期消费者人力资本存量、产品价格的影响，还会受到未来预期的影响，即如果消费者人力资本能提高家庭制成品生产效率，那么在当期市场产品需求的最优原则就不再是当期的总价值最大化，而是当期市场产品的边际价值，包含当期效用与未来效用，等于当期市场产品的边际价格。本书也证明了在这种情况下消费者家庭制成品消费的边际价格是小于其平均价格的，即如果家庭制成品消费能提高消费者人力资本积累，那么消费者会比在通常情况下消费更多的市场产品。这对企业来说具有重要的意义，即企业在竞争过程中不能只考虑产品本身，还要考虑产品能为消费者人力资本积累所做的贡献，只有那些能有效提高消费者人力资本的企业才能最终赢得市场。由于在离散动态模型中无法对消费者人力资本的稳态水平进行更为细致的分析，因此本书构建了一个动态连续时间模型。采用这一办法，本书发现消费者的最优消费者人力资本积累稳态均衡是一个鞍点均衡，这一均衡水平受折现水平以及消费者人力资本折旧率等外在因素的影响，而企业可以采用不同的战略以应对不同的情况，使得消费者的稳态最优市场产品需求量对企业而言是最优的。

本章以及第三章的模型分析结果虽然证明消费者人力资本对消费者消费行为的重要影响作用，但是消费者人力资本本身以及模型中其他变量的定义都是相当抽象的，要检验以及运用本书模型所得出的结论，就需要建立一个更为具体的经验分析模型，并且将本章以及第三章模型中的变量在一个更具有操作化意义的水平上重新定义，这些工作将是第五章需要完成的任务。

第五章　消费者生产函数经验性验证与家庭制成品经验性测量

在第一章导论和第二章文献综述模型中，本书指出了现有顾客资产测量模型所存在的不足，主要包括随机性模型较少、不能在模型中直接引入企业之间的竞争行为、模型没有建立在考虑消费者选择过程的基础之上等。

实际上述不足中最为根本的是不考虑消费者的选择过程，不理解消费者的偏好、决策依据。前面分析发现，如果认真研究消费者的选择决策过程，其实就可以直接在模型中引入企业之间的竞争并在分析的时候使用随机模型。为此本书的第三章和第四章在将消费视为一个生产过程的基础上重新考虑了消费者产品的选择决策过程。前述章节的理论分析认为，消费者是通过对家庭制成品的消费以满足其需要，而市场产品只是这一过程中的投入而已。因此直接影响消费者市场产品选择的是消费者所需要的家庭制成品。随后的理论分析在消费者生产理论中引入了一个非常重要的变量——消费者人力资本。消费者人力资本主要通过两种途径影响消费者的市场产品选择：第一是通过影响消费者生产函数的效率，进而影响当前市场产品的需求量；第二是考虑到消费者人力资本具有长期价值，而消费者人力资本又是通过市场产品的消费而积累起来的，因此消费者就会策略性地选择那些有利于消费者人力资本积累的市场产品进行消费。因此，本书在顾客资产的测量模型中首先要解决的两个问题是如何经验性地对家庭制成品进行分析以及经验性地测量消费者人力资本。这两个经验问题与消费者的市场产品选择理论相关，而本书认为消费者的市场产品选择是顾客资产建模的基础，因此这两个问题必须首先得到解决。

此外，本书在前面的介绍和文献综述中还提到，现有的顾客资产模型无法将顾客选择、顾客维系和追加销售同时分析，因此本书还需要一个能够同时考虑顾客资产这三个驱动因素的经验模型。进而，建立一个能够直接分析消费者生产函数中的家庭制成品、消费者人力资本以及顾客选择、顾客维系和追加销售三个顾客资产驱动要素的实证分析模型就是本书在随后章节中的目标。从本章开始本书就将对这三个问题进行逐一分析。本章将讨论如何经验性地对消费者生产函数进行分析，尤其是生产函数中的家庭制成品这一变量的经验分析；第六章将研究如何经验性地分析消费者人力资本；而第七章将构建一个能够直接将生产函数、消费者人力资本以及顾客获取、顾客维系和追加销售结合在一起的经验模型，并随后进行实证分析。

第一节 消费者生产函数经验研究——相关文献

从理论上说，消费者生产函数与企业的生产函数有着近乎完全相似的形式，但是在实证研究方面，消费者生产函数却比企业生产函数的实证分析困难得多。这主要是因为企业生产函数的最终产品——市场产品非常易于观察和计量，而消费者生产函数的最终产品是由各种市场产品所生产出的家庭制成品，往往是不易被直接观察到和计量的。因此，如何经验性地对家庭制成品 Z 进行计量和研究就成为消费者生产函数的实证分析的关键点。在这方面主要有三类相关的研究。

第一类研究是通过在实证分析中将家庭制成品这一变量替换掉。这种方法在贝克尔、格罗斯曼和墨菲（Becker，Grossman and Murphy，1991）对香烟的成瘾性消费的研究中得到体现。贝克尔等（1991）的研究中，他们主要关注的是由于消费者人力资本改变带来的成瘾性消费，并且想要证明他们的“理性成瘾”模型。因此贝克尔等以对市场产品的需求量的研究替代对家庭制成品的研究，这就避免了对家庭制成品的经验性分析的问题。这一处理方法对本书来说是没有什么帮助的，因为本书的目的在于研究由于消费者家庭制成品需求对市场产品需求的影响。

第二类研究是对家庭制成品 Z 进行定性的分类。在最近关于消费者行为的分析中，有许多研究都将市场产品视为一个生产过程的原材料（Belk，Wallendorf and Sherry，1989；Celsi，Rose and Leigh，1993；Holbrook and Hirschman，1982；Holt，1995）。这些定性研究对消费者的生产过程进行了细致的描述，并且对直接为消费者带来效用的家庭制成品进行了定义和分类。其中比较典型的就是霍尔特（Holt，1995）对消费者观看棒球比赛的研究。霍尔特结合已有的研究，认为消费者观看棒球比赛这一行为，实际上可以生产出四种能为消费者带来乐趣的活动，包括体验、整合、区分以及游戏。与此同时，消费者的知识，尤其是与棒球相关的知识（本书可以认为是消费者人力资本的一种形式）对消费者在生产四种活动中发挥着极其重要的作用，并且消费者为了提高今后活动的产出水平，会有意地选择多积累有关棒球的知识。霍尔特的定性分析模型可以认为是消费者生产理论以及消费者人力资本的案例分析版本。他的研究实际上是从消费最终家庭制成品的“属性”上对家庭制成品进行分析，这是非常具有启发意义的。实际上，本书将要介绍的第三类研究与霍尔特的研究在某种程度上存在着相似之处。

第三类研究是以兰卡斯特（Lancaster，1966a、1966b）为代表的。贝克尔（Becker，1965）的消费者生产理论目的是研究消费者在劳动—休闲上的时间分配，因此消费者利用市场产品所生产的家庭制成品 Z 是一个抽象的概念，既可以被认为是相对较为中观的衣食住行等决策变量，也可以被认为是微观的某种休闲娱乐。而贝克尔也没有对如何经验性地测算 Z 提出建议。与贝克尔（1965）不同的是，兰卡斯特（1966a、1966b）则建议将家庭制成品 Z 与家庭制成品的内在特性直接联系在一起，这样家庭制成品就有了一个可以直接进行测量的途径，而这一思想也是与本书将要采取的建模方法是一致的，因此本书在后面将详细地进行介绍。

第二节　兰卡斯特消费者生产理论

兰卡斯特（Lancaster，1966a）认为，传统的消费者效用理论存在诸多的不足，主要表现在以下两个方面。第一，传统的效用理论建立的基础是消费者认为家庭制成品越多越好，但是却忽略了家庭制成品内在的特性。这样的理论不能解释家庭制成品之间为什么会存在替代效应和/或者互补效应。但是在许多经济学教材之中在给出替代效应的例子的时候，总是又以家庭制成品的内在特性为潜在假定给出实例。第二，如果不考虑产品的内在特性，在处理消费者对新产品和/或已有产品质量改进的反应的时候，原有效用理论几乎不能给本书任何帮助。考虑新产品进入市场的例子，假定消费者之前的效用函数是定义在已有的 n 种产品之上的，当新产品推出以后，消费者的效用函数就要在现有的 $n+1$ 种产品上重新进行定义。因为此前没有关于消费者新的效用函数的任何信息，因此就不可能对消费者对新产品的反应做出任何预测。相似的情形也会发生在已有产品的改进之上。

为了解决上述问题，兰卡斯特提出了一种新的消费者行为理论，这一新的理论是建立在以下三个假定之上的：第一，市场产品不能直接给消费者带来效用，但是由于市场产品拥有各种特性，而消费者的效用是直接由这些特性带来的，如高级餐厅的晚餐有色香味以及富含营养价值等特性，而这些特性会给消费者带来感官以及身体健康上的享受。第二，一种市场产品可能拥有多种特性，而一种特性也可能被多种市场产品同时拥有。这一点非常明显，如本书刚才所举的晚餐的例子中，富含营养是一个特征，这一特征在消费者自己在家所烹调的晚餐中也同时存在。这一特点实际上就是不同的市场产品之间替代性的来源。第三，当不同的市场产品结合在一起的时候，会产生某些单独在市场产品之中所不存在的特性，这就是常说的替代性。

在这三条假设的基础上，兰卡斯特提出了一个线性消费者生产函数。具体来说，这一消费者生产理论由以下三部分构成。第一，消费活动与市场产品。某一市场产品或者一组市场产品 x_j 的消费是由消费活动 y_k 所造成的，具体表达式为：

$$x_j = \sum_k a_{jk} y_k \tag{5.1}$$

其中，a_{jk} 可以认为是消费活动 k 平均所需的市场产品 j 的数量，兰卡斯特认为这一数量是客观存在的，由技术和社会文化背景所决定。对于所有的市场产品而言，则可以用矩阵的形式将上述关系表示出来，即：

$$x = Ay \tag{5.2}$$

其中矩阵 A 是客观确定的。

第二，消费者以市场产品为投入品，通过消费活动可以生产出各种特性的组合，也即各种家庭制成品的组合，用代数的方式表达出来则是：

$$z_i = \sum_k b_{ik} y_k \tag{5.3}$$

其中，系数 b_{ik} 表示消费者单位消费活动 k 能为消费者提供的特性 z_i 的数量。这一系数在兰卡斯特的研究中也被假定是客观给定的。对所有的特性而言，可以表示为 $Z = By$。

第三，消费者的效用函数定义在消费者通过消费活动所生产的特性 Z 之上，即消费者的效用函数为 $U(Z)$。因此，消费者效用函数被表示为以下形式：

$$\begin{aligned}
&\max\{U(Z)\}\\
&\text{s. t.}\\
&px \leqslant k\\
&x = Ay; z = By; x, y, z \geqslant 0
\end{aligned}$$

在这一效用最大化问题中，消费者所选择的市场产品与其最终所消费的特性之间并不是直接联系的，而是通过消费活动这一生产过程联系在一起的。兰卡斯特将消费者生产函数中的转换矩阵 A、B 称作“消费技术（consumption technology）”，并且被假定为对所有消费者来说都是固定不变的[①]。在假定市场产品、消费活动以及特性的数量符合一定条件的情况下，兰卡斯特推导了不同产品之间的替代、互补效应以及消费者对新产品和产品改进的反应。

兰卡斯特的研究可以说是开创性的，本书尤其重视他的研究还基于这样一个原因，那就是利用他给所提供的一个关于消费者生产函数最终所生产出来的家庭制成品如何进行经验验证的洞见：本书可以从市场产品的特征入手

---

① 虽然兰卡斯特（Lancaster，1966b）放松了消费技术稳定不变这一假定，但是他仍然假定消费技术对所有消费者来说都是完全相同的。然而如果考虑到本书在前面章节中所分析的消费者人力资本积累的相关结论的话，这一假定就存在问题了。

来研究消费者的生产过程，并认为消费者的生产过程是对各种特征的理解，对特征的理解程度决定了消费者从这些特征中所能获得的效用，而理解程度的高低有赖于之前积累的相关知识的多少，这就是消费者人力资本的积累问题。在下一节中，本书就将对基于产品特征的消费者需求理论进行介绍，为本书的实证模型提供相应的理论基础。

第三节 基于产品特征的消费者需求理论

兰卡斯特的理论使得本书认识到存在一种对消费者生产理论简洁且与消费者的实际消费行为相当符合的处理方式，即真正能够为消费者带来效用的是各种“特性”，如营养成分、色香味等，消费者可以利用不同产品或者产品的组合生产出各种特性。这一理论与原有消费者效用最大化理论的区别就在于消费者的效用函数与预算约束函数的定义域不再相同，消费者生产理论的效用函数与预算约束函数必须通过适当地转换，才能使两者同时定义在特性空间。这一转换过程为效用函数和特性转换函数的复合。

继兰卡斯特之后，许多学者对其理论进行了不断的发展。如有些学者（MacFadden，1974；Berry，Levinsohn and Pakes，1993、1996、2004、2007；Berry，1994；Anderson，DePalma and Thisse，1992）对产品差异化的研究。这一系列的研究建立了基于产品特征的消费者需求理论。基于产品特征的消费者需求理论从本质上讲与兰卡斯特的研究是一脉相承的，都假定产品是特征或者一组特征的组合，消费者直接从产品的特征中获得效用，而预算约束函数是基于产品的。与此同时，基于产品特征的消费者需求理论又对兰卡斯特的观点进行了创新。这体现在消费者的效用函数是基于产品特征的，这一关系具体表现为：首先，效用是产品特征的线性组合；其次，效用函数中各个产品特性的系数都是随机的；再次，企业对产品的定价会受到产品特性的影响；最后，消费者对产品的偏好差异是因为其对产品特性的偏好差异。上述创新中，第三条对于经验研究来说非常重要，因为它意味着如果存在某些研究人员观察不到但又会影响消费者需求的产品特性时（这是非常普遍的状况），由于这类特性与产品价格的相关性，如果在经验分析中采用直接回归，估计结果会因内生性而是有偏的，因此在实际分析中必须采用一定的办法解决这一价格的内生性问题。第四条创新与本书在上一节中提到的兰卡斯特（Lancaster，1966a、1966b）的消费技术不变以及完全相同有关，这一创新放松了兰卡斯特的假定，并且也可以经验性地对本书在第四章进行着重分析的消费者人力资本积累行为进行处理。下面，本章就将对基于产品特征的消费者行为理论进行详细的介绍，这将是本书随后顾客资产实证建模的理论基础。

先对产品特征进行定义。假设市场上有 N 种产品，对于任意的产品 j，有 $z_j \in R^{K_z}$ 种可观察到的产品特性，这些特性都是能直接为消费者带来效用的，这些产品特性会影响产品的市场需求（x_j）和边际成本（w_j），对于所有的 N 种产品，可以将其产品特性、市场需求量和边际成本记为向量组的形式，即：$\mathbf{z} = (z_1, \cdots, z_N)$，$\mathbf{x} = (x_1, \cdots, x_N)$ 以及 $\mathbf{w} = (w_1, \cdots, w_N)$，所有上述变量都是可观察到的，对研究人员和市场参与者来说都完全相同。正如在前面提到的，那些不可观察到的产品特性和某些变量会对本书的经验分析带来非常重要的影响，这里需要再引入一组变量，即对于研究人员来说不可观察的产品特性和成本变量，即 ξ_j 和 ω_j，相应地这里也将其记作向量组的形式，$\boldsymbol{\xi} = (\xi_1, \cdots, \xi_N)$ 和 $\boldsymbol{\omega} = (\omega_1, \cdots, \omega_N)$。在此基础上，本章继续对消费者需求和厂商的均衡策略行为进行分析。

消费者需求：假定消费者 i 购买产品 j 所能获得的效用同时取决于产品特性和消费者自身的特点：$U(z_j, \xi_j, V_i, \theta)$，其中 (z_j, ξ_j, θ) 分别为可观察产品特性、不可观察产品特性以及待估计需求参数；V_i 为消费者自身的特点，如性别、消费者人力资本等。

消费者的效用函数是产品特性的线性组合，并且各个特性的系数具有随机的成分。消费者 i 购买产品 j 能获得的效用函数形式如下：

$$u_{ij} = \sum_k z_{jk} \tilde{\beta}_{ik} + \xi_j + \varepsilon_{ij} \tag{5.4}$$

同时，产品特征的系数 $\tilde{\beta}_{ik}$ 满足以下关系：

$$\tilde{\beta}_{ik} = \bar{\beta}_k + \sum_r h_{ir} \beta_{kr}^o + \beta_k^u v_{ik} \tag{5.5}$$

方程（5.4）中的 z_j 和 ξ_j 分别为可观察到的产品特性和不可观察到的产品特性，$\tilde{\beta}_i$反映了消费者的“偏好”；方程（5.5）中的 $\bar{\beta}$ 表示所有消费者对产品特性的平均偏好程度，而 h_i 和 v_i 表示消费者可观察和不可观察的自身特点，如消费者人力资本、性别等，这些特点会影响消费者从不同产品特性上所能获取的效用，这与本书在前面章节中所分析的消费者人力资本对消费者生产函数的影响在本质上是相同的，只是本书这里的方法更为具体和可操作。通过这样对消费者的“偏好”进行定义，本书就能够允许消费者的偏好存在系统性差异以及分析消费者人力资本的积累会影响消费者的偏好。

此外，产品特性和消费者偏好共同决定了不同产品之间的替代性。如果假定所有消费者的偏好都类似的话，就会对消费者需求加上非常强的限制性条件，因此得出的产品之间的替代性也是不合理的。因而基于产品特征的需求理论会假定消费者的“偏好”是受消费者自身的特征所影响的。将方程（5.5）代入方程（5.4），重新整理可以得到以下的消费者效用函数：

$$u_{ij} = \delta_j + \sum_{kr} x_k h_{ir} \beta_{kr}^o + \sum_k x_k v_i \beta_k^u + \varepsilon_{ij} \tag{5.6}$$

其中，$\delta_j = \sum_k x_k \bar{\beta}_k + \xi_j$ 可以被认为是产品 j 能为消费者带来的平均效用。这一数值的大小体现出产品总体上来说能够为消费者带来的价值。消费者的决策过程与本书前面的分析一致，即选择能为其带来最大化效用的家庭制成品。在这里，消费者选择行为的数学表达式为，在给定（z_j,ξ_j）的条件下，消费者 i 选择产品 j 是由于该产品能为其带来最高的效用值，即 $U(z_j,\xi_j,V_i,\theta) > U(z_k,\xi_k,V_i,\theta), \forall k \neq j$。这一表达式意味着在给定产品平均效用的基础上，消费者个人特征和其偏好的分布决定了消费者购买某一特定产品的概率。本书定义使得消费者选择产品 j 的消费者特性为以下集合：

$$\begin{aligned} A_j(\delta) = \{(h_i,v_i,\varepsilon_i):\delta_j + \sum_{kr} x_k h_{ir} \beta_{kr}^o + \sum_k x_k v_i \beta_k^u + \varepsilon_{ij} > \delta_l \\ + \sum_{lr} x_l h_{ir} \beta_{lr}^o + \sum_k x_l v_i \beta_l^u + \varepsilon_{il}, \forall l \neq j\} \end{aligned}$$

本书假定消费者的个人特征 $\mathbf{w} = (h,v,\varepsilon)$ 的分布的累积概率和密度函数分别为 $F(\mathbf{w})$ 和 $f(\mathbf{w})$，则任意一个消费者购买产品 j 的概率为：

$$s_j(\delta,\beta^o,\beta^u;z,F(\mathbf{w})) = \int_{A_j(\delta)} f(\mathbf{w})\mathrm{d}\mathbf{w} \tag{5.7}$$

方程（5.7）给出了任意消费者购买某一产品的概率，在此基础上本书以相应的数据就可以估计产品特性、消费者特性对消费者产品选择概率的影响。要对方程（5.7）进行实证估计，有两类理论方法。第一种方法是采用消费者微观层面的观测数据进行估计，即研究者能够获得的消费者产品选择概率的微观层面数据，同时辅以产品特性数据和消费者特征数据，这样就能直接对方程（5.7）进行估计，拉斯特等（Rust et al.，2004）就是采用这种办法进行研究的。第二种方法是无法获得消费者层面的数据，可得数据只有各种产品所占的市场份额。贝里（Berry，1994）证明了在相当弱的假定条件下，市场份额与产品的平均效用之间存在一一对应的关系，因此可以直接将市场份额视作消费者选择概率，进而进行估计。

最后，还需要说明的一点就是本书在前面曾经提到如果采用传统最小二乘回归对方程（5.7）进行估计会得到有偏的结果，而造成这一结果的原因是不可观测的产品特性与产品价格之间的相关性①。在这里就简要地对这一因果关系做下展示。假定不同的厂商之间是垄断竞争关系，厂商通过设定最优化的价格以最大化其利润。假定市场规模为 M，有 N 家厂商进行竞争，对于给定的一家企业 j，其成本函数为 $C(q_j,w_j,\omega_j)$，相应的边际成本为 $c(q_j,w_j,\omega_j)$，其利润函数则可以写作以下形式：$\pi_j(z,\xi,w,\omega) = p_jMs_j(z,\xi) - C(q_j,w_j,\omega_j)$，对应的一阶最优条件为：$(p_j - c(q_j,w_j,\omega_j))\left(\frac{\partial s_j}{\partial p_j}\right) + s_j = 0$，这样企业的最优定价就可以表示为：

$$p_j = c_j - s_j/(\partial s_j/ps_j) \tag{5.8}$$

从方程（5.8）可以明显地看出，厂商的最优定价是关于产品特征的函数，包括可观察特征和不可观察特征。因此，在实证分析的过程中，就会出现价格与不可观察的影响因素之间的相互关系，即内生性问题，如果此时还

---

① 产品的价格也是产品的一个特性，并且通常本书还要假定不可观察的产品特性只与产品的价格相关，而与其他的产品特性无关。

用传统的方法进行估计的话，所得的参数必定是有偏的，要得到准确的结果，必须在实证分析的过程中采用别的办法，如工具变量，以解决内生性的问题。

前面基于产品特征的消费需求理论主要是建立了一个从产品特征到消费者选择可能性的模型，由于本书在前面也指出将产品视为特性的组合实际上是消费者生产理论的一个特殊观点，因此基于产品特征的需求理论实际上也是对消费者生产理论进行经验检验的一条有效途径。事实上，只要给定消费者特性的分布，本书就能建立消费者市场选择的概率模型。

基于产品特征的消费者需求模型虽然建立了一条从消费者生产到消费者选择的经验分析途径，但是从前面的分析可以看出，对于产品特征的定义是非常抽象的，对于本书的经验研究来说这一模型仍然不够具体。因此，本书在下一节就将对营销领域中对于产品特性这一概念进行详细的介绍，为本书后文的经验分析提供理论基础。

第四节　产品特征操作性定义和相关实证研究

上述分析从理论上论证了基于产品特征的需求理论的有用性，但是由于其定义的高度抽象性和概括性，因此在经验模型中就需要关于产品特征的可操作性的定义。本书主要通过回顾现有文献的办法来归纳概括有关产品特征的操作性定义。在这一回顾过程中本书的主线有两条：第一条主线是与兰卡斯特的理论相关的经验研究，这类文献主要是对兰科斯特（Lancaster，1966、1971）的产品特征需求理论的检验和扩展；第二条主线是营销领域中在研究顾客资产时所用到的关于产品特性的一些定义，这类文献的集中代表就是拉斯特等（Rust et al. ，2004）的研究。下面本书分别对这两类文献进行回顾。

一、产品特性需求理论经验检验中的操作性定义

自从兰卡斯特提出基于产品特征的消费者需求理论以后，学界对这一理论就产生了浓厚的兴趣。这主要是由于这一理论能够解决传统理论中的许多

问题，如产品差异化以及新产品对社会福利的影响等问题，而且这一理论由于其线性模型的特征还具有简洁的特点。兰卡斯特这一“看起来不错”的理论到底其实用价值有多大呢？这便激起了学界对其经验性的检验。总的来说，兰卡斯特的理论得到了许多经验研究的支持，在此基础上，本书更感兴趣的是研究人员对于兰卡斯特理论中产品特征的操作性定义。

可能最早的相关研究是拉奇福德（Ratchford，1979）的关于产品特征需求理论的实证检验模型的研究。拉奇福德在修正了相关产品特征需求理论实证检验模型的基础上进行了实证检验。通过使用荷兰国内关于消费者对具有不同特征的虚拟汽车选择的数据，他的实证分析支持了兰卡斯特的理论模型。在拉奇福德的经验研究中，关于汽车特性的操作性变量有价格、耗油量、后备厢大小、引擎排量、座位舒适度、刹车、维修频率等。这些特性中除了价格是具体数值以外，其他特性都是消费者的评分，分值为1~5分。与上述的虚拟汽车不同，阿加瓦尔和拉奇福德（Agarwal and Ratchford，1980）采用《消费者报告》的数据，应用基于产品特征的需求函数，对美国的汽车需求和供给进行了估计。在这一研究中，阿加瓦尔和拉奇福德使用的产品特征操作性变量包括引擎排量、后备厢容量、座位空间、行驶速度、操控和驾乘等六个变量，最后两个变量同样是采用5点量表的方式进行测量。值得一提的是，阿加瓦尔和拉奇福德（1980）在对汽车的需求和供给进行估计的同时还考虑了消费者和生产商的特征，具体的消费者特征包括与产品使用相关的一些特征，如之前考虑过购买的汽车类型和汽车的使用频繁程度，以及消费者自己的社会经济特征和人口统计特征等变量。阿加瓦尔和拉奇福德的研究结果显示，消费者对产品特征的需求与其价格成反比，并且产品特征的边际价值是递减的；另外，消费者的特征也会影响对产品特征的需求，例如那些受教育程度中等并且希望经常使用汽车和家人一起在假期进行旅行的消费者可能更偏爱舒适程度较高并且空间较大的汽车。同时，在通过对消费者对产品特征偏好的估计以后，阿加瓦尔和拉奇福德指出，总的来说雪佛兰能提供给消费者最高的效用值。

贝科维茨和海恩斯（Berkowitz and Haines，1982）应用产品特征需求理论的方法对加拿大家用太阳能采暖设备的需求进行了预测。他们采用了采暖设备的可靠性、购买价格、单位热量价格、安全性和未来燃料的可得性等五个操作性变量来测量产品特性这一概念。他们采用了相对份额模型和多元Logit模型对数据进行了回归，发现除了未来燃料可得性这一指标外，其余的产品特性指标都对消费者产品需求有着显著且与假设一致的影响。

阿特金森和哈尔沃森（Atkinson and Halvorsen，1984）估计了汽油价格改变对于消费者汽车产品特征需求变化的影响，他们的文章对汽车产品特性的操作性变量包括价格、定位（豪华车还是普通车）、燃油经济性、加速、座位空间以及驾乘舒适程度等。在其构建的模型基础上，他们发现由于油价上涨造成消费者对汽车燃油经济性这一特征的需求急剧上升，这一特性的长期价格弹性远大于1；并且燃油价格的上涨总的来说导致了对传统设计汽车需求的下降。

由于汽车这一产品的复杂性，它可以被消费者视为多种产品特性的组合，因此20世纪90年代应用产品特征需求理论对汽车的需求以及市场均衡的研究相当充足，其中的代表就是贝里、莱文索恩和佩克斯（Berry，Levinsohn and Pakes，1993、1996、2004、2007）的一系列研究。他们在研究中对产品特性的操作性定义与上述提到的相关研究差别不大，基本上都是包括价格、引擎排量、空间、驾乘舒适程度以及耗油量等指标。贝里等研究的最大贡献主要在估计方法上，他们首先识别出实证估计产品特征需求理论中的内生性问题，并采用了相应的方法对这一问题进行了解决。并且在估计模型的选择上也与20世纪80年代的双对数回归模型有很大差别，他们的研究模型都是基于离散选择模型展开的。

在这里值得指出的是，除了上述通过耐用消费品的需求估计来验证基于产品特性的需求理论的研究之外，尼沃（Nevo，2000、2001）对方便食品的需求进行了实证分析，采用的方法也是产品特征需求理论。尼沃的研究将方便食品的特征以价格、广告、热量、性状（如是否是多孔的）、纤维含量等指标来测量，并且在其研究中还加入消费者家庭结构和家庭收入等变量。其研究的结果是方便食品的特性对消费需求有显著的影响，并且也是厂商产品差异化和市场垄断能力的重要来源。

二、顾客资产理论中的经验性定义

上述文献主要是来自经济学和产业组织理论相关研究，而对于产品特性的经验性定义也秉承了兰卡斯特消费者需求理论中的一个基本原则：产品特性必须是“客观”定义的，客观的含义是指不涉及消费者主观判断。但是在营销领域的研究早就指出消费者从产品中获得的效用可能不仅仅与这些“客观”的特性相关，而且还可能与某些“主观”的特性相关，是否能有一种一致的实证性定义方式，将产品主观的特性和客观的特性同时进行定义呢？答案是肯定的，拉斯特等（Rust et al.，2004、2005）对顾客资产理论的研究就发展出了一种满足上述要求的经验性定义方式，接下来就将对拉斯特等所采用的操作性定义进行评述。

拉斯特等（2004）研究指出，产品的效用可以被分解为三个主要部分，即产品从三个维度为消费者带来效用，包括产品的价值、产品或企业的品牌以及消费者与企业的关系。按照产品特性需求理论的定义方式，可以认为产品的价值特性、品牌特性和关系特性是消费者从产品中获取效用的源泉。下面本书就分别对拉斯特等所提出的三类特性进行分析。

产品的价值特性是消费者产品消费过程中的客观得失，这一客观得失的净值形成了消费者的客观效用。拉斯特等指出，产品的价值特性这一概念植根于顾客价值和顾客感知价值，因此他们在总结相关研究的基础上认为，产品的价值特性主要有三个经验性的测量变量，包括产品的质量、价格和便利性。产品的质量是指产品受企业控制的物质和非物质方面的特性；而价格则是受企业影响的产品货币成本；便利性则是指那些能够降低消费者在与企业交易的过程中所承受成本的活动和行为。企业可以通过改善价格、质量和便利性这三个维度的组合以改善企业产品的价值特性。产品的价值特性是消费者效用来源的基础，也是消费者选择企业产品的基本保证。可以看出，拉斯特等所提出的企业产品的价值特性与本书前面所介绍的产品经验性定义基本内容是一致的，因为它们的主旨都是产品特性的客观方面。但是，正如本书所指出的，这种“客观”的特性并不是全部，尤其是在当今知识经济和体验经济的大背景下，诸如品牌特性等主观因素可能对于消费者效用来说也极其重要。

产品的品牌特性是指消费者在对产品客观评价基础之上的主观评价。与产品的价值特性建立在产品的价格、质量等方面之上不同，产品的品牌特性通过形象和意义进行构建。正如拉斯特等（2005）所指出的，品牌特性是吸引新消费者的“磁石”，也是企业产品和服务在消费者记忆中的“坐标”，同时它也可能成为消费者和企业之间的情感联系纽带。与产品的价值特性一样，产品的品牌特性也是由多个经验性变量共同定义的，它们包括品牌关注、品牌态度和企业道德。品牌关注可以通过企业的营销沟通获得发展和改善，诸如广告、新产品发布会等方式都是增进品牌关注的常用方法。品牌态度指在消费者与企业之间关系的密切程度，品牌态度可以通过一系列的营销沟通活动得到改善，如公益活动和赞助活动等。而企业道德则是指企业所采取的目的在于改变消费者对企业认知的活动，如企业保护消费者隐私的条款等。产品的品牌特性是在经济学研究中几乎没有被涉及的一个方面，可能因为这一特性和本书后面将要谈到的关系特性一样，并不满足兰卡斯特对产品特性“客观”性的假设要求，并且由于在二手数据中，如产品销售量等数据中，往往不会有相关的测量，因此在经济学和产业组织理论中并未被考虑。但是正如营销领域中的相关研究所展示的，这些主观的特性对消费者产品需求有着极其重要的影响作用，因此本书就有必要给予足够的重视。

关系特性，与品牌特性一样，都是一个较为主观的概念。按照拉斯特等的定义，关系特性是指消费者在对产品客观和主观评价的基础上希望与企业保持联系的主观意愿。关系特性是将消费者和企业黏合在一起的“胶水”，在关系营销相对于交易营销日益重要的今天，产品的价值特性和品牌特性并不足以保证企业的成功，关系特性是非常必要的补充。产品的关系特性体现在企业的一系列活动之中，包括忠诚计划、协同合作计划、社区建设计划以及知识建设计划等。忠诚计划是企业最常用的改进企业关系特性的方法，通常是通过对经常购买的消费者给予奖励的方式实施的。忠诚计划在航空业中十分成功，但是在其他行业其适用性则有待证实，尤其是来自零售行业的研究发现忠诚计划有时候吸引来的消费者并不是企业偏好的消费者。协同合作计划旨在通过在企业和消费者生活的其他方面建立起联系以创造和消费者之间强烈的感情纽带。社区建设计划的主要方法是将消费者与其他相似消费者联系在一起，以此促进消费者和企业之间的联系，企业在这里充当的是一个中间人或者平台的作用。知识建设计划则是通过构建消费者与企业之间的结构性联系以改进产品的关系特性。如软件公司的定期培训和讲座，通过构建企业—消费者专有知识而降低消费者与其他企业建立关系的可能性。

通过分析可以发现，拉斯特等的研究相较于经济学和产业组织理论的研究有了显著的进步。首先，他们的研究中产品价值特性实际上就包括了诸如阿特金森等（Atkinson et al.，1984）的研究中的产品特性，都是指产品特性中“客观”的特性。其次，他们还将产品特性的定义范围延伸至“主观”的方面，如品牌特性和关系特性。本书的分析认为，这一延伸具有非常重要的意义，因为营销领域中的相关研究早就证明了这些主观的产品特性在影响消费者产品选择时具有重要的作用。最后，还有一点值得一提。不论是来自经济学、产业组织理论的研究，还是拉斯特等关于顾客资产的研究，几乎所有研究都认为产品的特性会为消费者带来价值。与经济学中的非饱和性假设一样，所有的产品特性都是越多越好，但事实会是这样吗？汤普森、汉密尔顿和拉斯特（Thompson，Hamilton and Rust，2005）的研究否定了这一点，认为消费者在购买之前和购买之后对产品特性多寡带来的效用评价是不一致的。在购买之前，消费者希望得到产品尽可能多的产品特性，但是由于自身能力和精力方面的限制，在使用过程中往往很多特性不会得到应有的发挥，反而会限制消费者在产品上获得的效用，即“产品特性疲劳”的问题。因此消费者在使用以后再次选择时可能就会选择那些特性相对较少的产品。他们的研究还认为，如果企业想要最大化顾客终身价值，就应该尽量定制化产品——拥有能够生产很多特性的生产线，在每件产品中的特性应该尽量少一些而不是将所有特性都设计在一件产品之中。

第五节　小　结

本章的主要目标是构建第三章和第四章中所提到的消费者生产理论的实

证检验模型，这是本书构建顾客资产测量模型的第一步。正如本书在章首提到的，顾客资产的测量模型中首先要解决的两个问题是如何经验性地对家庭制成品进行分析以及如何经验性地测量消费者人力资本。本章主要着力解决的就是第一个问题，而第二个问题则留待下一章进行讨论。本章先介绍了兰卡斯特的产品特性理论，并认为这一理论是构建消费者生产理论经验模型的理想出发点，因为它比较简洁且便于测量。在此基础上，本章详细回顾了基于产品特征的需求理论，并认为这一理论是本书进行顾客资产建模的基础。进行建模前本书还需要的就是对模型中的变量给出操作性的定义，为此，本章首先回顾了经济学和产业组织理论研究中有关产品特性的操作性定义。

由于经济学和产业组织理论中的相关研究都秉承了兰卡斯特关于产品特征必须是“客观”的这一思想，因此所有相关的操作性定义都是关于产品客观的特性。营销研究，尤其是品牌管理和关系营销的相关研究揭示了只关注客观的产品特性是不够的，一些主观的产品特性也是影响消费者效用的主要因素。因此构建一个能够同时包含产品客观和主观特性的分析框架会更有利于本书建立准确的经验模型。本书认为拉斯特等的研究为本书提供了一个很好的出发点，因此本章对其研究进行了详细的评述。他们将产品的特性分为价值特性、品牌特性和关系特性的方式是本书后面进行实证模型构建的基础之一。

本章最后还提到汤普森等的研究，那是因为产品的特性不单单会增加消费者的效用，在有的情况下过多的产品特性还有可能降低消费者的效用，如“产品特性疲惫”现象。这也是本书在模型构建中值得注意的问题。

本书提到构建顾客资产的测量模型需要解决的第二个问题是经验性地测量消费者人力资本。因为通过第三章和第四章的理论分析本书发现，消费者人力资本是一个非常重要的变量，而且本书认为这一变量与企业的营销战略直接相关。对于消费者人力资本的经验测量这一问题，则是本书下一章的研究重点。

第六章　消费者人力资本的经验性测量

本书在前面的分析一再强调消费者生产理论中消费者人力资本是一个重要的变量，在构建了消费者生产模型的经验分析模型以后，本书接下来需要完成的工作就是寻求对消费者资本的经验测量。

本书认为，与消费者生产资本相关的并且可以进行经验性测量的概念主要有两类：第一是人力资本的概念；第二是消费者知识的概念。人力资本会影响消费者的生产效率的观点早已被大家所接受，人力资本是否同样会改变消费者在非生产领域的效率呢？这一问题在经济学领域也有相关的讨论。消费者知识对消费者消费决策的影响在消费者行为领域有着深入的研究，如布拉克斯（Brucks，1985）研究认为，消费者知识水平的高低会影响其信息处理和决策行为效率；我国学者谭刚等（2006）的研究则说明了，消费者知识会影响消费者对服务失败的归因。

上述分析说明消费者人力资本应该同时包括人力资本和消费者知识。总的来说，大家对人力资本如何经验测量已经非常熟悉了，常用的变量包括受教育程度、工作年限、所取得的各种技能等级证书等。相对而言，如何经验性地测量消费者知识，则显得陌生一些。所幸消费者心理学以及消费者行为研究领域对于顾客知识的测量有着广泛而深入的研究。这些研究可以被大致分为两大类：第一类是主要源自消费者心理学，着重从消费者知识的结构方面进行研究，代表的研究是阿尔巴和哈金森（Alba and Hutchinson，1986）的研究；第二类是从消费者知识的内容方面进行分析，这一领域主要继承了消费者行为研究领域的成果，代表性研究有布拉克斯（Brucks，1985、1986）和帕克、马热斯堡和菲克（Park，Mothersbaugh and Feick，1994）的研究。

下面本章就将对这两类研究进行回顾，然后选择对本书的顾客资产模型来说更为适用的消费者人力资本经验测量方法。

第一节　消费者知识经验研究——结构角度

如前所述，阿尔巴和哈金森（1986）关于消费者知识的研究是从消费者知识的结构方面进行的。他们的研究总的来说是在讨论消费者熟知程度与消费者专长之间的关系，他们首先总结了五条经验性的命题：（1）简单的任务重复（提高消费者熟知程度的一种途径）会降低消费者的认知努力，有时候重复的工作甚至会带来认知努力降为零的无意识行为；（2）区分不同产品的认知结构会随着消费者熟知程度的提高而变得更为精炼、完善和准确；（3）随着消费者熟知程度的提高，消费者通过分析而筛选出那些最重要的、与任务关系最为密切的信息的能力会不断提高；（4）消费者在已有信息的基础上生产更为准确的新知识的能力会随着熟知程度的提高而提高；（5）随着消费者熟知程度的提高，消费者对产品信息的记忆能力会提高。在这五条经验性命题的基础上，他们详细阐述了与认知努力、认知结构、分析信息、生产信息以及记忆相关的经验研究，并且说明了消费者专长这五个维度之间的关系，尤其是前两个维度的改进对后三个维度的促进作用。本书在下面就将简要介绍阿尔巴等的研究。

1. 认知努力。

通常来说，认知努力的付出会为消费者带来负效用，降低认知努力则会增加消费者所感受到的效用或价值。认知努力水平与消费者熟知程度之间遵循指数函数（Newell and Rosenbloom，1981），即认知努力水平随着消费者熟知程度的增加会以指数函数的方式降低。如果消费者熟知程度足够高，则会使其在执行任务的过程中不再需要有意识的认知行为，即自发行为；此时所需的认知努力也会降到最低水平，可以认为是零或者接近于零。自发行为对于消费者来说具有重要的意义，因为这一行为可以降低消费者认知努力，进而增进其效用；而对于企业来说，自发行为也非常重要，这主要是由于忠诚的消费者通过长期购买会形成对忠诚品牌的自动识别过程。而这一对忠诚品牌的自动识别过程的形成则会使得消费者总是能最快地发现自己所忠诚的品牌，无论在何种条件下几乎都会如此。更进一步来说，在产品相关任务的执行过程中如果搜寻成本高或存在其他限制条件使得认知成本很高时，自动识别过程则意味着消费者更加倾向于选择忠诚品牌。另外，自发行为还会导致消费者无意识地对信息进行过滤，即关注到的信息都是那些与自己所忠诚的品牌有关的信息，这样就能进一步加强消费者的品牌忠诚。最后，需要指出的是有助于形成自发行为的两个条件：第一是消费者涉入程度高的产品相关任务有助于自发行为的形成；第二是形成自发行为的转移成本，这一成本越高，则越容易形成。上面的分析说明了认知努力的降低不仅对于消费者来说有着重要的意义，对于企业而言也具有重要的作用，尤其是当自发行为形成以后。

2. 认知结构。

认知结构主要指的是消费者所拥有的关于产品的真实知识以及这些知识的组织方式（Brucks，1986；Mitchell，1982）。认知结构的主要作用是按照对决策是否有用的方式区分产品和服务。按照阿尔巴和哈金森（Alba and Hutchinson，1986）的观点，在认知结构方面的研究主要有以下一些结论：(1) 消费者最初在基本层次上对产品进行分类；随着消费者熟知程度的提高，消费者在基本层次内或者基本层次之上对产品进行分类的能力将会提高。(2) 随着消费者能够更好地区分不同品牌的产品，基本层次自身也会变得更加具体。(3) 由于产品是在基本层次上进行分类以及基本层次会随着经验的增加而变得更加具体，因此相对于普通消费者而言，富有经验的消费者更能够理解具体品牌的信息。(4) 相对于经验丰富的消费者而言，普通消费者对产品的分类更容易受感知到的产品特性的影响。(5) 在基本层次之上更加抽象的分类的形成和发展使得经验丰富的消费者比普通消费者更易于在众多不同的品牌之间进行比较。(6) 当需要较具体时，经验丰富的消费者所考虑的产品集合比普通消费者所考虑的产品集合同质性程度更高；而当需要较笼统时，情况恰好相反。(7) 经验丰富的消费者比普通消费者的分类结构更加准确、复杂以及灵活。(8) 普通消费者通常关注较多的代表性品牌以及非常少的非典型品牌；而经验丰富的消费者则会同时关注代表性品牌和非典型品牌。因此，经验丰富的消费者的考虑集中所包括的非典型品牌要比普通消费者的多。（9）通常来说，经验丰富的消费者其品牌决策受代表性品牌的影响比普通消费者所受影响更小。

3. 分析信息。

分析程度是指消费者在多大程度上获得对执行任务来说相关的和/或非常重要的信息总和。分析信息通常又由选择性编码、分类过程和推测三个部分构成。其中，选择性编码主要包括两类活动：一是选择性信息搜寻，是指信息源的确定；二是对所获得的信息进行分析的“深度”。分类是指发现不同客体之间的相同点；而分类又包括整体性分类和分析性分类（Brooks，1978；Kemler，1984）。整体性分类是指基于客体总体的相似性进行分类；相应地，分析性分类是基于一定规则的分类方式，这些规则往往是指以特定的属性或属性配置作为判断客体是否属于某一类别的唯一标准。最后，推测分析的程度则是指进行推测的基础限制在因果或逻辑相关事实的程度。阿尔巴和哈金森（1986）回顾了与选择性编码、分类过程和推测相关的研究，并提出了如下的经验性命题。

与选择性编码相关的主要研究结论包括：（1）经验丰富的消费者比普通消费者更加倾向于搜集新信息，这主要是由于消费者熟知程度会降低信息获取成本以及增加对潜在可获取信息的关注程度；（2）经验丰富的消费者比普通消费者具有将搜寻限制在相关程度高和重要性高的信息的能力更高；（3）经验丰富的消费者处理信息的程度更加深入，以便识别出那些相关的和重要的信息；一旦相关的和重要的信息被识别，就将比那些无关或不重要的信息得到更充分的处理；（4）当普通消费者在选择性地处理信息时，比起经验丰富的消费者他们更有可能基于方便性而非相关性和重要性选择信息；（5）当普通消费者在选择性地处理信息时，比起经验丰富的消费者他们更有可能选择那些次要的线索进行扩展性处理；（6）即便决策基础是完全相同的产品特性，普通消费者也会比经验丰富的消费者更加倚重于那些易于理解或者那些作为促销卖点的产品特性。

与分类过程相关的研究主要有以下的结论：（1）经验丰富的消费者更可

能采用分析性的分类，而普通消费者则更有可能采取整体性分类；（2）需要产品特性分析的经历会有助于以后在相同产品特性上的分析性分类处理；（3）从本质上说仅仅接触到产品特性相关的信息并不会有助于对相同产品特性的分析性分类处理；（4）时间压力、信息复杂性和低积极性都会妨碍分析性分类处理；但是，由于产品熟知程度会降低所需的认知努力并释放认知资源，所以上述不利于分析性分类处理的因素对普通消费者的影响作用比对经验丰富的消费者更大；（5）购买经历比产品使用广告接触更可能引致分析性分类，因此，购买经历更加有助于以后的分析性分类处理；（6）相较于普通消费者，经验丰富的消费者更有可能自发地对产品进行分类并且进行分析性信息处理的积极性更高，所有这些活动都会带来有利于以后进行分析性分类处理的经历。

与推测相关的研究主要结论如下：（1）普通消费者比经验丰富的消费者更有可能进行非分析性推测（尤其是基于估算和基于相似性的推测）；（2）当外部出现限制其自身知识使用的情况时，如低摄入度或高信息负荷，经验丰富的消费者才会更加倾向于使用非分析性推测；（3）当相关信息不是直接可得时，严谨的知识有利于消费者推测典型产品特性的存在性（或缺少非典型的产品特性）；（4）严谨的知识有利于消费者做出将关于典型品牌的新信息推及产品品类中其他品牌的推测；（5）对新信息的推广并不会超过基本层次的范围，由于产品熟知程度的提高会使得基本层次更具体，因此普通消费者会比经验消费者更可能将与产品相关的新信息进行过度推广；（6）经验丰富的消费者比普通消费者更易于避免因模式化而带来的推测错误；而那些几乎没有产品相关知识的消费者则完全不可能做出任何严谨的推测，无论是正确的还是错误的；（7）经验丰富的消费者比普通消费者更容易相信产品没有某种特性的属性，仅仅是因为自己并未注意到这一特性的存在。

4. 生产信息。

实际上信息生产这一概念与前面的信息分析是密切相关的，尤其是在信息分析的推测过程中。由于推测的结果会影响消费者的态度、判断和选择（Fishbein and Ajzen，1975；Huber and McCann，1982），因此推测的准确性就非常重要了。而这里的生产信息就指的是为进行推测所必需的中间事实依据或相关信息。信息生产过程中知识起到了连接给定信息到推测的通路的作用。由于推测的方式不一样，所需生产的信息和知识也会有所差别，阿尔巴和哈金森（1986）讨论了三种主要的推测方式，它们分别是解释性推测、修饰和问题解决。他们对这三类主要的推测方式进行了如下总结。

与解释性相关的研究主要有以下结论：（1）先验知识有利于一致性的建立，因此有利于理解与产品相关的信息；（2）先验知识能增加用于增加一致性的推测的真实性；（3）先验知识会防止消费者接受那些基于真实信息的但带有误导性的暗示；（4）先验知识有利于提高那些被消费者简化的产品信息的准确性；（5）当信息是技术性的时候，先验知识有利于进行简化；（6）总的来说，普通消费者比经验丰富的消费者更大比例地依靠简化信息而非全面信息。

关于修饰性推测，主要的研究结论有：（1）经验丰富的消费者比普通消费者拥有更高的从技术信息中推测设计的产品利益以及宣称收益的技术来源的能力；（2）对于产品信息究竟是推测出的还是外界输入的，经验丰富的消费者比普通消费者在这方面的记忆要差；（3）随着产品熟知程度的增加（更多品牌之间的相互比较被学习到），品牌间的全面比较将会取代局部比较，这将使得基于记忆的品牌比较更为准确。

关于问题解决的研究结论主要有：（1）普通消费者比经验丰富的消费者更有可能从表面结构而非内在结构来描述消费问题；（2）普通消费者比经验丰富的消费者在解决问题时更容易受到诸如购买点信息在内的外部因素影响；（3）普通消费者比经验丰富的消费者更有可能过分简化复杂问题和/或忽视表面看起来简单的问题的复杂性；（4）比起经验丰富的消费者，普通消费者更有可能是无效率的问题解决者，因此他们会更频繁地购买不必要的产品和/或特性。

5. 记忆。

消费者的记忆是阿尔巴和哈金森（1986）所定义的消费者专长的最后一个维度。他们又将消费者的记忆分为关于简单信息的记忆和复杂信息的记忆，而与复杂信息记忆相关的还包括对信息的解释和含义的理解。他们对这三方面的相关研究进行了回顾，主要结论如下。

与简单信息记忆相关的研究主要有以下的研究结论：（1）对新的品牌名字接触较少的次数也会产生有助于品牌名字认知的持续效果；（2）消费者的知识结构方面决定了哪些品牌名字会通过联想信息提供的方式得到认知加强；（3）经常或最近接触到品牌名字有助于加强认知，但是这类效果有其具体的形式；（4）经常性品牌名字回忆实例的效果会随着消费者专长的提升而下降；（5）随着产品熟知程度的提升，为具体情况设计的分类方式更有可能成为主要的分类方法，这将降低消费者对基于激励的刺激的信息的依赖；（6）关于产品类别和特性的消费者知识将会影响所回忆起来的品牌组合，因此也就会影响基于回忆的消费者考虑集的构成；（7）经验丰富的消费者比普通消费者品牌回忆类别聚合更加具体，这反映了差异化的知识结构；（8）与普通消费者相比，经验丰富的消费者更容易回忆起与自身需求关系更密切的品牌名称。

而对于复杂信息的记忆，主要的研究结论包括：（1）在接触程度相同的情况下，经验丰富的消费者能够更好地回忆产品信息，因此也能够增加在基于记忆的决策过程中的信息量；（2）对相关信息的回忆比对不相关信息的回忆更准确；因而经验丰富的消费者在识别相关信息上的优秀能力就会在基于回忆的决策制定过程中为其带来与普通消费者存在质的不同的信息；（3）由信息相关性而造成的经验丰富的消费者和普通消费者在回忆上质的差别将随着时间的推移而扩大；（4）有的情况下与模式不一致的信息会比其他信息更容易回忆，任一给定事实的模式一致性则是由先验知识决定的；但是，与决策一致的信息比不一致的信息更容易记忆；（5）经验丰富的消费者和普通消费者在回忆上的差别比在认知上的差别更大，因此，在决策环境所提供的外在检索线索很少的时候，决策制定过程中记忆的影响作用将达到最大。

与复杂记忆相关的解释和含义理解方面的研究结论主要有：（1）重复或最近接触的信息能够弥补消费者专长方面的缺陷，这将导致经验丰富的消费者和普通消费者相同的记忆；（2）在基于记忆的决策制定过程中，普通消费者会比经验丰富的消费者更容易受到经常重复的或最近出现的信息影响，这主要是由于前者在初始信息编码和内在地形成检索线索方面的能力较低；(3) 在回忆的过程中严谨的知识为检索线索提供了内在的来源；(4) 在信息编码和检索的过程中，经验丰富的消费者比普通消费者在组织复杂信息方面的能力更高，这导致前者拥有回忆优势；(5) 在信息生产过程中所形成的各种事实之间的联系是检索线索的内在来源，因此在产品信息的基础上经验丰富的消费者能够进行更加优秀的信息生产，因此也就会拥有更多的线索；(6) 先验知识能够降低编码过程中的信息负荷，这就为更高水平的学习提供了机会；(7) 关于产品事实的简单积累会阻碍对具体信息的回忆，但是上面提到的消费者专长会弥补这一不足。

综上所述，阿尔巴和哈金森（1986）的研究中的消费者专长这一构念更多的是从消费者心理相关的研究（如消费者认知结构和认知过程）中归纳总结得出的，因此它更加侧重于消费者的能力、素质等心理方面的因素。并且这一构念更为关注的是各种信息和知识在消费者的大脑中是如何被组织的以及在使用过程中是按照怎样的程序被运用的。因而上述这种构念较少关注消费者知识的内容是什么。因此，与他们的研究相对应的另外一类关于消费者知识的构念就是关于消费者知识的内容构成，具有代表性的研究是布拉克斯（Brucks，1985、1986）的研究。本书接下来就将对关于消费者知识内容方面的研究进行评述。

第二节　消费者知识经验研究——内容角度

关于消费者知识内容方面的研究来源于教育心理学中对知识内容的研究。教育心理学中，知识内容是一个三维度的构念，布鲁姆等（Bloom et al.，1956）对于知识内容的三个维度进行了详细的分析，将知识内容分为三个维度。这三个维度分别是：第一，关于具体事物的知识，这一维度又包括两个方面：(1) 关于术语的知识，即关于那些词语或非词语的指代物的知识；(2) 关于特定事实的知识，即关于时间、地点、事件、人物和信息来源等的知识。第二，处理具体事物的方法和手段的知识，而这一维度又包括五个方面的内容：（1）关于惯例的知识，即关于看待和展现思想和现象的知识；（2）关于趋势和结果的知识，即关于现象随时间发展的过程、方向和运行的知识；（3）关于分类和部属的知识，即对某一领域、目标、争论或问题来说是基本的或者有用的分类、集合、分界和排列的知识；（4）关于标准的知识，即那些检测或判断各种事实、原理、观点和行为的标准的知识；（5）关于方法论的知识，即在某一领域或调查某一问题或现象时使用的探索的方法、技巧和程序的知识。第三，一个领域中的一般概念和抽象过程知识，这一维度包含两个方面的内容：（1）关于原理和概念的知识，即总结特定观察现象的概括的知识；（2）关于理论和结构的知识，指原理和概念体系以及它们之间的相互关系的知识，这一知识显示了对某一复杂现象、问题或领域清楚、圆满和系统的观点。

在布鲁姆等（1956）的知识内容三维度构念之后，安德森（Anderson，1976）又提出了一个知识内容两维度的概念。安德森（1976）认为，知识内容有陈述性知识（declarative knowledge）和程序性知识（procedural knowledge）两个维度。其中，陈述性知识是关于概念、对象和事件的知识；相应地，程序性知识是指行动的规则。

与上述研究不同的是，海斯提（Hastie，1982）从消费者行为角度讨论了与产品相关知识的内容。海斯提认为，与产品相关的知识从内容上来看应该包括通用产品知识和个别产品知识两个维度。通用产品知识应该包括“产品类别的一般信息、展现产品的实例、同时存在的各种产品以及与制定产品相关决策有联系的或重要的产品特性和维度方面的信息”；个别产品信息包括“各种产品的价格、颜色、品位、耐用性等各方面的信息。此外，这一知识结构还有可能包括各种产品之间的关系”。与海斯提的研究相似的是，鲁索和强森（Russo and Johnson，1980）也提出了一个关于产品知识的概念，区别就在于后者只关注“个别产品知识”。他们认为产品知识可以根据推测程度和是否与品牌或属性之间存在联系来分类。

在上述研究的基础上，布拉克斯（Brucks，1986）提出了产品知识内容类型最为完整的模型。布拉克斯认为，产品知识的内容应该包括八个方面：（1）术语，指在一个领域中使用的术语的含义方面的知识；（2）产品特性，指在评价一个产品的过程中哪些特性是可得的知识，这一知识应同时包括那些消费者在决策制定过程中会使用到以及那些虽然不会被使用到但是会被关注到的产品特性；（3）概括性特性评价，指对某一特性或特性水平的总体评价知识；（4）具体属性评价，指评价某一特性的具体标准的知识，即关于某一特性水平截止值或参考水平，这一标准被用于判断某一特性的满意度水平；（5）产品一般使用，指产品能够被怎样使用、在考虑购买时使用环境的哪些特点是有关的以及哪些产品特点会被使用环境的特点所影响等知识；（6）产品个人使用，指自己使用经历的记忆的知识、朋友的使用经历的记忆的知识，以及自己和朋友使用环境显著特点的知识；（7）品牌事实，指品牌在某一特性上的"得分"、一个品牌总体评价以及诸如品牌间在某一特性上的相互比较等方面的其他品牌事实的知识；（8）购买和决策制定程序，指购买过程的知识。

布拉克斯（1986）通过对跑鞋购买的调研，对上述消费者知识内容类型的分析模型进行了检验。他的实证分析结果显示，分析上述八个方面的知识内容可以汇聚为消费者知识内容的三个维度：第一，与产品术语有关的知识，包括与某一产品相关的领域内的具体术语；第二，与具体品牌有关的知识，如品牌的各种特征；第三，与评价某一品牌产品的规则有关的知识，如有关购买决策过程的知识。

此外，在对消费者知识内容相关研究中值得一提的是，消费者知识在经验测量的时候还被分为主观消费者知识和客观消费者知识。主观消费者知识是指消费者自己认为所拥有的关于产品的知识，而客观消费者知识是指消费者记忆中实际储存的有关于产品的知识（Brucks，1985）。布拉克斯（Brucks，1985）与帕克、马热斯堡和菲克（Park，Mothersbaugh and Feick，1994）都认为，对消费者知识进行这种区分是必要的；布拉克斯（1985）的研究结论还显示，主观消费者知识会影响消费者在信息搜寻过程中的战略选择（是否采用零售商的报告），而客观消费者知识则会影响消费者信息搜寻的效率（如犯错的可能性）；上述两个研究也提出了测量这两种消费者知识的方法。我国学者谭刚等（2006）在研究消费者知识对消费者服务失败的归因影响时，也对主观消费者知识和客观消费者知识进行了区分，他们的研究结果显示这两种知识对归因的影响路径是完全不同的。因此在实证分析中本书必须注意对这两类知识的区分。

第三节　小　结

阿尔巴和哈金森（1986）认为，顾客知识有两个大的组成部分——产品熟知程度和消费者专长。消费者产品的熟知程度包括多个维度，如相关的信息搜寻过程、与销售人员的互动、选择和决策制定、购买过程、各种情形之下的产品使用；而消费者专长则是指成功完成与产品相关任务的能力，而这一能力又有五个维度，包括认知努力、认知结构、分析信息、生产信息和记忆。阿尔巴和哈金森（1986）研究中的消费者专长这一构念更多的是从消费者心理相关的研究（如消费者认知结构和认知过程）中归纳总结得出的，因此它就更加侧重于消费者的能力、素质。

布拉克斯（1985）也提出了消费者知识的另外一个构念，这一构念主要内涵是消费者所拥有的与产品相关的知识，主要包括与产品概念、特性、使用以及购买决策过程相关的信息。相较于阿尔巴和哈金森（1986）的构念，布拉克斯（1985）的消费者知识构念更便于说明哪些产品或者产品特性对于消费者来说价值更高①。

通过以上分析，本书认为布拉克斯（1985）的研究对本书的建模更为适用，主要有以下原因：首先，本书的建模主要关注消费者产品选择，布拉克斯的消费者知识构念更便于说明哪些产品或者产品特性对于消费者来说价值更高，这对于本书理解消费者在不同的产品之间进行选择的帮助更加直接；其次，本书在前面对消费者生产理论经验验证模型的分析中，认为基于产品特性的需求理论是本书进行建模的首选。布拉克斯的消费者知识构念在很大

① 这是由于阿尔巴和哈金森（1986）的构念着重于消费者如何判断价值，以及这一判断过程是否是有效率的。如果说本书把阿尔巴和哈金森的构念认为是研究产品价值如何被认知（实证逻辑），那么布拉克斯的构念则可以被认为是研究什么样的产品才是高价值的（规范逻辑）。

基础上也可以被认为是基于产品特性的，因而布拉克斯的测量模型与本书的消费者生产理论存在着天然的一致性，也必然是进行经验研究的首选。下一章在确定本书所选择的消费者选择模型的基础上，本书将基于产品特性以及消费者知识内容对顾客资产进行经验性测量。

第七章　顾客资产测量模型与应用

第五章和第六章的理论分析已经为本书最终构建顾客资产实证测量模型建立了足够的理论基础，同时结合第三章和第四章的理论分析，已经可以着手建立一个更加合理的测量模型。本章所要进行的研究有两个主要目的。第一个目的是建立一个顾客资产测量模型。这一随机模型必须能够处理两个问题：（1）必须能够分析不同品牌产品之间的竞争对消费者产品选择的影响；（2）必须能在模型中同时分析消费者获取、维系与追加销售。上述两个问题正是本书在文献综述中提到的现有研究的不足。本章的第二个目的是验证本书在第三章和第四章中所提出的理论模型。因为本书的顾客资产模型是建立在上述两章的基础之上的，因此在估计顾客资产测量模型所需的参数时也能同时对相关的理论进行检验。为了实现这一目的，本书以八个洗发水品牌为例，测算了这八个品牌的顾客资产。本章第一节介绍了本书建立的顾客资产测量模型，第二节则是对这一模型的应用，本书测定了不同洗发水品牌的顾客资产大小，并且展示了如何应用顾客资产这一概念来分析不同营销战略对企业市场价值的影响，进而为选择最优的营销战略提供依据。

第一节　离散选择模型以及马尔可夫转移矩阵

在第二章中指出本书需要发展更合理精确的随机测量模型。早期的顾客终身价值测量模型和顾客资产测量模型以确定性模型为主。这类模型虽然能够从概念上将顾客终身价值、顾客资产的各个驱动因素清晰地表示出来，但是在实际运用过程中往往需要非常多的输入变量，如顾客获取率、顾客维系率、追加销售、顾客生命周期长度等。而这些输入变量往往是不易获得的，因此就极大地限制了确定性模型的应用范围。因而这类模型的主要作用还是在于对顾客终身价值和顾客资产概念的描述而非测量。这类模型还有一个更大的缺点就是往往不能将企业的营销战略与顾客资产概念直接联系起来，因而这类模型就不可能对指导企业经理人员配置营销资源起到具体的帮助作用。而随机的测量模型则能弥补确定性模型的上述不足。虽然随机测量模型在理论上存在着上述优点，但是现有的随机性模型应用却不是很广泛。这可能主要是由于现有的随机模型存在估计上的困难。斯密特雷恩等（Schmittlein et al.，1987、1994）所提出的随机测量模型中，一共有顾客购买次数、顾客流失可能性、购买率分布、流失率分布四个待估计方程，分别服从指数以及伽马分布，模型的密度函数非常复杂，因此估计非常困难，并且对数据格式要求也很高。因此更易于处理的随机性模型需要进一步的发展。

在此基础之上，本书在前面章节指出需要在模型中直接纳入企业之间的竞争因素，或者从更为广义的角度来讲就是要建立企业的营销战略与顾客资产之间价值的关系。早期的确定性模型在这点上表现很差，而现有的随机性模型在这方面的处理上也不是很理想，如 RFM 模型和随机 RFM 模型，以及随机测量模型等都不能将营销组合变量纳入分析模型中来，这类模型主要关注的是消费者的购买历史信息，当购买历史信息不足时，这类模型就无法发挥作用了，并且也不能对企业在不同的营销策略组合上分配资源提供有建设性的指导。

实证顾客资产测量模型还必须满足的条件就是要把握顾客资产的三个驱动因素，包括顾客获取、顾客维系、追加销售之间的相互联系，正如马尔修斯和布兰登伯格（Malthouse and Blattberg，1996）和托马斯等（Thomas et al.，2001）的研究所指出的，如果不考虑这种相互联系，模型的测量结果肯定是不准确的。因此本书就需要构建合适的测量模型，考虑到这三个驱动因素的相互影响关系。

本书认为，基于本书第三章到第六章建立的消费者生产理论的离散选择模型及其背后的马尔可夫转移矩阵的思想能够解决本书在前面提到的顾客资产经验测量模型的三个问题。离散选择模型是研究消费者市场行为的强有力的工具（张群等，2005；聂冲、贾生华，2005）。正如聂冲和贾生华（2005）所指出的，离散选择模型分析是消费者在面临不同的竞争性产品时所做出的选择。实际上，在本书第二章的文献综述和分析中就已经发现，决定顾客资产高低的重要因素是消费者是否选择你的产品，如果选择购买你的产品，数量是多少，如果以更符合本书市场营销的思路来解释，就是你的产品占顾客钱包的份额有多大。因此，顾客的选择行为与顾客资产这一概念是紧密相关的。要准确地测量顾客资产，本书就必须有能准确分析顾客选择行为的模型，离散选择模型就是一个很好的选择。

离散选择模型的选择集必须满足互斥性、完备性和有限性。上述三个性质在很多消费品市场中是能够得到满足的，只要经过适当的定义，本书就能使得消费产品市场上待研究的产品集合满足互斥性、完备性和有限性。

离散选择模型对本书来说吸引力更大的地方在于其坚实的经济理论基础——离散选择模型是建立在消费者效用最大化理论的基础之上的。本书在第二章的文献综述中就指出现有的顾客资产研究中所存在的主要不足是没有深入分析消费者进行选择决策的“黑盒子”。而本书从第三章到第五章的分析都是在对这一“黑盒子”进行理论研究——将消费视为消费者的一种生产行为，在此基础上分析消费者的最优选择。本书的理论分析得出了许多有意义的结论，为了将这些结论运用在顾客资产的实证测量模型中，本章的实证测量模型也必须是基于消费者效用最大化这一理论之上，因为只有这样才能保证本书的理论模型和实证模型之间的一致性。实际上，在一定的条件下，可以通过由第五章的分析建立起离散选择模型，本章接下来就将对其进行详细的介绍。

现在简单回顾第五章中对消费者最优选择行为的分析。假定消费者 i 购买产品 j 所能获得的效用同时取决于产品特性和消费者自身的特点：$U(z_j, \xi_j, V_i, \theta)$，其中 (z_j, ξ_j, θ) 分别为可观察产品特性、不可观察产品特性以及待估计需求参数；V_i 为消费者自身的特点，如性别、消费者人力资本等。

消费者的效用函数是产品特性的线性组合，并且各个特性的系数具有随机的成分。消费者 i 购买产品 j 能获得的效用函数形式如下：

$$u_{ij} = \sum_{k} z_{jk} \tilde{\beta}_{ik} + \xi_j + \varepsilon_{ij} \tag{7.1}$$

同时，产品特征的系数 $\tilde{\beta}_{ik}$ 满足如下的关系：

$$\tilde{\beta}_{ik} = \bar{\beta}_k + \sum_{r} h_{ir}\beta_{kr}^{o} + \beta_k^{u} v_{ik} \tag{7.2}$$

方程（7.1）中的 z_j 和 ξ_j 分别为可观察到的和不可观察到的产品特性，$\tilde{\beta}_i$ 反映了消费者的“偏好”；方程（7.2）中的 $\bar{\beta}$ 表示所有消费者对产品特性的平均偏好程度，而 h_i 和 v_i 表示消费者可观察的和不可观察的自身特点，如消费者人力资本、性别等，这些特点会影响消费者从不同产品特性上所能获取的效用。这与本书在前面章节中所分析的消费者人力资本对消费者生产函数的影响在本质上是相同的，只是这里的方法更加具体和可操作。通过这样对消费者的“偏好”进行定义，就能够允许消费者的偏好存在系统性差异以及分析消费者人力资本的积累会影响消费者的偏好。

此外，产品特性和消费者偏好共同决定了不同产品之间的替代性。如果假定所有的消费者偏好都类似的话，就会对消费者需求加上了非常强的限制性条件，因此得出的产品之间的替代性也是不合理的。因而基于产品特征的需求理论中会假定消费者的“偏好”是受消费者自身的特征所影响的。将方程（7.2）代入方程（7.1），重新整理可以得到如下的消费者效用函数：

$$u_{ij} = \delta_j + \sum_{kr} x_k h_{ir}\beta_{kr}^{o} + \sum_{k} x_k v_i \beta_k^{u} + \varepsilon_{ij} \tag{7.3}$$

其中，$\delta_j = \sum_{k} x_k \bar{\beta}_k + \xi_j$ 可以被认为是产品 j 能为消费者带来的平均效用。这一数值的大小体现出产品总体上来说能够为消费者带来的价值。消费者的决策过程与本书前面的分析一致，即选择能为其带来最大化效用的家庭制成品。在这里，消费者选择行为的数学表达式为，在给定 (z_j, ξ_j) 的条件下，消费者 i 选择产品 j 是由于该产品能为其带来最高的效用值，即 $U(z_j, \xi_j, V_i, \theta) > U(z_k, \xi_k, V_i, \theta)$，$\forall k \neq j$。这一表达式意味着在给定产品平均效用的基础上，消费者个人特征和其偏好的分布决定了消费者购买某一特定产品的概率。定义使得消费者选择产品 j 的消费者特性为如下集合：

$$A_j(\delta) = \left\{ \begin{array}{l} (h_i, v_i, \varepsilon_i): \delta_j + \sum_{kr} x_k h_{ir} \beta_{kr}^o + \sum_k x_k v_i \beta_k^u + \varepsilon_{ij} \\ > \delta_l + \sum_{lr} x_l h_{ir} \beta_{lr}^o + \sum_k x_l v_i \beta_l^u + \varepsilon_{il}, \forall l \neq j \end{array} \right\} \tag{7.4}$$

假定消费者的个人特征 $\mathbf{w} = (h, v, \varepsilon)$ 的分布的累积概率和密度函数分别为 $F(\mathbf{w})$ 和 $f(\mathbf{w})$，则任意一个消费者购买产品 j 的概率为：

$$s_j(\delta, \beta^o, \beta^u; z, F(\mathbf{w})) = \int_{A_j(\delta)} f(\mathbf{w}) \mathrm{d}\mathbf{w} \tag{7.5}$$

方程（7.1）至方程（7.5）定义了消费者在效用最大化假设条件下的最优选择行为，并且方程（7.5）表示了消费者 i 选择家庭制成品 j 的可能性。假定方程（7.4）中的随机变量 ε_{ij} 服从极值分布，$\varepsilon_{ij} \sim e^{-e^{-x}}$（extreme value distribution），则本书就得到了离散选择模型最为常用的方程形式——logit 模型，即本书可以将方程（7.5）重新写为：

$$s_j(\delta, \beta^o, \beta^u; z, F(\mathbf{w})) = \frac{e^{U(z_j, \xi_j, V_i, \theta)}}{\sum_j e^{U(z_j, \xi_j, V_i, \theta)}} \tag{7.6}$$

方程（7.6）完全刻画了消费者对企业产品的选择，并且由于本章的效用函数是建立在消费者生产理论的基础之上的，可以认为方程（7.6）所代表的消费者选择模型与本书前述的理论分析是一致的。由于方程（7.6）其本质上的随机特性，满足了本书建立随机测量模型的要求。接下来，将解释方程（7.6）所代表的离散模型能够直接测量企业之间的竞争效果。将方程（7.3）代入方程（7.6），可得如下的表达式：

$$s_{ij} = \frac{e^{\delta_j + \sum_{kr} x_{jk} h_{ir} \beta_{kr}^o + \sum_k x_{jk} v_i \beta_k^u + \varepsilon_{ij}}}{\sum_l e^{\delta_l + \sum_{kr} x_{lk} h_{ir} \beta_{kr}^o + \sum_k x_{lk} v_i \beta_k^u + \varepsilon_{ij}}} \tag{7.7}$$

方程（7.7）是方程（7.6）的具体形式。产品的特性，$\{x_{jk}\}$，一般来说包括诸如质量、价格、品牌等变量在内，这些特性与其他品牌的特性 $\{x_{lk}\}_{l \neq j}$ 一起能很好地反映企业之间的竞争状况：企业在产品质量、价格以及品牌等各方面的竞争。本书可以通过如下的分析说明这一竞争状况。如果企业加强其在质量方面的竞争力，即对某一个 k 来说，x_{jk} 增加，本书可以通过方程

(7.7) 检验这一竞争的效果:

$$\frac{\partial s_{ij}}{\partial x_{ij}}=\frac{e^{U_{ij}}\ \tilde{\beta}_{ik}(\sum_{l}e^{U_{il}})-e^{2U_{ij}}\ \tilde{\beta}_{ik}}{(\sum_{l}e^{U_{il}})^{2}}=\tilde{\beta}_{ik}s_{ij}(1-s_{ij})$$

,因为通常来说消费者都是偏好质量较好的产品，本书可以合理地认为 $\tilde{\beta}_{ik}>0$，并且消费者选择某一产品的概率总是介于0~1，有 $s_{ij}(1-s_{ij})>0$，此时有 $\frac{\partial s_{ij}}{\partial x_{ij}}>0$，即企业 j 在质量方面的竞争性行为将会使消费者选择其产品的可能性上升。相对应地，如果其他某一企业 l 在质量上向企业 j 发起了强有力的竞争，即 x_{lk} 有了较大提升，那么此时消费者选择企业 j 的产品的可能性会有什么样的变化:

$$\frac{\partial s_{ij}}{\partial x_{il}}=\frac{-e^{U_{ij}}e^{U_{il}}\ \tilde{\beta}_{ik}}{(\sum_{l}e^{U_{il}})^{2}}=-\tilde{\beta}_{ik}s_{ij}s_{il}<0$$

,即其他企业的竞争会导致消费者选择企业 j 的产品的可能性下降。事实上，通过方程 (7.7) 本书可以分析企业之间各种竞争对消费者选择的影响，上面一个简短的说明只是为了让这一点更加直观而已。

在说明了离散选择模型能够解决测量模型中直接引入竞争的问题以后，现在将要说明方程 (7.6) 和方程 (7.7) 所代表的测量模型能够解决顾客资产测量模型中同时考虑顾客获取、顾客维系与追加销售的问题。正如贝里 (Berry, 1994) 的研究，本章在消费者的选择过程中引入所谓的“外部产品”，即消费者可以选择不购买选择集中的任何产品，这里将这一外部产品定义为产品0，并可以将消费者消费该产品的效用标准化为 $u_{i0}=0$，这样，如果本书代入方程(7.6)，就可以得到消费者 i 选择外部产品的可能性，可以写作:

$$s_{i0}=\frac{1}{\sum_{l}e^{\delta_{l}+\sum_{kr}x_{lk}h_{ir}\beta_{kr}^{o}+\sum_{k}x_{lk}v_{i}\beta_{k}^{u}+\varepsilon_{ij}}} \tag{7.8}$$

方程 (7.8) 结合方程 (7.7)，就能为本章提供一个马尔可夫转移矩阵 (Markovian migration matrix)，通过这一矩阵，就能同时分析顾客资产中的顾客获取、顾客维系与追加销售三个驱动因素了，具体的解释如下。

假定市场上有3个品牌的产品，品牌1、品牌2以及品牌3，加上外部产品0，消费者在市场中的可能选择共有4种。通过消费者的实际选择数据与企业产品的实际特性，本书可以根据方程（7.6）和方程（7.8）估计出消费者品牌转移矩阵，如表7-1所示。

表7-1　　品牌转移矩阵示例

当期	下期			
	0	1	2	3
0	0.4	0.2	0.2	0.2
1	0.1	0.5	0.2	0.2
2	0.05	0.05	0.7	0.2
3	0.03	0.02	0.05	0.9

表7-1中对品牌转移矩阵进行分析同时代表了企业的顾客获取与维系，如果给定具体的需要进行追加销售的产品的特性，本书同样能够计算出企业进行交叉销售或者向上销售能够对顾客资产产生的潜在贡献。本书以品牌1的顾客获取、维系为例进行说明。如果消费者在当期选择购买品牌1，那么在下一期消费者继续购买品牌1的可能性是0.5，0.5也就是品牌1现有消费者的维系率。现在来看品牌1的新顾客获取率。需要明白的一点是，品牌1获取新顾客有三个渠道，即市场中尚未使用这类产品的顾客、使用品牌2的顾客和使用品牌3的顾客。当前市场中还未使用产品的顾客在下一期选择品牌1的可能性是0.2；而当前使用品牌1的消费者在下一期选择品牌1的可能性是0.5；当前使用品牌2的消费者下一期选择品牌1的可能性是0.05。如果当前市场中不使用该类产品以及使用品牌1、品牌2和品牌3的消费者分别为0.3、0.3、0.2和0.2，那么通过上面的分析，品牌1每年维系的老顾客占总消费者的比率为$0.3\times0.5=0.15$，每年可以获取的新顾客占所有消费者的比率为$0.3\times0.2+0.2\times0.05+0.2\times0.02=0.074$。本书得出上述结论的一个潜在假定是市场规模相对稳定。实际上，如果品牌转移矩阵是表7-1中所显示的数值，且企业之间的竞争相对稳定的话，若本书将表7-1中的转移矩阵记为P，当前消费者的市场选择为$\pi=(0.3,0.3,0.2,0.2)$，本书可以根据马尔可夫随机过程的稳定性预测将来市场中消费者的选择会接近于$(s_0,s_1,s_2,s_3)=(0.062,0.071,0.2,0.667)$，即最终大多数消费者会选择购买品牌3，

而品牌1则只有少数消费者，约7%的消费者会选择。造成这一结果的原因是品牌3的较高的维系率和顾客获取率，分别为0.9和0.16，上面的分析说明了本章所建立的离散选择模型能够同时处理顾客获取和顾客维系两个顾客资产的驱动因素。本章建立的上述模型能否对顾客追加销售进行处理呢？答案是肯定的，但是会比上面的分析稍微复杂一些。以交叉销售为例进行说明。如果生产品牌3的企业意识到最终自己的产品能成为市场中的主导产品，他们为了获取更高的收益，又推出了一种与品牌3相关的产品3-1，应用方程（7.6）和方程（7.8），可以估计出新的品牌转移矩阵见表7-2，这一矩阵显示使用品牌3的消费者会有非常大的可能使用品牌3-1，那些选择了品牌3-1的消费者将会非常忠诚于这一品牌，几乎不会再选自品牌1、品牌2和品牌3，这样对生产品牌3的企业来说是非常有利的，因为品牌3-1可以认为是一种高端产品，其单位利润比品牌3更高。而那些没有选择该品牌的消费者选择品牌3-1的可能性很小。

表7-2　　交叉销售的品牌转移矩阵

当期	下期				
	0	1	2	3	3-1
0	0.4	0.2	0.2	0.19	0.01
1	0.1	0.5	0.2	0.19	0.01
2	0.05	0.05	0.7	0.19	0.01
3	0.03	0.02	0.05	0.36	0.54
3-1	0.001	0.001	0.003	0.005	0.99

同样，本书假定初始市场占有率为 $\pi' = (0.3, 0.3, 0.2, 0.2, 0)$，则可以算出品牌3的顾客获取率约为0.15，而市场维系率为0.08，主要是由于大量的品牌3消费者转而选择品牌3-1了。这里同样可以分析最终市场的稳态结果，如果将表7-2中的转移矩阵定义为 P'，则本书可以计算出稳态的市场份额为：

$(s_0, s_1, s_2, s_3, s_{3-1}) = (0.005, 0.007, 0.020, 0.017, 0.951)$，从这里可以看出交叉销售有两个效果：第一，短期来看，原来选择品牌3的消费者会

选择品牌 3-1，使得生产品牌 3 的企业利润上升；第二，长期来看，由于品牌3-1 的顾客维系率很高，使得品牌 3-1 最终几乎占领了整个市场，只有品牌 2 和品牌 1 占领了少于 5% 的市场份额。但是，本书需要指出的是，在这里本书假定的是别的企业没有对品牌 3-1 的推出做出竞争性的反应，如果这一竞争性反应在实际中发生了，品牌 3-1 的最终市场份额肯定会小得多，当然这一数值也可以由本章的模型估计得出。

上述分析说明了本章的离散选择模型具有四个显著的特征：第一，从理论上说，本章所建立的分析模型与本书在第三章到第五章的理论分析模型是一致的，因此也就能非常容易地使用前面理论分析中的结果，当然也可以用来验证本书的理论模型。第二，离散选择模型是随机性模型，因此也就符合了本书在第二章文献综述中所提出的要建立随机性的顾客资产测量模型的目的。第三，这一模型可以直接分析厂商之间的竞争行为，并且能够分析竞争行为对顾客资产的影响，因此本书也就能够建立顾客资产和企业营销战略之间的联系。第四，离散选择模型背后的马尔可夫转移矩阵的思想使得本书可以同时对顾客资产的三个驱动因素——顾客获取、顾客维系以及追加销售进行分析，因而也就能把握这三个驱动因素之间的相互影响。

根据拉斯特等（Rust et al.，2004）的研究，在完成了上述对消费者品牌转移矩阵的估计以后，就可以进行顾客终身价值的计算了。如果本书将消费者 i 的品牌转移矩阵记为 P_i，A_i 是一个 $1 \times J$ 的向量，表示消费者在（$J-1$）个品牌以及不买此类产品之间 J 个选择的概率分布，如果 A_i 表示的是消费者上一期的购买历史信息，则 A_i 是某一元素为 1、其他元素为 0 的向量。此时 $\mathbf{B}_{it} = A_i P_i^t$ 就可以表示消费者 i 在未来某一时间点 t 选择购买各种品牌的可能性分布。此时，对于产品 j，消费者 i 的顾客终身价值 CLV_{ij} 具体计算公式如下所示：

$$CLV_{ij} = \sum_{t=0}^{T_{ij}} (1+r)^{-t/f_i} v_{ijt} \pi_{ijt} B_{ijt} \tag{7.9}$$

其中，T_{ij} 表示消费者 i 购买产品的预期总次数；r 表示折现率；f_i 表示消费者购买产品的频率，本书家庭消费者在单位时间内购买的产品的时间间隔是大致相同的，如f_i = 2 次/年，消费者在当期后的第一次购买大约发生在半年以后，相应的折现因子就应该为 $(1+r)^{-1/2}$；v_{ijt} 为消费者的购买数量；π_{ijt} 相应的则是单位利润；最后 B_{ijt} 为 $\mathbf{B}_{it}$ 中的相应元素。这样，企业 j 的顾客资产就可以通过下述公式进行计算：

$$CE_j = mean(CLV_{ij}) \times POP \tag{7.10}$$

即企业 j 的顾客资产等于平均顾客终身价值与顾客总数的乘积。通过方程（7.10）计算出企业的顾客资产以后，就可以比较不同企业之间在顾客资产上的优势，并且能够计算各个企业的顾客资产份额，即 $S_j = \frac{CE_j}{\sum_k CE_k}$。更为重要的是，按照汉森斯等（Hassens et al.，2009）的观点，顾客资产实际上是企业市场价值的一个很好的指标，由于顾客资产与企业的营销战略是直接联系在一起的（营销战略直接确定了消费者的品牌转移矩阵，而品牌转移矩阵决定了消费者的顾客资产），本章可以通过计算出顾客资产的营销战略弹性，即 $\frac{\frac{\partial CE_j}{\partial x_{jk}}}{\frac{CE_j}{x_{jk}}}$，就可以在不同的营销战略之间进行事前的权衡取舍——选择那些对企业顾客资产影响最大的营销战略，这样的战略才会为企业带来最大的市场价值增值。顾客资产的这一作用在企业营销资源有限时是尤为有价值的。本章的随后部分就将以消费者对洗发水的选择为例，对本书的顾客资产测量模型进行经验性验证。

第二节　应用——不同洗发水的顾客资产测定

一、实证估计模型

本章前面的分析说明了具体的实证测量模型选择以及进行经验验证的具体产品，本节将进一步具体描述本书将要估计的模型。本书在第三章和第四章的理论分析中指出，影响消费者对市场产品需求的因素有其对家庭制成品的需求、消费者人力资本，以及消费者的时间成本。对于家庭制成品需求和消费者人力资本，本书在第五章和第六章的理论分析中已经为其找出相应的经验性测量变量——家庭制成品的特性以及消费者知识的内容，如何将消费者生产函数中的时间成本引入本书的实证测量模型呢？拉奇福德（Ratchford，2001）提出了一条分析思路。和第五章的分析一样，消费者的效用函数被假设为线性的，即 $u_{ij} = z_{ij} - (p_{ij} + w_i T_{ij} - F_{ij})$，其中，$z_{ij}$ 为产品 j 除价格外的其他特性的线性组合值，T_{ij} 为所需时间，F_{ij} 为消费者人力资本积累的未来收益，所有这些变量在第三章和第四章的理论分析中都被仔细研究。拉奇福德（2001）假定产品的特性是产品的具体特点和消费者知识的线性组合，即 $z_{ij} = c_1 A_j + c_2 K_{ij}^b$，其中，$A_j$ 是产品 j 的特点向量，K_{ij}^b 是消费者关于产品 j 的消费者知识的内容。并且，消费者生产所需的时间可以表示为：$T_{ij} = c_3 - c_4 A_j - c_5 K_{ij}^b$，将上述表达式代入方程（7.6），本书有消费者选择品牌 j 的概率为：

$$s_{ij} = \frac{e^{\{A_j(c_1 + c_4 w_i) + (c_2 + c_5 w_i) K_{ij}^b + F_{ij} - p_j\}}}{\sum_l e^{\{A_l(c_1 + c_4 w_i) + (c_2 + c_5 w_i) K_{il}^b + F_{il} - p_l\}}} \tag{7.11}$$

其中，参数 $\{c_1, c_2, c_4, c_5\}$ 就是需要本书进行估计的变量。

进一步，如果本书考虑到消费者知识，或者说消费者人力资本与产品特点之间的相互作用，如互补或替代作用，本书重新定义上面的效用函数中的自变量，即：$z_{ij} = d_1 A_j + d_2 K_{ij}^b$，以及 $T_{ij} = d_3 - d_4 A_j d_5 K_{ij}^b$，则可以得到消费者选择品牌 j 的概率为：

$$s_{ij} = \frac{e^{\{A_j(d_1 + d_4 w_i) + (d_2 + d_5 w_i) K_{ij}^b A_j + F_{ij} - p_j\}}}{\sum_l e^{\{A_l(d_1 + d_4 w_i) + (d_2 + d_5 w_i) K_{il}^b A_l + F_{il} - p_l\}}} \tag{7.12}$$

其中，$\{d_1, d_2, d_4, d_5\}$ 为待估计参数。

方程（7.11）和方程（7.12）既满足本书顾客资产测量模型的建模要求，并且它们也是建立在消费者效用最大化选择基础之上的；进一步，对这一模型的估计还可以估计消费者生产理论中各个变量的重要程度。方程

（7.11）和方程（7.12）的差别在于后者假设消费者的生产者资本与产品特点之间存在着相互作用。这一作用可以是互补的，如电脑程序员需要更加高速和复杂的电脑硬件以及软件，而普通消费者可能只需要一般的电脑就足够了，正是由于消费者人力资本和产品特点之间的互补性带来了这一差别。同样，消费者人力资本和产品特点之间也可能存在替代性，如电脑软件的使用，一般的使用者可能会使用 Excel 处理数据表格，使用 SPSS 进行统计分析，使用 Liserl 进行结构方程分析，而那些非常熟练的 SAS 软件专家则可以通过 SAS 软件完成上述所有的工作，即使用的产品类别复杂性随软件专业知识的上升而大大降低。

二、实证检验模型样本及变量选择

本节研究的目的如下：第一，说明为什么选择洗发护发产品作为研究对象验证本书所提出的顾客资产模型，并借以检验前文所提出的理论模型；第二，对所使用的经验性测量变量进行说明。

作为产量、销售量基数很大的洗发护发产品，从全国范围内的销售业绩看，洗发护发产品销售额始终保持较为稳定增长趋势，整个市场成熟，竞争较为充分。目前，推动中国洗发水市场增长的主要因素包括国民经济快速稳定的发展、城市化步伐的加快、居民收入的增加以及越来越受关注的个人仪容与追求回归自然的健康与绿色理念。这些因素将带动我国洗发水消费市场发展，洗发水消费需求将进一步细分、个性化。

中国洗发护发市场的竞争已经从产品层面上升为品牌、渠道等各个层面，市场成熟、品牌众多、竞争充分。洗发水的产品功效也越来越重要，特殊功能与辅助功能不断细化。滋润营养，天然功效，天然美发，清新、清爽等将是未来的发展趋势。除了传统的去屑、防脱发等概念外，防晒、维生素、果酸、自然萃取动/植物精华、中草药调理、焗油、免洗润发等概念也纷纷渗透至洗发、护发领域，成为洗发水的新亮点。随着消费者收入的分层，必然会引起产品价格的分层，在未来3～5 年，个人护理用品的价格升级是必然的趋势。高端护理的概念在这几年越来越受高端消费者接受，这也就催生了高端洗发水市场。

上述对我国洗发水市场的简单介绍从多个角度说明了选择这一市场的产品作为本书实证分析是较为合适的。首先，洗发水是需要不断重复购买的，因此顾客的忠诚、顾客终身价值和顾客资产这一概念就显得尤为重要了。其次，洗发水市场中厂家林立、品牌纷繁，激烈的竞争促使企业不断关注顾客、顾客资产。再次，洗发水的功能、特性的不断丰富，使得顾客在选择具体的产品时需要具有一定的产品相关知识，而且这类知识可能是影响顾客终身价值的重要因素。最后，由于洗发水是日用产品，不同的消费者群都有关于不同洗发水品牌的相关经验或知识，可以使得问卷数据的有效性、问卷收集的便利程度大大增加。基于此，本章选择了测量不同洗发水品牌的顾客资产作为本书模型的分析对象。

接下来，就需要为本章的实证模型选择适当的输入变量。通过前面的分析可知，构建一个与本书前面的理论基础相一致的顾客资产实证测量模型，需要两组不同的输入变量：第一组是关于产品特性的客观测量值；第二组是消费者人力资本的测量值，而消费者人力资本可以通过顾客关于产品特性的知识来测量。下面就讨论如何选取这两组变量。

首先，就产品特性而言，到底哪些才是洗发水应该具有的重要特性呢？从日常消费经验的角度来说，消费者在选择洗发水时会看重的一些特性包括价格、修复能力以及深层滋养能力。另外，人们选择洗发水的主要目的之一就是清洁头发，因此本书认为洗发水的清洁能力也是非常重要的一个特性。当然，洗发水的产品包装设计、洗发水本身的质地（如黏稠度）和香味等特性也是影响消费者购买决策的重要特性。最后，还要提到的一点就是洗发水的刺激性或温和程度，也经常是消费者在购买洗发水的时候会考虑的一个因素。如何“客观地”测量不同品牌洗发水上述特性的优劣？或者说有没有一个客观的标准？这将是影响本书经验模型估计的一个重要因素。通过专家访谈法，本书选择了以下指标作为洗发水特性的客观测量指标，分别是：价格、外观质地、温和度（即 pH 值）、发泡力（清洁能力）、修复能力、深层滋养能力。这六项指标包括了洗发水产品品质的主要特性，因此本书在产品品质特性方面的客观测量值就直接采用了这一横向测评的结果。另外，在初期探索性测评中，本书选择了10个品牌的洗发水，但是在问卷的设计和发放过程中，与多位教授和同学的讨论以及试探性问卷的反馈结果都表明，其中有一个洗发水品牌知名度极低，因此本书在问卷中将其删去。同时，在测评每个品牌时，本书都选择了每个品牌有代表性的一种产品，除了品牌7选择了两种产品。由于品牌7的两种产品的实际测评结果非常接近，本书采用了这两种产品的实际测评结果的简单平均值来代表品牌7的测评结果，因此本书最终测试比较的对象为8个洗发水品牌。本书接下来就将详细介绍实证测量时所采用的指标及实际测试结果。

1. 价格。

由于即便是同一品牌的产品，不同容量的包装也会有不同的价格，因此在测评中，所有产品的都是单位包装200毫升左右，并且最终化简到每毫升的单位价格。所有品牌产品的价格如表7－3所示。

表7－3　　不同品牌洗发水的价格

项目	品牌1	品牌2	品牌3	品牌4	品牌5	品牌6	品牌7	品牌8
价格（元/毫升）	0.10	0.12	0.09	0.13	0.11	0.19	0.20	0.11

从表7－3可以看出，所有品牌的价格介于0.10～0.20，其中品牌3的价格最便宜，而品牌6和品牌7则为0.20。

2. 外观质地。

外观设计是否合理，是现代人对美容时尚产品的一个要求。外观设计有风格，可以给人留下深刻的印象，使用方便并且出口设计科学别致也会让人对产品产生更多的好感。而洗发产品的质地、香味和黏稠度也会因各人的喜好而有不同的看法，但是对于普通人而言，过于黏稠的质地、浓烈的香味的洗发产品是会让人敬而远之的。本书通过图片拍摄和编辑使用心得描述产品质地颜色、气味、透明度、黏度等测评产品的质地；通过观察外观设计，特别是产品出口处测评产品的外观设计。测评的结果如表7－4所示。

表 7－4　　不同品牌洗发水外观质地

项目	品牌 1	品牌 2	品牌 3	品牌 4	品牌 5	品牌 6	品牌 7	品牌 8
外观质地	4	4	4	4.5	5	4	4	4

总的来说，不同品牌洗发水之间的外观质地差别并不算很大，外观质地中最好的就是品牌 4 和品牌 5 了，其余各个品牌的洗发水在外观质地上完全相同。

3. 温和度（即 pH 值）。

温和度是对洗发护理系列最基本的要求，一个洗发产品即使功效再多，但是如果破坏了头发的基本生存条件，其他功效也不可能发挥出来。温和度的评测标准是 pH 值，一般来说，健康的头皮和毛发的 pH 值是 5.0～5.5。当 pH 值 >5.6 时，头皮的环境会有利于微生物繁殖，头皮抵抗细菌的能力就会降低，多伴有头痒，同时会出现头屑，且头发枯燥，易折断，生长期缩短，生长速度缓慢或易脱落，毛鳞片受到损害；当 pH 值 <5.0 时，往往油脂较大，影响头发的生长速度。各个品牌洗发水的温和程度优劣的测评结果如表 7－5所示。

表 7－5　　不同品牌洗发水温和性

项目	品牌 1	品牌 2	品牌 3	品牌 4	品牌 5	品牌 6	品牌 7	品牌 8
温和性	4.5	4.5	4	4	4.5	4	4.3	4.5

4. 发泡力（清洁能力）。

发泡力是衡量一个洗发产品好坏的重要指标之一。好的产品不但能快速打出大量泡沫且泡沫细腻均匀，越是细腻丰富的泡沫越是能温和有效地清洁秀发。但是，并不是泡沫越多越好，因为现代人洗头发的频率较高，如果清洁能力过强，会对头发造成一定的伤害，让头发变得干枯、没有光泽。评测方法是在 10 毫升的水中，加入同样的洗发水，搅拌均匀之后，用注射器抽干溶液，抽拉针筒至顶部，再将针筒内的溶液全部挤入烧杯中，如此重复 5 次，最后比较烧杯中的泡沫量。实际测评结果如表 7－6 所示。

表 7－6　　不同品牌洗发水发泡力（清洁能力）

项目	品牌 1	品牌 2	品牌 3	品牌 4	品牌 5	品牌 6	品牌 7	品牌 8
发泡力（10 毫升）	3	4	4.5	4.5	3.8	4	4.9	5

5. 修复能力。

头发从外到里可分为毛表皮、毛皮质、毛髓质三个部分。毛表皮（又称表皮层、角质层）由扁平细胞交错重叠成鱼鳞片状，是毛发的最外层结构，主要构成物质是角质蛋白，由多种氨基酸组成。一般所说的因染、烫、拉直头发而受到的损伤，便是毛表皮的损伤。若毛表皮受损，毛表皮鳞片就会拱起来。洗发水的修复能力评测办法是：把同一样本的头发分成 11 份，1 份作为参照，另外 10 份分别使用十款洗发水模拟正常洗头发的过程将头发洗净，并在室温中自然晾干。再用电镜设备将其放大 500 倍和 2000 倍进行观察。放大 500 倍，可以明显看到头发整体的修复状况；放大 2000 倍，可以清晰地看到毛鳞片的修复状况以及头发上营养物质的情况。具体评测结果如表 7 – 7 所示。

表 7 – 7　不同品牌洗发水修复能力

项目	品牌 1	品牌 2	品牌 3	品牌 4	品牌 5	品牌 6	品牌 7	品牌 8
修复能力	5	2.5	3	4.5	4.5	4.5	3	2.5

6. 深层滋养能力。

正常情况下，头发的含水量是 11% ~13%，但是如果低于正常范围，水分又得不到及时补充，头发就会出现种种干燥现象——静电、发丝飘落、发端分叉、变脆，甚至枯黄失去光泽。洗发水深层滋养能力的测评通过静电测试来实现。将一个人的头发（实验前新鲜剪下）平均分成 10 等分，用 10 款洗护产品模拟洗发护发过程，然后自然风干，再用梳子梳同样的次数之后观察头发的蓬松程度。如果头发贴服，说明产生的静电较少；反之则说明产生较多的静电。具体的评测结果如表 7 – 8 所示。

表 7 – 8　不同品牌洗发水深层滋养能力

项目	品牌 1	品牌 2	品牌 3	品牌 4	品牌 5	品牌 6	品牌 7	品牌 8
修复能力	4	3	4.5	5	4	4	3.5	4

上述六个特性是洗发水比较重要的特性，本书采取上述测评的结果作为不同品牌洗发水各种重要特性的“客观价值”。除了上述关于产品品质的特

性外，拉斯特等（Rust et al.，2004）还提到品牌和顾客关系也是消费者关注的两个重要特性，但是由于没有关于这两个方面的“客观”数据，我们可以通过消费者问卷测定消费者关于这些特性的消费者知识，本章将在下面详细介绍有关消费者知识的细节。

本书在前面已经分析过，消费者知识是消费者人力资本的一个较好的替代变量。消费者知识或者顾客知识有不同的分类和测量方式，本书认为布拉克斯（Brucks，1985、1986）所采用的基于知识内容的测量方式更加契合本书研究，主要原因是：阿尔巴和哈金森（Alba and Hutchinson，1986）从结构角度定义的消费者知识构念主要集中于不同的消费者知识如何影响消费者的信息处理方式，却并未指出消费者在具体评价某一物品时需要考虑这一物品的哪些维度；而布拉克斯所定义的消费者知识则是完全关于消费者在评价某一物品时会考虑到的与该产品不同特性有关的知识。为了与上面的产品客观特性相对应，本书通过问卷测定消费者关于各个品牌洗发水的价格、外观和质地、温和性、清洁能力、修复能力、深层滋养能力以及品牌等各个特性的知识，并以此作为自变量用以预测消费者对不同品牌产品的评价。需要注意的是，本书在这里所测量的顾客知识是主观知识而非客观知识，因为根据布拉克斯的研究，主观知识对消费者的选择有着更加直接的影响，尤其是对消费者的信息搜集、处理战略有着重要的影响。国内学者谭刚、王毅和熊卫（2006）通过对顾客知识对服务失误的归因影响研究揭示了主观知识对于归因的形成有直接且显著的影响，而客观知识只有间接的影响。斯蒂格勒等（Stigler et al.，1977）在其经典的消费者生产理论研究中也曾经指出，影响消费者家庭制成品生产产出的是消费者的主观知识积累，或者说消费者主观的认知。因此本书的问卷所测量的就是关于消费者在品牌价格、洗发水清洁能力、温和性、修复能力、深层滋养能力和品牌方面的主观知识。

关于消费者知识的详细信息，参见附录中的调查问卷。本书下面就将对本书的问卷进行描述性分析。

三、问卷数据描述性分析与模型估计

发放问卷120份，回收95份，有效问卷85份，问卷回收率和有效率分别为79%和71%。虽然问卷总数较少，但每份问卷有8条有效数据，实际上总的数据量达到了680条（85×8），足够估计模型相关参数。在有效问卷当中，男性被访者占51%，女性占49%；被访者年龄在18~49岁；受教育程度从初中或以下到研究生及以上；收入从1000元以下到10000元以上不等；职业包括企业职工、医生、学生、政府工作人员等。详细的数据描述性分析在表7-9中列出。

表7-9　数据描述性统计

项目	内容	比例（%）
性别	男	51.02
	女	48.98
年龄（岁）	18~23	8.16
	24~29	73.47
	30~39	10.20
	40~49	8.16
教育程度	初中以下	4.08
	大学专科	4.08
	大学本科	44.90
	研究生及以上	46.94
收入（元）	1000以下	16.33
	1000~1999	8.16
	2000~2999	2.04
	3000~3999	40.82
	4000~4999	8.16
	5000~5999	2.04
	6000~7999	14.29
	8000~10000	4.08
	10000以上	4.08

续表

项目	内容	比例（%）
职业	学生	14.29
	专业技术人员	22.45
	企业员工	32.65
	军人	2.04
	商业服务业从业人员	8.16
	政府公职人员	8.16
	自由职业	2.04
	其他	10.20

四、模型估计与顾客资产测量

通过前面的分析可知，要准确测算企业的顾客资产，本书需要计算出表 7-1 或表 7-2 所示的消费者品牌转移矩阵，而品牌转移矩阵是由消费者在不同品牌之间进行选择的概率所决定的。根据方程（7.12），$s_{ij}=\frac{e^{\{A_j(d_1+d_4w_i)+(d_2+d_5w_i)K_{ij}^bA_j+F_{ij}-p_j\}}}{\sum_l e^{\{A_l(d_1+d_4w_i)+(d_2+d_5w_i)K_{il}^bA_l+F_{il}-p_l\}}}$，本书可以得到消费者在不同品牌之间的转移概率，在此之前，本书首先需要估计参数 $\{d_1,d_2,d_4,d_5\}$。根据方程（7.1），再结合上式，本书有：

$$u_{ij}=d_0+d_1A_j+d_2K_{ij}^bA_j-p_j+\varepsilon_{ij} \tag{7.13}$$

其中，因变量 u_{ij} 代表消费者 i 对产品 j 的评价，通过本书问卷可以测出，因此首先利用问卷数据和产品客观测评报告估计方程（7.13），然后再代入方程（7.12′）以求得消费者品牌转移矩阵：

$$s_{ij}=\frac{e^{\{d_0+A_jd_1+d_2K_{ij}^bA_j-p_j\}}}{\sum_l e^{\{d_0+A_ld_1+d_2K_{il}^bA_l-p_l\}}} \tag{7.12′}$$

方程（7.13）可以通过最小二乘（OLS）方法进行估计，估计的结果如表 7-10所示。

表 7-10　回归系数值

消费者评价	系数	标准差	t 值	$P>\|t\|$
常数项	-2.285	3.098	-0.740	0.461
上期购买	0.304 **	0.045	6.760	0.000
外观设计	0.109	0.243	0.450	0.653
温和性	0.568	0.702	0.810	0.419
清洁能力	-0.644	0.814	-0.790	0.429
修复能力	-0.439	0.604	-0.730	0.468
深层滋养能力	0.715	0.881	0.810	0.418
价格	7.128	9.204	0.770	0.439
外观和质地×外观和质地知识	0.011 **	0.003	3.240	0.001
温和性×温和性知识	0.000	0.003	-0.020	0.982
清洁能力×清洁能力知识	0.009 **	0.003	3.000	0.003
修复能力×修复能力知识	0.000	0.003	-0.020	0.981
滋养能力×滋养能力知识	-0.008 *	0.004	-2.210	0.027
价格×价格知识	0.085	0.088	0.970	0.332
品牌知识	0.048 **	0.019	2.550	0.011

注：* 代表 5% 显著性水平；** 代表 1% 显著性水平；无 * 系数表示不显著。

本书现在将对表 7-10 中的回归结果进行详细的分析。首先，可以看到上期购买的影响作用是正的且非常显著，其值为 0.304。如果将消费者的评价以 0~1 的数值来衡量的话，上一期购买某一品牌，平均来说会使得本期对此品牌的评价提高 30% 左右。这说明消费习惯对当期消费决策的影响作用非常重要。并且，如果从本书的消费者生产理论的角度来理解，则是由于消费者人力资本的积累使得消费者更愿意长期使用同一品牌的产品，而 0.304 这一数值也可以看成是投资于某一具体品牌的消费者人力资本的价值，这一价值可能是未来可能获得的所有价值的贴现值，这在本书前面的理论分析中已经得到了说明。

表 7-10 中还有一个非常显著的特点，就是所有的客观特性单独来说对消费者品牌价值评价的影响作用是不显著的，而只有产品特性的客观价值与消费者知识的乘积项才有可能具有显著的影响。这说明了两点：第一，这一结论与顾客感知质量理论和消费者受让价值理论所预示的结果是一致的，即

只有消费者切实感受到的价值才是影响消费者对产品价值评价的影响因素。第二，这也证实了本书前面的消费者生产理论，尤其是其中的消费者人力资本这一变量的重要性，即消费者能够从市场产品中所获得的价值大小取决于其所拥有的消费者人力资本的高低。我们来看一种极端的情况，如果消费者关于某种市场产品的消费者人力资本值为0，此时，即便该产品的“客观”价值很高，但是消费者也无法通过有效的生产过程获得较高的效用，消费者对这一产品的评价也会非常低。

表7－10的回归结果还显示，不是所有的消费知识和产品客观特性的乘积项都是显著的。其中，只有外观和质地、清洁能力、滋养能力和品牌知识这四个相关项是显著的，而价格、温和性和修复能力这三个相关特性影响作用都是不显著的。总的来说，外观和质地、清洁能力、滋养能力和品牌知识这四项特性相较于温和性、修复能力这两个特性来说，消费者更容易识别、理解以及积累相关的知识，因此前四项特性的影响作用相对来说是显著的就可以理解了。外观和质地易于观察与识别是非常明显的事实，并且正如本书在前面提到的，洗发水的香味和质地对消费者的选择有非常明显的影响，因此可以看到外观和质地与相关知识的乘积项对消费者评价有正的、显著的影响，其值为0.011。消费者使用洗发水一个根本的目的就是要保持头发的清洁，并且关于不同品牌洗发水清洁能力的知识是相对容易理解和积累的。比如洗发水去头屑的功能，一般只要用过，消费者就能够准确地评价某一洗发水的这项功能，并形成相关记忆——知识的积累。因此洗发水的清洁能力对消费者评价的正向显著影响是可以预期到的，而表7－10的估计结果也验证了本书的想法，这一值为0.009并且显著。关于品牌对消费者家庭制成品价值评价的影响，凯勒（Keller，2006）的综述对相关研究进行了精彩的讨论，本书也可以预期品牌这一特性的正向影响，本书的回归结果为0.048。最后，与本书的直观想法相反的是，滋养能力及其知识的乘积的系数为－0.008并且显著。可能的解释是滋养能力的需要与头发发质有关，而在本书的研究中并未明确考虑消费者的发质问题，因此可能造成本书与直观想法相反的结论。对于另外两个不显著的影响因素——温和性和修复能力，本书的解释如下。首先，温和性这一“客观”特性本身就不便于观察，在测评过程中都是借助

试纸的方式才得以识别，并且所有品牌之间的温和性差异并不是十分明显；其次，洗发水温和性的重要性与消费者自己的发质关系非常密切，不同发质的消费者会选择不同温和性的洗发水，这两个原因造成了温和性及其知识的乘积这一因素的影响作用不明显。修复能力这一特性因素的影响作用不显著完全与上述分析原因相同。

最后，需要说明价格这一因素影响作用不显著的原因。首先，洗发水市场是一个产品差异化较大的市场，已有的理论告诉我们，差异化产品市场中价格只是一个具有非常有限作用的竞争手段，因此可以认为回归模型中价格的影响作用不显著是一个合理的结果。其次，当产品的其他特性信息的搜寻成本降低时，消费者就不会对产品价格表现得非常敏感，而本书前面的分析说明了洗发水在清洁能力、滋养能力以及品牌等特性上的信息或知识的搜寻和积累相对来说较为容易，因此价格这一特性对消费者评价作用的影响不是那么明显也是可以理解的了。

有了表 7－10 中的一系列回归结果，本书代入方程（7.12′）就能够计算出消费者的品牌转移矩阵，在此基础上就能够计算出不同品牌的顾客资产，下面将详细分析。

五、顾客终身价值计算与顾客资产测量

为了展示本书如何通过表 7－10 的估计结果计算消费者的品牌转移矩阵，本书以问卷中的一个样本为例进行详细的说明。以样本编号为 4 的消费者问卷为例，详细问卷结果如表 7－11 所示。

表 7－11　　消费者 4 的问卷（部分）

消费者编号	品牌名称	上期购买	品牌知识	外观和质地×外观和质地知识	清洁能力×清洁能力知识	滋养能力×滋养能力知识
4	品牌 1	0	3.00	8.00	9.00	12.00
4	品牌 2	0	3.00	4.00	0.00	0.00
4	品牌 3	0	3.00	13.33	13.50	13.50

续表

消费者编号	品牌名称	上期购买	品牌知识	外观和质地×外观和质地知识	清洁能力×清洁能力知识	滋养能力×滋养能力知识
4	品牌4	0	3.00	18.00	13.50	20.00
4	品牌5	0	3.00	16.67	11.40	16.00
4	品牌6	0	3.00	16.00	12.00	16.00
4	品牌7	0	3.00	0.00	0.00	0.00
4	品牌8	1	3.00	13.33	15.00	12.00

注：本书只是将问卷中那些在回归中影响系数显著的变量及其值列出。

根据方程（7.12′），本书有 $s_{ijk} = \frac{e^{\{\alpha_0 inertia_{jk}+\alpha_1 brand_j+\alpha_2 appint_j+\alpha_3 clrint_j+\alpha_4 vitmint_j\}}}{\sum_l e^{\{\alpha_0 inertia_{jl}+\alpha_1 brand_l+\alpha_2 appint_l+\alpha_3 clrint_l+\alpha_4 vitmint_l\}}}$，即如果消费者上期购买品牌 k，本期购买品牌 j 的概率。其中，$\{\alpha_0, \alpha_1, \alpha_2, \alpha_3\}$ 为表 7－10 所示的估计参数中那些影响作用显著的变量的系数，$inertia_{jk}$ 是一个虚拟变量，其取值满足：$inertia_{jk} = \begin{cases} 1, & j = k \\ 0, & \text{otherwise} \end{cases}$，如果本书消费者上期购买的是品牌 1，此时 $k = 1$，以及 $inertia_{11} = 1$，代入上面的方程，得出消费者下期选购不同品牌的概率，如表 7－12 所示。

表 7－12　消费者 4 本期购买品牌 1 时下期选购品牌的概率

本期	下期							
	品牌1	品牌2	品牌3	品牌4	品牌5	品牌6	品牌7	品牌8
品牌1	0.156	0.110	0.125	0.126	0.125	0.125	0.105	0.127

表 7－12 的结果显示，如果消费者本期购买的是品牌 1 洗发水，则他在下期最有可能做的事情就是继续购买品牌 1，其次则是购买品牌 4 或品牌 3，而他最不可能选择的则是品牌 7。重复上述计算，本书可以得到消费者 4 的转移矩阵，如表 7－13 所示。

表 7－13　消费者 4 的品牌转移矩阵

本期	下期							
	品牌1	品牌2	品牌3	品牌4	品牌5	品牌6	品牌7	品牌8
品牌1	0.156	0.110	0.125	0.126	0.125	0.125	0.105	0.127

续表

本期	下期							
	品牌 1	品牌 2	品牌 3	品牌 4	品牌 5	品牌 6	品牌 7	品牌 8
品牌 2	0. 115	0. 150	0. 125	0. 127	0. 126	0. 125	0. 105	0. 128
品牌 3	0. 114	0. 109	0. 170	0. 126	0. 125	0. 125	0. 105	0. 127
品牌 4	0. 114	0. 109	0. 124	0. 172	0. 125	0. 125	0. 104	0. 127
品牌 5	0. 114	0. 109	0. 124	0. 126	0. 170	0. 125	0. 104	0. 127
品牌 6	0. 114	0. 109	0. 124	0. 126	0. 125	0. 170	0. 105	0. 127
品牌 7	0. 115	0. 110	0. 125	0. 127	0. 126	0. 126	0. 144	0. 128
品牌 8	0. 114	0. 109	0. 124	0. 126	0. 125	0. 125	0. 104	0. 173

表 7－13 的主对角线元素的数值明显要大一些，这一结果正是回归结果中的消费习惯的明显影响作用。同时，从表 7－13 还可以看出，相对来说，消费者 4 对品牌 4 的忠诚度是最高的，为 0. 172，而品牌 7 则是最低的，为 0. 144。但是，总的来说，消费者 4 还是更有可能在不同品牌之间进行转换。实际上，如果其他条件保持不变的话，根据本书前面的分析，我们发现，表 7－13所示的品牌转移矩阵所代表的消费者转移过程是稳定的，即从长期来看，消费者会以一个较为固定的概率在不同品牌之间进行转换，本书可以计算出这一稳定的概率分布，如表 7－14 所示。

表 7－14　　稳态消费者选择

项目	品牌 1	品牌 2	品牌 3	品牌 4	品牌 5	品牌 6	品牌 7	品牌 8
概率	0. 119	0. 114	0. 130	0. 132	0. 131	0. 131	0. 109	0. 133

表 7－14 说明消费者最终可能最为偏好的是品牌 8 洗发水，最不可能购买的产品则可能是品牌 7 洗发水。如果此时记 $A_4 = [0,0,0,0,0,0,0,1]$ 为消费者 4 在上期的选择，而 P_4 为表 7－13 中消费者 4 的转移矩阵，消费者在未来第 t 次购买选择不同品牌的可能性为：$A_4P_4^t$，根据方程（7.9）就可以计算出消费者 4 对于不同品牌来说的顾客终身价值。随后所有的顾客终身价值计算都用相对值而非真实货币价值。根据方程 $CLV_{ij} = \sum_{t=0}^{T_{ij}} (1+r)^{-t/f_i} v_{ijt} \pi_{ijt} B_{ijt}$，设置如下参数：假定考虑问题的期限是 10 年，假设消费者每两个月购买一次洗发

水，则每年购买的频率为 $f=6$，$T=10\times6=60$，利率 $r=10\%$；根据研究采用的问卷，这里认为消费者的消费量与洗发频率正相关，如果每两天洗发一次，则 $v=1$，如果一天洗发一次，则 $v=2/1=2$，反之若三天洗发一次，则 $v=2/3=\frac{2}{3}$，以此类推。设洗发水行业利润率平均为 $\pi=1$ 并且相对稳定。在上述假设条件下，运用方程（7.9）和表 7－14 中的转换矩阵以及消费者 4 的上一期购买行为，本书可以计算出消费者 4 对每个品牌来说的顾客终身价值，计算结果如表 7－15 所示。

表 7－15　　消费者 4 对不同品牌的顾客终身价值

项目	品牌 1	品牌 2	品牌 3	品牌 4	品牌 5	品牌 6	品牌 7	品牌 8
CLV	2.286	2.184	2.500	2.532	2.513	2.506	2.087	2.579

由表 7－15 可以看出，消费者 4 对于品牌 8 来说，其 *CLV* 是最高的，而品牌 7 则是最低的，品牌 3、品牌 4 等居中。因此，消费者 4 对于不同品牌的顾客终身价值可以大致分为两组，第一组有品牌 8、品牌 3、品牌 4、品牌 5 和品牌 6，这些品牌的顾客终身价值较高；而品牌 1、品牌 2 和品牌 7 则是第二组，属于顾客终身价值较低的。

本书运用 Matlab 8.2①，结合所有消费者的品牌转移矩阵，可以计算出样本中所有顾客对于不同品牌的顾客终身价值。下面直接在图 7－1 中展示不同品牌顾客终身价值分布。

这里需解释一下上面的顾客终身价值分布，以品牌 3 为例，在所有样本中，有大约不到 15% 的消费者在该品牌上的顾客终身价值介于 2～4，有 40% 左右的顾客在该品牌上的顾客终身价值是介于 4～6，而 5% 的顾客终身价值是 6～8，有 18% 左右的顾客终身价值介于 8～10，22% 左右的顾客终身价值是在 10 以上。如果本书以顾客终身价值较高的顾客占总的顾客的比例来判断一个品牌的经营状况的话，本书认为品牌 3 和品牌 1 是最为成功的，其次是品牌 2 和品牌 8，排在第三位的是品牌 4 和品牌 5，而品牌 6 和品牌 7 都是最

① 具体的运算程序在附录中给出。

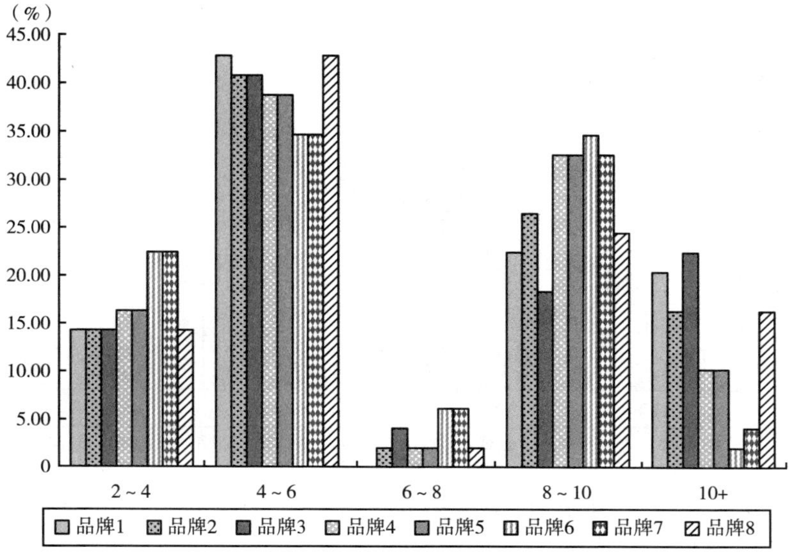

图 7-1　各个品牌洗发水的顾客终身价值分布

差的。另外，总的来说，无论对于哪个品牌而言，有 60% 甚至更多的消费者的顾客终身价值是低于 8 的；以品牌 3 而言，最多只有约 22% 的消费者的顾客终身价值是在 10 以上的。

除了可以用顾客终身价值来考察某一品牌的经营总体状况外，本书还可以考察消费者对于不同品牌的忠诚度。通过计算每个消费者对于不同品牌的顾客终身价值占其在洗发水总支出中所占的份额——顾客钱包份额的一种形式，本书就可以判断出消费者对于不同品牌的忠诚度。应用上面计算出的顾客终身价值，可以计算出不同品牌的顾客钱包份额分布，如图 7-2所示。

通过类似于前面的分析，同样能够发现品牌 3 是在顾客忠诚度方面比较成功的，品牌 4、品牌 2 和品牌 8 在提升顾客品牌忠诚度方面也取得了不俗的成绩，品牌 1、品牌 5、品牌 6 和品牌 7 在消费者对其洗发水的忠诚度提升方面需要进一步努力。

在完成了上述分析以后，现在来计算不同品牌的顾客资产，顾客资产的计算公式为：$CE_j = mean(CLV_{ij}) \times POP$，本书经过计算所得的不同品牌的平

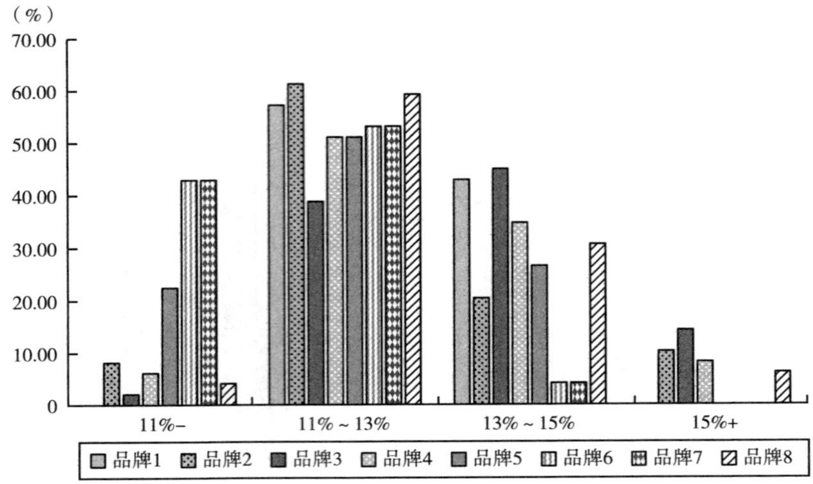

图 7－2　不同品牌的顾客钱包份额分布

均顾客终身价值如表 7－16 所示。

表 7－16　各种品牌平均顾客终身价值

项目	品牌 1	品牌 2	品牌 3	品牌 4	品牌 5	品牌 6	品牌 7	品牌 8
平均 *CLV*	6.87	6.74	7.15	6.81	6.34	5.98	6.15	6.83

将上述各个品牌的平均顾客终身价值乘以市场上消费者的数目，就可以得到一个品牌的顾客资产大小，本书不再赘述。从表 7－16 中可以看出，品牌 3 的顾客资产是最大的，是品牌 6 顾客资产的 1.2 倍左右。品牌 1、品牌 2、品牌 4 和品牌 8 的顾客资产非常接近，而且都比较优秀。

最后，本书还要详细说明的一点就是，根据顾客资产的定义，顾客资产是品牌市场价值的一个非常优秀的近似值。因此，可以通过计算不同营销战略对企业顾客资产的影响来计算不同的营销战略对企业市场价值的影响，进而可以选择那些能够为企业带来最大市场价值增值的营销战略。

这里首先要做的事情是求取所有样本数据中各个变量的平均值，所得结果如表 7－17 所示。

表 7－17　　消费者问卷平均值（部分）

品牌名称	上期购买	品牌知识	外观和质地×外观和质地知识	清洁能力×清洁能力知识	滋养能力×滋养能力知识
品牌 1	0.24	3.26	12.00	8.82	8.57
品牌 2	0.13	3.10	9.09	7.84	3.73
品牌 3	0.37	3.31	11.95	12.58	8.08
品牌 4	0.07	3.05	12.43	9.92	9.08
品牌 5	0.04	2.41	9.90	5.58	4.41
品牌 6	0.04	2.20	5.88	4.41	3.51
品牌 7	0.02	2.33	6.10	5.90	3.00
品牌 8	0.09	3.00	9.69	10.00	5.22

注：本书只是将问卷中那些在回归中影响系数显著的变量及其值列出。

表 7－17 中所示结果与表 7－11 几乎完全相同，只是在上期购买这一栏中，显示的是所有样本中上期各个品牌的“市场份额”，将上述表格中的数据代入公式 $s_{ijk} = \frac{e^{\{\alpha_0 inertia_{jk} + \alpha_1 brand_j + \alpha_2 appint_j + \alpha_3 clrint_j + \alpha_4 vitmint_j\}}}{\sum_l e^{\{\alpha_0 inertia_{jl} + \alpha_1 brand_l + \alpha_2 appint_l + \alpha_3 clrint_l + \alpha_4 vitmint_l\}}}$，可以求得市场中消费者的平均品牌转移矩阵，计算所得结果如表 7－18 所示。

表 7－18　　样本平均品牌转移矩阵

本期	下期							
	品牌 1	品牌 2	品牌 3	品牌 4	品牌 5	品牌 6	品牌 7	品牌 8
品牌 1	0.169	0.121	0.128	0.124	0.115	0.110	0.110	0.120
品牌 2	0.124	0.166	0.128	0.124	0.115	0.110	0.110	0.120
品牌 3	0.124	0.121	0.175	0.123	0.115	0.110	0.110	0.120
品牌 4	0.124	0.121	0.128	0.169	0.115	0.110	0.110	0.120
品牌 5	0.124	0.122	0.129	0.124	0.158	0.110	0.110	0.120
品牌 6	0.124	0.122	0.129	0.124	0.116	0.150	0.110	0.120
品牌 7	0.124	0.122	0.129	0.124	0.116	0.110	0.150	0.120
品牌 8	0.124	0.121	0.128	0.124	0.115	0.110	0.110	0.170

即便是从表 7－18 的样本平均品牌转移矩阵来看，也能看出品牌 3 和品牌

4 在顾客忠诚度上的优势，本期选择这两个品牌，下期再次选择该品牌的概率为 20%，远高于品牌 7 和品牌 5 的 13%。采用类似的计算方法，可以计算出这一消费者平均转移矩阵所对应的各个品牌的平均顾客终身价值（见表 7 – 19）。

表 7 – 19　　　　各种品牌平均顾客终身价值

项目	品牌 1	品牌 2	品牌 3	品牌 4	品牌 5	品牌 6	品牌 7	品牌 8
平均 *CLV*	6. 87	6. 73	7. 14	6. 85	6. 37	5. 99	6. 14	6. 79

表 7 – 19 的数值与表 7 – 16 的数值有所不同，这主要是由于在消费者使用量上取简单算术平均的缘故。但是总的来说，表 7 – 19 与表 7 – 16 反映了类似的结论。数值上的不同说明采取平均的方式不同，得到的顾客资产可能就会有所差别，比如说是分别算出所有顾客终身价值以后再求平均，还是先将消费者的知识求平均，再在此基础上计算消费者品牌转移矩阵和平均顾客终身价值，这对本章所得的顾客资产的最终大小是有影响的。造成这种影响的一个主要原因，从技术角度来讲，就是计算消费者品牌转移矩阵的函数是凹函数还是凸函数。如果是凹函数，就会出现本书上面的计算结果，而如果是凸函数的话，结果则恰好相反。究竟应该采用哪一种办法？这需要留待进一步的研究。这里关注的是不同的营销战略对顾客资产的影响如何。本节以品牌 6 为例进行说明。

假定本书有三个营销战略：第一，促销，吸引大量新顾客，前述分析明确了消费习惯与购买历史的重要性，假定本书计划通过促销在短期内使得品牌 6 的市场份额从 4% 上升到 11%，假定这些吸引来的顾客全部平均地来自其他各个品牌，其他各个品牌短期内市场份额各下降 1%；第二，提高品牌 6 洗发水的品牌美誉度，即增加消费者关于品牌 6 洗发水的有用知识，从 2. 2 提升到 3. 2；第三，提高产品的清洁能力以及消费者关于这一能力的知识，使其乘积从 4. 4 提升到 10。这三个营销战略到底哪一个的回报最高呢？如果同意顾客资产是能够很好地代表企业或品牌的市场价值，那么就可以从营销战略对品牌顾客资产的影响角度来判别企业不同的营销战略的优劣，并选择最合适的营销战略。同时，由于顾客资产的计算包括一个长期现金流折现的概念，因此顾客资产概念同时涵盖了营销战略的长期影响。现在来看三个不同营销战略对品牌 6 顾客资产的影响。

首先来看促销增加短期市场份额这一战略。此时，平均来看，消费者对各个品牌产品的各个特性知识并未改变，改变的只是上期市场份额。因此，各项重要指标的平均值如表 7－20 所示。

表 7－20　消费者问卷平均值（部分）

品牌名称	上期购买	品牌知识	外观和质地×外观和质地知识	清洁能力×清洁能力知识	滋养能力×滋养能力知识
品牌 1	0.23	3.26	12.00	8.82	8.57
品牌 2	0.12	3.10	9.09	7.84	3.73
品牌 3	0.36	3.31	11.95	12.58	8.08
品牌 4	0.06	3.05	12.43	9.92	9.08
品牌 5	0.03	2.41	9.90	5.58	4.41
品牌 6	0.11	2.20	5.88	4.41	3.51
品牌 7	0.01	2.33	6.10	5.90	3.00
品牌 8	0.08	3.00	9.69	10.00	5.22

此时消费者品牌转移矩阵是不会改变的，因此这里可以直接使用表 7－18 的消费者品牌转移矩阵计算出在品牌 6 实施了促销战略后各个品牌的顾客资产，计算结果如表 7－21 所示。

表 7－21　各种品牌平均顾客终身价值

项目	品牌 1	品牌 2	品牌 3	品牌 4	品牌 5	品牌 6	品牌 7	品牌 8
平均 *CLV*	6.87	6.73	7.14	6.85	6.37	5.99	6.14	6.79

实际上，短期的促销以增加市场份额的战略对品牌 6 的顾客资产来说没有任何改变，仍然是 5.99，如果考虑到促销的成本，也就是说从长期来看，促销战略带来的净收益肯定是负的。这也与现有研究中促销的长期弹性为 0 这一结论是一致的。

其次来看第二种营销战略——提升品牌 6 洗发水的品牌美誉度。新的营销战略会带来消费者认知的改变，如表 7－22 所示。

表 7－22 消费者问卷平均值（部分）

品牌名称	上期购买	品牌知识	外观和质地×外观和质地知识	清洁能力×清洁能力知识	滋养能力×滋养能力知识
品牌 1	0. 24	3. 26	12. 00	8. 82	8. 57
品牌 2	0. 13	3. 10	9. 09	7. 84	3. 73
品牌 3	0. 37	3. 31	11. 95	12. 58	8. 08
品牌 4	0. 07	3. 05	12. 43	9. 92	9. 08
品牌 5	0. 04	2. 41	9. 90	5. 58	4. 41
品牌 6	0. 04	3. 20	5. 88	4. 41	3. 51
品牌 7	0. 02	2. 33	6. 10	5. 90	3. 00
品牌 8	0. 09	3. 00	9. 69	10. 00	5. 22

此时，由于消费者对品牌 6 品牌知识的变化，消费者的品牌转移矩阵也会发生变化，本书可以计算得到新的消费者品牌转移矩阵，如表 7－23 所示。

表 7－23 消费者平均品牌转移矩阵

本期	下期							
	品牌 1	品牌 2	品牌 3	品牌 4	品牌 5	品牌 6	品牌 7	品牌 8
品牌 1	0. 168	0. 121	0. 127	0. 123	0. 115	0. 114	0. 111	0. 122
品牌 2	0. 123	0. 165	0. 128	0. 123	0. 115	0. 114	0. 111	0. 122
品牌 3	0. 123	0. 120	0. 174	0. 123	0. 114	0. 114	0. 110	0. 122
品牌 4	0. 123	0. 121	0. 127	0. 168	0. 115	0. 114	0. 111	0. 122
品牌 5	0. 123	0. 121	0. 128	0. 123	0. 157	0. 114	0. 111	0. 122
品牌 6	0. 123	0. 121	0. 128	0. 123	0. 115	0. 156	0. 111	0. 122
品牌 7	0. 124	0. 121	0. 128	0. 123	0. 115	0. 115	0. 152	0. 122
品牌 8	0. 123	0. 121	0. 127	0. 123	0. 115	0. 114	0. 111	0. 166

可以看出，由于消费者对品牌 6 品牌认知的改观，使得这一品牌相对于其他品牌的劣势有所降低，现在来看新的情况下顾客资产是多少，还是采用相同的方式计算可得，如表 7－24 所示。

表 7－24 各种品牌平均顾客终身价值

项目	品牌 1	品牌 2	品牌 3	品牌 4	品牌 5	品牌 6	品牌 7	品牌 8
平均 *CLV*	6. 83	6. 68	7. 09	6. 81	6. 33	6. 30	6. 10	6. 75

对比表 7－24 和表 7－21，可以发现品牌 6 的顾客资产由 5.99 提升到 6.30，这意味着一个略高于 5% 的顾客资产增加，如果顾客资产非常接近品牌市场价值的话，就意味着品牌 6 的市场价值会提升 5%。如果相应的营销战略成本是低于品牌市场价值 5% 的话，这一营销战略可以为企业带来正的回报。从这里本书也可以看出营销投资，尤其是在品牌建设方面的投资是有其长期绩效的，本书可以通过顾客资产变化的方法来定量化这一长期绩效。

最后来看第三种营销战略对品牌 6 顾客资产的影响。在实施新的营销战略后，可以得到如表 7－25 所示的消费者数据。

表 7－25　　消费者问卷平均值（部分）

品牌名称	上期购买	品牌知识	外观和质地×外观和质地知识	清洁能力×清洁能力知识	滋养能力×滋养能力知识
品牌 1	0.24	3.26	12.00	8.82	8.57
品牌 2	0.13	3.10	9.09	7.84	3.73
品牌 3	0.37	3.31	11.95	12.58	8.08
品牌 4	0.07	3.05	12.43	9.92	9.08
品牌 5	0.04	2.41	9.90	5.58	4.41
品牌 6	0.04	2.20	5.88	10.00	3.51
品牌 7	0.02	2.33	6.10	5.90	3.00
品牌 8	0.09	3.00	9.69	10.00	5.22

根据前面的分析可知，如果产品特性以及消费者关于这一特性的知识发生改变，那么消费者的品牌转移矩阵也会发生改变，计算可以得到消费者新的品牌转移矩阵，如表 7－26 所示。

表 7－26　　消费者平均品牌转移矩阵

本期	下期							
	品牌 1	品牌 2	品牌 3	品牌 4	品牌 5	品牌 6	品牌 7	品牌 8
品牌 1	0.168	0.121	0.128	0.123	0.115	0.113	0.111	0.122
品牌 2	0.123	0.165	0.128	0.123	0.115	0.113	0.111	0.122
品牌 3	0.123	0.121	0.174	0.123	0.115	0.113	0.111	0.122

续表

本期	下期							
	品牌 1	品牌 2	品牌 3	品牌 4	品牌 5	品牌 6	品牌 7	品牌 8
品牌 4	0. 123	0. 121	0. 128	0. 168	0. 115	0. 113	0. 111	0. 122
品牌 5	0. 124	0. 121	0. 128	0. 123	0. 157	0. 113	0. 111	0. 122
品牌 6	0. 124	0. 121	0. 128	0. 124	0. 115	0. 155	0. 111	0. 122
品牌 7	0. 124	0. 121	0. 128	0. 124	0. 115	0. 114	0. 152	0. 122
品牌 8	0. 123	0. 121	0. 128	0. 123	0. 115	0. 113	0. 111	0. 166

运用表 7 –26 所示的顾客品牌转移矩阵，通过相同的计算过程可以得到不同品牌在品牌 6 新的营销战略下的平均顾客终身价值，如表 7 –27 所示。

表 7 –27　　各种品牌平均顾客终身价值

品牌名称	品牌 1	品牌 2	品牌 3	品牌 4	品牌 5	品牌 6	品牌 7	品牌 8
平均 *CLV*	6. 83	6. 69	7. 10	6. 82	6. 34	6. 24	6. 11	6. 75

可以看出，在新的营销战略下，品牌 6 的顾客终身价值或者顾客资产从 5. 99 提升至 6. 24，提升了约 4%，这一营销战略比促销获取短期市场份额要更好，实施这一战略的成本低于市场价值的 4%，那么这一营销战略就能为品牌 6 带来正的回报。

通过上面的分析可以发现，如果上述三项营销战略所需成本相同的话，短期促销以获取市场份额的战略是最不可取的，因为从长期来看这一战略的回报肯定是负的。而提升品牌 6 洗发水品牌美誉度能带来的财务绩效要略高于改善洗发水本身的清洁能力以及消费者对这一能力的认识的营销战略。这两种战略的顾客资产提升幅度分别为 5% 和 4%。当然，也可以采用完全类似的办法考察别的营销战略的财务绩效。这样，在认同顾客资产是企业或品牌市场价值一个很好的近似值的前提下，本书所建立的顾客资产测量模型就能够分析不同的营销战略对企业市场价值的影响，以选择最优的营销战略组合。当然，也可以分析几种营销战略同时实施对品牌顾客资产、市场价值的影响，所用的方法是完全一致的，因此这里就不再赘述。

第三节 小 结

本章在前面理论分析的基础之上，建立了一个顾客资产测量模型。这一模型是建立在消费者效用最大化基础之上的，并且深入了顾客进行消费决策的“黑盒子”，因此其测量结果应该是更加准确的。同时，本书所建立的测量模型的一个重要基础——马尔可夫转移矩阵，使得本书能够分析不同品牌之间的竞争会带来的顾客资产变化的同时，也能把握顾客资产的三个驱动因素，即顾客获取、顾客维系与追加销售。通过举例说明，在引入了具有马尔可夫性质的品牌转移矩阵以后，所建立的顾客资产测量模型可以识别企业之间的竞争对顾客资产的影响，同时可以帮助营销人员认识到顾客获取、顾客维系以及追加销售这三个因素对顾客资产的重要影响。

在第二节，作为一个应用，本书采用第一节中所建立的顾客资产模型测量了不同洗发水的顾客资产。通过结合对当前市场上八个品牌洗发水不同特性的客观测评数据以及相应特性的消费者知识——消费者知识是通过问卷获取的，并且所获取的是消费者关于不同品牌洗发水各种特性的主观知识，本书测算了八个品牌洗发水的顾客资产。本书在品牌资产估算过程中，证实了前面章节在消费者生产理论方面的观点：第一，消费者关注的是能通过市场产品生产出的家庭制成品数量的多少，因为家庭制成品数量才是决定消费者所能获得的效用的直接因素；第二，消费者在生产过程中，消费者人力资本将会起到非常重要的作用。而本书的顾客资产测算模型说明，品牌 3 的经营是最优秀的，以 7. 15 的平均顾客终身价值高居榜首。除了较高的平均顾客终身价值外，从顾客终身价值的分布以及消费者钱包份额两个指标来看，品牌 3 也是最优秀的。这两个指标一个衡量了该品牌所拥有的顾客在为品牌提供未来价值方面的优秀程度，另一个指标则可以认为是衡量顾客品牌忠诚的指标。而相应地，品牌 6、品牌 7 等则相对就要差一些，无论是从平均顾客终身价值、顾客终身价值分布还是消费者钱包份额等指标来看，品牌 6 等几个品牌都表现欠佳。

本书前面曾经提及，顾客资产不仅是测量企业或品牌市场价值的一个很好的指标，同时由于顾客资产计算过程与消费者感知、企业营销战略之间的天然密切联系，可以通过分析营销战略对顾客资产的影响，来判断某一营销战略是否合适，或者说比较几种不同的营销指标在增加企业市场价值上的表现，通过选择能够带来最大市场价值增值的营销战略以达到合理分配企业营销资源的目的。本书以促销以增加市场份额、提高品牌美誉度以及提高产品的清洁能力及消费者相关知识这三个营销战略为例，利用顾客资产模型分析了哪一项营销战略能够在最大程度上改变品牌6洗发水顾客资产低下这一不足。相关的分析说明，短期促销提升市场份额的作用为0，从长期来看根本无法起到提升该品牌顾客资产的目的，进而可以合理地认为短期促销增加企业市场份额的营销战略从长期来看根本不会增加品牌的市场价值。同时，如果考虑到营销战略的成本，可以认为促销只会为企业带来净损失。相应地，提高品牌美誉度和提升产品的清洁能力及消费者相关知识都能够提升品牌6的顾客资产。提高品牌6的品牌美誉度这一营销战略的效果更加优秀。如果这两项营销战略的成本小于带来的顾客资产提升，这两项营销战略都会为品牌6带来正的长期净收益。

第八章　研究结论

本章将对本书所有研究进行总结，并在此基础上讨论本书研究的意义、局限与未来研究方向。

第一节　基本结论

本书研究的背景是越来越多的企业认识到顾客才是其最有价值的资产，企业或品牌的市场价值取决于企业或品牌所拥有的顾客的价值。但是如何才能测定企业或品牌所拥有的顾客的价值？越来越多的研究人员与经营管理者都开始意识到顾客资产这一概念在解决这一问题上是非常有力的。但是本书通过文献综述发现现有的顾客资产测量模型存在种种不足，在此就不再详述。但是究其根源，本书认为是现有研究没有将顾客资产模型建立在消费者家庭制成品购买决策的基础之上，或者用古普塔等（Gupta et al.，2006）的话来说就是，没有在顾客资产模型中打开消费者的决策过程这一“黑盒子”。同时，现有的测量模型并不能很好地处理企业之间的竞争对顾客资产的影响，以及不能同时处理顾客获取、顾客维系和追加销售三个重要的顾客资产驱动因素。认识到现有研究上述两个方面的重要不足，本书从两个角度进行尝试以期完善现有的研究。第一，从基本理论的角度来讲，本书从消费者生产理论的角度来考察消费者的最优决策过程，这样做既可以打开消费者决策过程这一“黑盒子”，也可以将营销、消费者行为学的许多研究成果方便地纳入理论框架中来，比如在模型分析中引入的家庭制成品和消费者人力资本这两个变量，就能很好地与产品特性、质量以及消费者知识等营销学、消费者行为学中已经被广泛研究的课题联系在一起。第二，为了解决现有实证测量模型的不足，本书引入了马尔可夫转移矩阵这一概念，并通过这一矩阵预测消费者未来的产品选择，这样就能将企业现在的营销战略与消费者现在和未来的最优选择行为联系在一起。第三，在提出了适当的测量模型以后，本书应用这一模型检验了八个品牌洗发水的顾客资产。现在就根据这样一条主线对本书的主要研究进行讨论。

本书的第一章和第二章是导论和文献综述，具体介绍了本书研究的背景和研究方法、路线、内容和创新点。从第三章到第七章就是针对前两章所提出的研究问题而详细展开的。第三章通过引入消费者生产函数和消费者人力资本，构建了一个静态的消费者家庭制成品生产和市场产品选择分析框架。在这个静态的分析框架中，本章说明了消费者人力资本的变化通过改变消费者生产函数的边际生产率和消费者的真实收入进而改变消费者对各种家庭制成品和市场产品的需求。分析发现，即使在市场产品价格、消费者的货币收入以及对各种家庭制成品的偏好相对稳定的条件下，由于消费者所拥有的消费者人力资本的改变也会促进消费者家庭制成品需求、市场产品需求的变化。从表面看起来这似乎是消费者的偏好结构发生了变化，但实际上只是由于消费者的生产函数效率改变而造成的。企业可以通过改变消费者的消费者人力资本而使得消费者需求对自己更为有利，但是应该怎样提供消费者人力资本，以及提供何种消费者人力资本，这取决于消费者对使用该企业所提供的市场产品所能生产的家庭制成品的偏好以及消费者人力资本对消费者其他家庭制成品生产函数的影响方式等因素。所有这些因素带来的影响的综合结果就是方程（3.17）所显示的。正如在引入模型之前的介绍，消费者生产理论非常有用的一点就是能够定量化地区分消费者的市场需求与真实需要。营销理论一开始就在强调区分这二者的重要性，因此这预示了消费者生产理论在营销研究中的重要潜在用途。

由于第三章的分析框架从本质上来讲是静态的，虽然在给定消费者人力资本的条件下可以说明消费者对市场产品的选择，但是尚不能在动态的条件下预测消费者的消费者人力资本会如何演变，进而也就不能预测消费者对市场产品需求的动态变化。同时，由于本章中都是将消费者人力资本看作外生给定的，这与实际中消费者能够主动地选择积累消费者人力资本的实际情形是相违背的。因此，本书在第四章发展了一个动态的消费者生产模型，集中精力分析消费者人力资本的动态积累过程。在第四章中将消费者人力资本与家庭制成品需求量、市场产品需求量同时内生确定，并得到了在家庭制成品消费如果存在消费者人力资本积累效应的情况下，消费者当期的消费决策不仅会受到当期消费者人力资本存量、产品价格的影响，还会受到未来预期的影响，即如果消费者人力资本能提高家庭制成品生产效率，那么在当期市场产品需求的最优原则就不再是当期的总价值最大化，而是当期市场产品的边际价值，包含当期效用与未来效用，等于当期市场产品的边际价格。本书也证明了在这种情况下消费者家庭制成品消费的边际价格是小于其平均价格的，即如果家庭制成品消费能为消费者提高消费者人力资本积累，那么消费者会比在通常情况下消费更多的市场产品。这对企业来说具有重要的意义，即企业在竞争过程中不能只考虑产品本身，还要考虑产品能为消费者人力资本积累所做的贡献，只有那些能有效提高消费者人力资本的企业才能最终赢得市场。由于在离散动态模型中本书无法对消费者人力资本的稳态水平进行更加细致的分析，因此本章构建了一个动态连续时间模型。采用这一方法，本书发现消费者的最优消费者人力资本积累稳态均衡是一个鞍点均衡，这一均衡水平受折现水平以及消费者人力资本折旧率等外在因素的影响，而企业可以采用不同的战略应对不同的情况，使得消费者的稳态最优市场产品需求量对企业而言是最优的。

在第四章的分析完成以后，本书就已经拥有了足够的理论基础以建立一个更加完善的顾客资产测量模型。但是在此以前，还有一些工作需要完成。由于消费者人力资本本身以及第三章和第四章的理论模型中变量的定义都是相当抽象的，要检验以及运用本书模型所得出的结论，就需要建立一个更加具体的经验分析模型，并且将这些变量在一个更具有操作化意义的水平上进行重新定义，第五章和第六章的主要目的就是希望能找到家庭制成品和消费者人力资本这两个概念的可操作化定义。

第五章的研究主要讨论了如何将消费者生产理论中的“家庭制成品”这

一概念进行可操作化的定义。本书研究认为兰卡斯特（Lancaster，1966a、1966b）的研究所指出的产品客观特性将会是一个很好的出发点。除了所谓的产品客观特性，本书认为拉斯特等（Rust et al.，2004）所提出的产品的主观特性，如品牌和关系，都是衡量家庭制成品这一变量的关键维度。最后本书认为，客观特性如质量、价格等，以及主观特性如品牌和关系都是用以经验性地测量能够给消费者带来直接效用的家庭制成品的关键维度。第六章则讨论了哪些变量可以被用于经验性地测量消费者人力资本的大小，通过分析本书认为消费者知识是衡量消费者人力资本的一个非常合适的变量。阿尔巴和哈金森（Alba and Hutchinson，1986）认为，顾客知识有两个大的组成部分，即产品熟知程度和消费者专长。消费者产品的熟知程度包括多个维度，如相关的信息搜寻过程、与销售人员的互动、选择和决策制定、购买过程、各种情形之下的产品使用；而消费者专长则是指成功完成与产品相关任务的能力，而这一能力又有五个维度，包括认知努力、认知结构、分析信息、生产信息和记忆。阿尔巴和哈金森的研究中的消费者专长这一构念更多地是从消费者心理相关的研究（如消费者认知结构和认知过程）中归纳总结得出的，因此它就更加侧重于消费者的能力、素质。布拉克斯（Brucks，1986）也提出了消费者知识的另外一个构念，这一构念主要的内涵是消费者所拥有的与产品相关的知识，主要包括与产品概念、特性、使用以及购买决策过程相关的信息。相较于阿尔巴和哈金森的构念，布拉克斯的消费者知识构念更便于说明哪些产品或者产品特性对于消费者来说价值更高。通过上述分析，本书认为布拉克斯的研究对本书的建模更为适用，主要有以下原因：首先，本书的建模主要关注消费者产品选择，布拉克斯的消费者知识构念更便于说明哪些产品或者产品特性对于消费者来说价值更高，这对于本书理解消费者在不同的产品之间进行选择的帮助更加直接；其次，本书在前面对消费者生产理论经验验证模型的分析中，认为基于产品特性的需求理论是本书进行建模的首选。布拉克斯的消费知识构念在很大基础上也可以被认为是基于产品特性的，因而布拉克斯的测量模型与本书的消费者生产理论存在着天然的一致性，也必然是进行经验研究的首选。

作为本书前六章理论分析的应用，第七章构建了一个基于消费者人力资本和消费者生产理论的顾客资产测量模型。借助马尔科夫转移矩阵，本书构建的顾客资产测量模型能够将消费者人力资本与企业和其竞争对手的营销活动作为模型的自变量直接引入模型。基于不同洗发水品牌的实证分析证实了本书第三章和第四章的理论观点。同时，实证测量结果也展示了测量模型在准确性上的提升。最后，通过模拟，展示了本书构建的顾客资产测量模型在企业不同营销战略效益方面的应用价值。

第二节 研究意义与价值

一、研究理论贡献

本书的理论贡献总的来说在于两个方面：第一是深入发展了消费者生产理论，并在此基础上构建了顾客资产测量模型。引入消费者生产理论解决了古普塔等（Gupta et al.，2006）所提出的营销价值链中的“黑盒子”问题，同时也能完善现有的顾客资产测量模型。第二是在实证测量模型上，本书所发展的基于消费者品牌转移矩阵的实证测量模型完善了诸多现有测量方法的不足。具体来看，本书的理论贡献有以下五点。

第一，本书发展了合理精确的随机测量模型。早期的顾客终身价值测量模型和顾客资产测量模型以确定性模型为主。这类模型虽然能够从概念上能清晰地表示顾客终身价值、顾客资产的各个驱动因素，但是在实际的运用过程中往往需要非常多的输入变量，如顾客获取率、维系率、追加销售、顾客生命周期长度等。而这些输入变量往往不易获得，因而就极大地限制了确定性模型的应用范围。这类模型的主要作用还是在于对顾客终身价值和顾客资产概念的描述而非测量。此外，这类模型还有一个更大的缺点就是往往不能将企业的营销战略与顾客资产概念直接联系起来，因而就不可能对指导企业经理人员配置营销资源起到具体的帮助作用。而随机的测量模型则能弥补确定性模型的上述不足。然而现有的随机性模型应用却不是很广泛，这主要是由于现有的随机模型存在估计上的困难。斯密特雷恩等（Schmittlein et al.，

1987、1994）所提出的随机测量模型中，一共有顾客购买次数、顾客流失可能性、购买率分布、流失率分布四个待估计方程，分别服从指数以及伽马分布，模型的密度函数非常复杂，因此估计非常困难，并且对数据格式要求也很高，因此需要进一步地发展更易于处理的随机性模型。正如本书分析显示，计量经济模型将会是一个理想的选择，尤其是离散选择模型这种计量方法是本书实现上述目标的有效手段。

第二，本书在顾客终身价值和顾客资产测量模型中直接纳入企业之间的竞争因素，或者从更加广义的角度来讲就是建立了企业的营销战略与顾客资产之间价值的关系。早期的确定性模型在这一点上表现很差，而现有的随机性模型在这方面的处理上也不是很理想，如 RFM 模型和随机 RFM 模型，以及随机测量模型等都不能将营销组合变量纳入分析模型中来，这类模型主要关注的是消费者的购买历史信息，当购买历史信息不足时，它就无法发挥作用了，并且也不能对企业在不同的营销策略组合上分配资源提供建设性的指导。本书建立的基于消费者效用最大化的离散选择模型很好地解决了这一问题。

第三，解决顾客资产模型预测准确性的问题。正如马尔修斯和布兰登伯格（Malthouse and Blattberg，2005）的研究所指出的，现有顾客资产模型在预测准确性上存在很大的不足。究其原因，本书认为是现有的测量模型几乎未对消费者选择过程进行考虑，只是在尝试提出什么样的数学模型对数据的拟合程度更高。不考虑消费者的选择过程，不理解消费者的偏好、决策依据，便不可能对消费者的行为进行准确的预测。正如博尔丁等（Boulding et al.，2005）、古普塔等（Gupta et al.，2006）所指出的，深入考虑消费者选择决策过程这一“黑盒子”或者说产品如何为消费者带来价值这一过程对于预测消费者行为、增进企业为消费者提供价值的能力来说是尤为重要的。因此本书认为要提高顾客资产模型预测的准确性就必须将消费者决策过程直接纳入建模过程中来。这一问题是有关顾客最优决策的理论问题，只有解决了这一问题，本书才有可能在此基础上建立起准确程度更高的顾客终身价值和顾客资产的测量模型。在贝克尔等（Becker et al.，1965、1973、1977）所建立的消费者生产理论的基础上，本书对原有的模型进行了大幅的扩展，构建了包含消费者人力资本和家庭制成品这两个概念的静态和动态消费者生产模型，这一模型是符合本书需要的消费者最优决策模型。本书还着重分析了消费者资本这一对消费者决策来说非常重要的变量。本书在经验分析中指出，消费者生产理论以及其中重要的变量将会为本书更为准确的顾客资产测量模型提供坚实的理论基础。

第四，现有模型没有很好地把握顾客资产的三个驱动因素，包括顾客获取、顾客维系、追加销售之间的相互联系，正如马尔修斯和布兰登伯格（Malthouse and Blattberg，1996）和托马斯等（Thomas et al.，2001）的研究所指出的，如果不考虑这种相互联系，模型的测量结果肯定是不准确的。因此本书构建了一个离散选择模型，并同时考虑到了这三个驱动因素的相互影响关系。

第五，在解决了顾客资产测量的两个重要问题——理论基础和测量方法之后，本书还必须确定的是具体测量过程中的操作变量。本书结合经济学中有关消费者生产理论的经验性研究和消费者心理学中与消费者人力资本有关的研究，将产品特性和顾客知识内容作为本书顾客资产测量模型中的变量输入。做出这样的选择，使得本书的测量模型与消费者最优决策理论在逻辑和思想上是一致的，并且也使得本书的测量模型相对简洁便于处理。

二、研究的管理价值

本书第七章的应用能够充分说明本书的研究管理价值。具体来说，由于现在越来越多的企业认识到消费者的重要性，如何科学地识别、管理其客户群，是一个企业面临的紧迫任务。什么样的消费者才是重要的顾客呢？

由于顾客资产能够很好地反映一个企业的市场价值，因此管理顾客的基本原则就是要使企业的顾客资产最大化。而由顾客资产的定义可知，企业的顾客资产是由其所有顾客的终身价值加总而得到的。因此，本书可以很直观地看出，那些对企业来说终身价值高的顾客才是企业需要重点关注的顾客。本书的实证测量模型能够非常容易地测算出不同顾客的终身价值，在此基础上企业就能够更加方便、准确地识别出那些重要的顾客，进而有效地进行管理。

此外，本书的测量模型还能够给出一个企业的顾客终身价值的分布，这样就能看出企业的消费者群对于企业的发展来说是不是健康的。如果一个企业客户的顾客终身价值大多集中在较低的区域，这个企业的经营肯定是有问题的，即便是短期内能获得大量的收入，从长期来说也会遇到非常严重的问题。本书还能够通过企业钱包份额分布来测算出消费者对企业的忠诚度，进而相应地采取措施，使得消费者的忠诚度达到对企业发展有利的水平。

本书研究还有一个重要的管理价值，在于能够有利于企业更合理地分配其营销资源，选择那些能够最大化增加企业市场价值的营销战略。正如本书在第七章最后分析的一样，本书可以非常容易地测算出某一营销战略对企业顾客资产的影响，进而判断该营销战略是否有利于提高企业的市场价值。更为重要的是，本书可以通过本书所构建的模型对营销战略实现事前的预测，而不是事后才能分析营销战略的影响。

附录 A　消费者产品认知调查问卷

消费者产品认知调查问卷*

尊敬的女士/先生：

您好！本项目组正在撰写关于消费者产品认知的研究报告，您的回答对项目的研究非常重要。请在您认为最合适的选项上打“√”。该调研纯用于学术研究，不做他用，本书将对您的回答严格保密。谢谢您的参与和支持！

浙江工业大学“消费者产品认知”调查组

1. 下列洗发水品牌中，您最近一次购买所选择的品牌是：

□品牌 1 □品牌 2 □品牌 3 □品牌 4 □品牌 5 □品牌 6 □品牌 7 □品牌 8

□其他（请注明品牌名称：　　　）

2. 您对以下各品牌的洗发水的总体价值评价是：

品牌	很低	比较低	一般	比较高	很高
品牌 1	1	2	3	4	5
品牌 2	1	2	3	4	5
品牌 3	1	2	3	4	5
品牌 4	1	2	3	4	5
品牌 5	1	2	3	4	5
品牌 6	1	2	3	4	5
品牌 7	1	2	3	4	5
品牌 8	1	2	3	4	5

* 实际调查过程中品牌 1 ~ 品牌 8 为项目组经过分析选取的八个不同品牌洗发水，由于出版规范的需要，这里隐去了八个品牌的真实名称，以数字替代。

3. 平均来看，您每次洗头的时间间隔是：

□四天以上 □四天 □三天 □两天 □一天 □半天 □半天以下

4-1. 关于下列各个品牌的外观设计，您的判断是：

品牌	不清楚	很差	比较差	一般	比较好	很好
品牌1	0	1	2	3	4	5
品牌2	0	1	2	3	4	5
品牌3	0	1	2	3	4	5
品牌4	0	1	2	3	4	5
品牌5	0	1	2	3	4	5
品牌6	0	1	2	3	4	5
品牌7	0	1	2	3	4	5
品牌8	0	1	2	3	4	5

4-2. 关于下列各个品牌洗发水的香味，您的判断是：

品牌	不清楚	很差	比较差	一般	比较好	很好
品牌1	0	1	2	3	4	5
品牌2	0	1	2	3	4	5
品牌3	0	1	2	3	4	5
品牌4	0	1	2	3	4	5
品牌5	0	1	2	3	4	5
品牌6	0	1	2	3	4	5
品牌7	0	1	2	3	4	5
品牌8	0	1	2	3	4	5

4-3. 关于下列各个品牌洗发水黏稠度方面的特性，您的判断是：

品牌	不清楚	很差	比较差	一般	比较好	很好
品牌1	0	1	2	3	4	5
品牌2	0	1	2	3	4	5
品牌3	0	1	2	3	4	5
品牌4	0	1	2	3	4	5
品牌5	0	1	2	3	4	5
品牌6	0	1	2	3	4	5
品牌7	0	1	2	3	4	5
品牌8	0	1	2	3	4	5

5－1. 关于下列各个品牌洗发水的刺激性，您的判断是：

品牌	不清楚	很强	比较强	不强不弱	比较温和	很温和
品牌1	0	1	2	3	4	5
品牌2	0	1	2	3	4	5
品牌3	0	1	2	3	4	5
品牌4	0	1	2	3	4	5
品牌5	0	1	2	3	4	5
品牌6	0	1	2	3	4	5
品牌7	0	1	2	3	4	5
品牌8	0	1	2	3	4	5

5－2. 关于下列各个品牌洗发水在维持头皮健康方面的能力，您的判断是：

品牌	不清楚	很差	比较差	一般	比较好	很好
品牌1	0	1	2	3	4	5
品牌2	0	1	2	3	4	5
品牌3	0	1	2	3	4	5
品牌4	0	1	2	3	4	5
品牌5	0	1	2	3	4	5
品牌6	0	1	2	3	4	5
品牌7	0	1	2	3	4	5
品牌8	0	1	2	3	4	5

6. 关于下列各个品牌洗发水的清洁能力，您的判断是：

品牌	不清楚	很差	比较差	一般	比较好	很好
品牌1	0	1	2	3	4	5
品牌2	0	1	2	3	4	5
品牌3	0	1	2	3	4	5
品牌4	0	1	2	3	4	5
品牌5	0	1	2	3	4	5
品牌6	0	1	2	3	4	5
品牌7	0	1	2	3	4	5
品牌8	0	1	2	3	4	5

7. 关于下列各个品牌洗发水的头发修复能力，您的判断是：

品牌	不清楚	很差	比较差	一般	比较好	很好
品牌 1	0	1	2	3	4	5
品牌 2	0	1	2	3	4	5
品牌 3	0	1	2	3	4	5
品牌 4	0	1	2	3	4	5
品牌 5	0	1	2	3	4	5
品牌 6	0	1	2	3	4	5
品牌 7	0	1	2	3	4	5
品牌 8	0	1	2	3	4	5

8. 关于下列各个品牌洗发水的深层滋养能力，您的判断是：

品牌	不清楚	很差	比较差	一般	比较好	很好
品牌 1	0	1	2	3	4	5
品牌 2	0	1	2	3	4	5
品牌 3	0	1	2	3	4	5
品牌 4	0	1	2	3	4	5
品牌 5	0	1	2	3	4	5
品牌 6	0	1	2	3	4	5
品牌 7	0	1	2	3	4	5
品牌 8	0	1	2	3	4	5

9. 关于下列各个品牌洗发水的价格，您的判断是：

品牌	不清楚	完全不合理	不大合理	一般	比较合理	很合理
品牌 1	0	1	2	3	4	5
品牌 2	0	1	2	3	4	5
品牌 3	0	1	2	3	4	5
品牌 4	0	1	2	3	4	5
品牌 5	0	1	2	3	4	5
品牌 6	0	1	2	3	4	5
品牌 7	0	1	2	3	4	5
品牌 8	0	1	2	3	4	5

10. 关于下列说法，您的立场是：

10－1. 我经常注意到这一品牌的广告（1 表示完全不同意，5 表示完全同意）：

品牌	完全不同意	不大同意	中立	同意	完全同意
品牌 1	1	2	3	4	5
品牌 2	1	2	3	4	5
品牌 3	1	2	3	4	5
品牌 4	1	2	3	4	5
品牌 5	1	2	3	4	5
品牌 6	1	2	3	4	5
品牌 7	1	2	3	4	5
品牌 8	1	2	3	4	5

10－2. 我非常了解这一品牌（1 表示完全不同意，5 表示完全同意）：

品牌	完全不同意	不大同意	中立	同意	完全同意
品牌 1	1	2	3	4	5
品牌 2	1	2	3	4	5
品牌 3	1	2	3	4	5
品牌 4	1	2	3	4	5
品牌 5	1	2	3	4	5
品牌 6	1	2	3	4	5
品牌 7	1	2	3	4	5
品牌 8	1	2	3	4	5

11. 您通常：□负责洗发水的购买和使用　□只使用而不负责购买洗发水

12. 您是：　□男士　　□女士

13. 您的年龄是________

（1）18 岁以下　（2）18～23 岁　（3）24～29 岁　（4）30～39 岁

（5）40～49 岁　（6）50～59 岁　（7）60 岁及以上

14. 您的教育程度是________

（1）初中及以下 （2）高中 （3）大专 （4）本科 （5）研究生及以上

15. 您的月收入为________元（单选）

（1）<1000 （2）1000～1999 （3）2000～2999 （4）3000～3999 （5）4000～4999 （6）5000～5999 （7）6000～7999 （8）8000～10000 （9）>10000

16. 您的职业或身份是________

（1）学生 （2）专业技术人员（科研人员、教师、医生） （3）企业员工 （4）军人 （5）商业、服务业从业人员 （6）党政机关公务（职）人员 （7）离退休 （8）自由职业 （9）失业人员 （10）其他________

非常感谢您的认真作答

完成问卷烦请回传至：zhangtan00@gmail.com，再次感谢您的帮助！

附录 B　顾客资产 Matlab 计算程序

```
Clear all;
f =6;
CE = zeros(49,8);
r =0.10;

CLV = zeros(60,8);
B =[0.174156587 0.11685745 0.11685745 0.120778081 0.120778081 0.11685745
0.11685745 0.11685745
0.128109303 0.160113642 0.117317487 0.121253552 0.121253552 0.117317487
0.117317487 0.117317487
0.128109303 0.117317487 0.160113642 0.121253552 0.121253552 0.117317487
0.117317487 0.117317487
0.127925623 0.117149281 0.117149281 0.165248272 0.121079702 0.117149281
0.117149281 0.117149281
0.127925623 0.117149281 0.117149281 0.121079702 0.165248272 0.117149281
0.117149281 0.117149281
0.128109303 0.117317487 0.117317487 0.121253552 0.121253552 0.160113642
0.117317487 0.117317487
0.128109303 0.117317487 0.117317487 0.121253552 0.121253552 0.117317487
0.160113642 0.117317487
0.128109303 0.117317487 0.117317487 0.121253552 0.121253552 0.117317487
0.117317487 0.160113642];
b =[1 0 0 0 0 0 0 0];
v =1;
for t =1:60
```

```
    CLV(t,:) =((1 +r)^( -t/f)) * b *(B^t) * v;
end
temp = sum(CLV);
CE(1,:) = temp;

CLV = zeros(60,8);
B = [0.168069432 0.131373426 0.129936237 0.129008357 0.111316465 0.110098694
0.110098694 0.110098694
0.12277835 0.178760579 0.129547468 0.128622363 0.110983406 0.109769278
0.109769278 0.109769278
0.12284256 0.131048856 0.176897452 0.12868963 0.111041448 0.109826685
0.109826685 0.109826685
0.122884051 0.131093119 0.129658997 0.175693541 0.111078953 0.10986378
0.10986378 0.10986378
0.123680559 0.131942836 0.130499418 0.129567516 0.152581992 0.110575893
0.110575893 0.110575893
0.123735764 0.132001729 0.130557667 0.129625349 0.111848844 0.150980148
0.110625249 0.110625249
0.123735764 0.132001729 0.130557667 0.129625349 0.111848844 0.110625249
0.150980148 0.110625249
0.123735764 0.132001729 0.130557667 0.129625349 0.111848844 0.110625249
0.110625249 0.150980148];
b = [1/8 1/8 1/8 1/8 1/8 1/8 1/8 1/8];
v =2;
for t =1:60
    CLV(t,:) =((1 +r)^( -t/f)) * b *(B^t) * v;
end
temp = sum(CLV);
CE(2,:) = temp;

CLV = zeros(60,8);
```

```
B=[0.174156587 0.11685745 0.11685745 0.120778081 0.120778081 0.11685745
0.11685745 0.11685745
0.128109303 0.160113642 0.117317487 0.121253552 0.121253552 0.117317487
0.117317487 0.117317487
0.128109303 0.117317487 0.160113642 0.121253552 0.121253552 0.117317487
0.117317487 0.117317487
0.127925623 0.117149281 0.117149281 0.165248272 0.121079702 0.117149281
0.117149281 0.117149281
0.127925623 0.117149281 0.117149281 0.121079702 0.165248272 0.117149281
0.117149281 0.117149281
0.128109303 0.117317487 0.117317487 0.121253552 0.121253552 0.160113642
0.117317487 0.117317487
0.128109303 0.117317487 0.117317487 0.121253552 0.121253552 0.117317487
0.160113642 0.117317487
0.128109303 0.117317487 0.117317487 0.121253552 0.121253552 0.117317487
0.117317487 0.160113642];
b=[1 0 0 0 0 0 0 0];
v=1;
for t=1:60
    CLV(t,:)=((1+r)^(-t/f))*b*(B^t)*v;
end
temp=sum(CLV);
CE(3,:)=temp;

CLV=zeros(60,8);
B=[0.156347224 0.109626521 0.124804186 0.126352968 0.125413046 0.125095735
0.104907533 0.127452786
0.114764226 0.149886721 0.125029097 0.126580671 0.125639055 0.125321172
0.105096588 0.127682471
0.114131183 0.109218287 0.169697117 0.125882448 0.124946026 0.124629896
0.104516872 0.12697817
```

```
0.114066978 0.109156846 0.124269484 0.171706358 0.124875736 0.124559785
0.104458076 0.126906737
0.114105934 0.109194125 0.124311925 0.125854599 0.170487264 0.124602325
0.10449375 0.126950079
0.114119091 0.109206716 0.124326259 0.125869111 0.124932788 0.170075518
0.104505799 0.126964717
0.114962483 0.110013803 0.125245087 0.126799341 0.125856098 0.125537666
0.143682477 0.127903044
0.114021428 0.109113257 0.12421986 0.125761392 0.12482587 0.124510045
0.104416363 0.173131784];
b=[0 0 0 0 0 0 0 1];
v=1/2;
for t=1:60
   CLV(t,:)=((1+r)^(-t/f))*b*(B^t)*v;
end
temp=sum(CLV);
CE(4,:)=temp;

CLV=zeros(60,8);
B=[0.167824356 0.109755072 0.12436879 0.131554068 0.131589154 0.101994402
0.101994402 0.130919757
0.123562764 0.150517984 0.124971107 0.132191184 0.132226439 0.10248836
0.10248836 0.131553801
0.122904396 0.109698986 0.169650446 0.131486842 0.13152191 0.101942282
0.101942282 0.130852856
0.122583256 0.10941235 0.123980435 0.17898293 0.131178253 0.101675914
0.101675914 0.130510947
0.122581692 0.109410954 0.123978854 0.131141603 0.179028381 0.101674617
0.101674617 0.130509282
0.123915268 0.110601245 0.125327629 0.132568303 0.13260366 0.14027405
0.102780743 0.131929102
```

```
0.123915268 0.110601245 0.125327629 0.132568303 0.13260366 0.102780743
0.14027405 0.131929102
0.122611539 0.109437594 0.12400904 0.131173534 0.131208518 0.101699373
0.101699373 0.178161029];
b=[1 0 0 0 0 0 0 0];
v=2;
for t=1:60
    CLV(t,:)=((1+r)^(-t/f))*b*(B^t)*v;
end
temp=sum(CLV);
CE(5,:)=temp;

CLV=zeros(60,8);
B=[0.172668663 0.104938505 0.109039244 0.135351421 0.13538752 0.104938505
0.104938505 0.132737636
0.127520503 0.144355234 0.109904356 0.136425293 0.136461678 0.105771083
0.105771083 0.13379077
0.127328521 0.105611844 0.14977046 0.136219904 0.136256235 0.105611844
0.105611844 0.133589348
0.126110297 0.104601396 0.108688961 0.184132737 0.134952594 0.104601396
0.104601396 0.132311223
0.126108642 0.104600023 0.108687534 0.134914841 0.184179429 0.104600023
0.104600023 0.132309486
0.127520503 0.105771083 0.109904356 0.136425293 0.136461678 0.144355234
0.105771083 0.13379077
0.127520503 0.105771083 0.109904356 0.136425293 0.136461678 0.105771083
0.144355234 0.13379077
0.126230268 0.104700906 0.108792359 0.135044961 0.135080978 0.104700906
0.104700906 0.180748718];
b=[0 0 0 0 1 0 0 0];
v=2/3;
```

```
for t =1:60
    CLV(t,:) =((1 +r)^( -t/f)) * b *(B^t) * v;
end
temp = sum(CLV);
CE(6,:) = temp;

CLV = zeros(60,8);
B = [0.180095217 0.106607339 0.142306857 0.15007758 0.091391489 0.091391489
0.091391489 0.146738539
0.133189971 0.146854622 0.143635158 0.151478413 0.092244543 0.092244543
0.092244543 0.148108206
0.131461988 0.106206404 0.193488435 0.149513159 0.091047779 0.091047779
0.091047779 0.146186677
0.131091783 0.10590732 0.141372423 0.20347932 0.090791383 0.090791383
0.090791383 0.145775006
0.133940357 0.108208646 0.144444392 0.152331835 0.126603641 0.092764244
0.092764244 0.14894264
0.133940357 0.108208646 0.144444392 0.152331835 0.092764244 0.126603641
0.092764244 0.14894264
0.133940357 0.108208646 0.144444392 0.152331835 0.092764244 0.092764244
0.126603641 0.14894264
0.131250602 0.106035629 0.141543698 0.149272748 0.090901378 0.090901378
0.090901378 0.19919319];
b =[0 0 1 0 0 0 0 0];
v =2;
for t =1:60
    CLV(t,:) =((1 +r)^( -t/f)) * b *(B^t) * v;
end
temp = sum(CLV);
CE(7,:) = temp;
```

```
CLV = zeros(60,8);
B = [0.167527324 0.134937692 0.13421994 0.129387675 0.116996786 0.10177995
0.10461774 0.110532891
0.122206255 0.183346334 0.133625828 0.128814953 0.116478911 0.101329431
0.104154659 0.110043628
0.122238119 0.134375431 0.182418641 0.12884854 0.116509281 0.101355851
0.104181816 0.11007232
0.122453075 0.13461173 0.133895712 0.176160333 0.116714163 0.101534086
0.10436502 0.110265882
0.123007734 0.135221463 0.134502202 0.129659775 0.160011748 0.101993991
0.104837748 0.110765339
0.123695806 0.135977855 0.13525457 0.130385056 0.117898652 0.139978948
0.105424182 0.11138493
0.123566904 0.135836154 0.135113623 0.130249183 0.117775791 0.102457636
0.14373185 0.111268857
0.12329908 0.135541737 0.134820772 0.129966876 0.117520519 0.102235565
0.105086058 0.151529392];
b = [0 1 0 0 0 0 0 0];
v = 1;
for t = 1:60
    CLV(t,:) = ((1 + r)^( - t/f)) * b * (B^t) * v;
end
temp = sum(CLV);
CE(8,:) = temp;

CLV = zeros(60,8);
B = [0.161263571 0.106630912 0.133269507 0.136597701 0.111427421 0.109805079
0.132799453 0.108206357
0.118659102 0.146143355 0.133832367 0.137174617 0.111898032 0.110268837
0.133360327 0.108663363
0.117512356 0.106046409 0.180887776 0.135848933 0.110816626 0.109203176
```

```
0.132071505 0.107613218
0.117370639 0.105918519 0.132379144 0.185181565 0.110682984 0.10907148
0.13191223 0.107483439
0.118450971 0.106893441 0.133597622 0.13693401 0.152449358 0.110075423
0.13312641 0.108472765
0.118521286 0.106956896 0.133676929 0.137015297 0.111768069 0.150318931
0.133205437 0.108537157
0.117532399 0.106064496 0.132561589 0.135872104 0.110835527 0.109221802
0.180280511 0.107631573
0.118590659 0.1070195 0.133755173 0.137095495 0.111833489 0.110205234
0.133283405 0.148217046];
b =[0 0 1 0 0 0 0 0];
v =1;
for t =1:60
    CLV(t,:) =((1 +r)^( -t/f)) * b *(B^t) * v;
end
temp = sum(CLV);
CE(9,:) =temp;

CLV = zeros(60,8);
B = [0.165916411 0.13782491 0.14044521 0.127717073 0.104618191 0.104618191
0.104618191 0.114241822
0.120852614 0.186993104 0.139617295 0.126964189 0.104001474 0.104001474
0.104001474 0.113568374
0.120737887 0.136882373 0.190367288 0.12684366 0.103902743 0.103902743
0.103902743 0.113460562
0.121297229 0.137516508 0.140130944 0.173916848 0.104384093 0.104384093
0.104384093 0.11398619
0.122325666 0.138682463 0.141319066 0.128511734 0.143670174 0.10526913
0.10526913 0.114952639
0.122325666 0.138682463 0.141319066 0.128511734 0.10526913 0.143670174
```

```
0.10526913 0.114952639
0.122325666 0.138682463 0.141319066 0.128511734 0.10526913 0.10526913
0.143670174 0.114952639
0.121895079 0.1381943 0.140821622 0.128059371 0.104898582 0.104898582
0.104898582 0.156333883];
b=[0 0 1 0 0 0 0 0];
v=2/3;
for t=1:60
    CLV(t,:)=((1+r)^(-t/f))*b*(B^t)*v;
end
temp=sum(CLV);
CE(10,:)=temp;

CLV=zeros(60,8);
B=[0.155817694 0.121796712 0.118710374 0.1199634 0.121060049 0.118512688
0.122423543 0.121715541
0.113853022 0.165765643 0.118381012 0.119630561 0.120724168 0.118183874
0.122083878 0.121377841
0.113980993 0.121595307 0.161746728 0.119765026 0.120859862 0.118316713
0.122221101 0.12151427
0.113929003 0.121539844 0.118460015 0.163379461 0.120804734 0.118262746
0.122165353 0.121458844
0.113883541 0.121491344 0.118412744 0.119662628 0.164807208 0.118215554
0.122116603 0.121410377
0.1139892 0.121604062 0.118522605 0.119773649 0.120868564 0.161489001
0.122229901 0.121523019
0.113827066 0.121431097 0.118354024 0.119603288 0.120696646 0.118156932
0.166580776 0.12135017
0.113856384 0.121462373 0.118384507 0.119634094 0.120727732 0.118187364
0.122087483 0.165660061];
b=[0 0 0 0 0 1 0 0];
```

```
v =2;
for t =1:60
    CLV(t,:) =((1 +r)^( -t/f)) * b *(B^t) * v;
end
temp = sum(CLV);
CE(11,:) =temp;

CLV = zeros(60,8);
B =[0.170075361 0.124160486 0.118183871 0.117516056 0.117516056 0.117516056
0.117516056 0.117516056
0.124637314 0.169481091 0.118203537 0.117535612 0.117535612 0.117535612
0.117535612 0.117535612
0.124909688 0.124452524 0.161675458 0.117792466 0.117792466 0.117792466
0.117792466 0.117792466
0.124940196 0.124482921 0.118490785 0.160801153 0.117821236 0.117821236
0.117821236 0.117821236
0.124940196 0.124482921 0.118490785 0.117821236 0.160801153 0.117821236
0.117821236 0.117821236
0.124940196 0.124482921 0.118490785 0.117821236 0.117821236 0.160801153
0.117821236 0.117821236
0.124940196 0.124482921 0.118490785 0.117821236 0.117821236 0.117821236
0.160801153 0.117821236
0.124940196 0.124482921 0.118490785 0.117821236 0.117821236 0.117821236
0.117821236 0.160801153];
b =[1 0 0 0 0 0 0 0];
v =2/3;
for t =1:60
    CLV(t,:) =((1 +r)^( -t/f)) * b *(B^t) * v;
end
temp = sum(CLV);
CE(12,:) =temp;
```

```
CLV = zeros(60,8);
B = [0.186035637 0.142063137 0.150847831 0.104439183 0.105015181 0.103866344
0.103866344 0.103866344
0.136025463 0.193480247 0.150531961 0.104220491 0.104795283 0.103648852
0.103648852 0.103648852
0.13559186 0.141313762 0.204789511 0.103888272 0.104461231 0.103318455
0.103318455 0.103318455
0.137914348 0.143734257 0.152622287 0.144214171 0.106250498 0.105088147
0.105088147 0.105088147
0.137885035 0.143703707 0.152589848 0.105645265 0.144978713 0.105065811
0.105065811 0.105065811
0.137943512 0.143764652 0.152654562 0.105690069 0.106272966 0.143453499
0.10511037 0.10511037
0.137943512 0.143764652 0.152654562 0.105690069 0.106272966 0.10511037
0.143453499 0.10511037
0.137943512 0.143764652 0.152654562 0.105690069 0.106272966 0.10511037
0.10511037 0.143453499];
b = [1/8 1/8 1/8 1/8 1/8 1/8 1/8 1/8];
v = 1;
for t = 1:60
    CLV(t,:) = ((1 + r)^( - t/f)) * b * (B^t) * v;
end
temp = sum(CLV);
CE(13,:) = temp;

CLV = zeros(60,8);
B = [0.191736572 0.11266916 0.147395936 0.110825372 0.107819199 0.107819199
0.107819199 0.113915363
0.14192834 0.155346113 0.148907049 0.111961562 0.108924569 0.108924569
0.108924569 0.115083231
0.140134917 0.112385956 0.20065874 0.110546803 0.107548186 0.107548186
```

```
0.107548186 0.113629026
0.142024844 0.113901647 0.149008299 0.152907832 0.108998632 0.108998632
0.108998632 0.115161482
0.14218247 0.114028061 0.149173675 0.112162035 0.148925259 0.109119604
0.109119604 0.115289293
0.14218247 0.114028061 0.149173675 0.112162035 0.109119604 0.148925259
0.109119604 0.115289293
0.14218247 0.114028061 0.149173675 0.112162035 0.109119604 0.109119604
0.148925259 0.115289293
0.141863187 0.113772001 0.148838693 0.111910166 0.108874567 0.108874567
0.108874567 0.156992252];
b=[0 0 1 0 0 0 0 0];
v=2;
for t=1:60
    CLV(t,:)=((1+r)^(-t/f))*b*(B^t)*v;
end
temp=sum(CLV);
CE(14,:)=temp;


CLV=zeros(60,8);
B=[0.175868713 0.123746828 0.126921794 0.111078568 0.109863399 0.108661524
0.108661524 0.135197648
0.12910232 0.169204031 0.127159042 0.111286201 0.110068761 0.108864639
0.108864639 0.135450366
0.128952689 0.123834449 0.173344149 0.111157219 0.10994119 0.108738464
0.108738464 0.135293377
0.129702829 0.124554816 0.127750512 0.152588675 0.110580737 0.109371014
0.109371014 0.136080402
0.129760725 0.124610414 0.127807537 0.111853746 0.150986764 0.109419835
0.109419835 0.136141145
0.129818039 0.124665452 0.127863987 0.11190315 0.110678961 0.14940097
```

```
0.109468164 0.136201277
0.129818039 0.124665452 0.127863987 0.11190315 0.110678961 0.109468164
0.14940097 0.136201277
0.128564286 0.123461462 0.126629106 0.110822415 0.109610049 0.108410946
0.108410946 0.18409079];
b=[0 0 1 0 0 0 0 0];
v=2;
for t=1:60
    CLV(t,:)=((1+r)^(-t/f))*b*(B^t)*v;
end
temp=sum(CLV);
CE(15,:)=temp;

CLV=zeros(60,8);
B=[0.156489256 0.121266106 0.136294868 0.14559382 0.111443829 0.095232444
0.100616945 0.133062732
0.114386274 0.16510491 0.135967301 0.145243904 0.111175988 0.095003565
0.100375125 0.132742933
0.113764081 0.120316628 0.184557334 0.144453863 0.110571257 0.094486803
0.099829144 0.13202089
0.113382481 0.119913049 0.134774124 0.196487776 0.110200367 0.094169865
0.099494287 0.131578051
0.114796609 0.121408627 0.136455053 0.145764933 0.152276093 0.095344369
0.100735198 0.133219118
0.115480332 0.122131731 0.137267772 0.146633102 0.112239341 0.130899985
0.101335172 0.134012565
0.115252336 0.121890604 0.136996761 0.146343601 0.112017744 0.095722874
0.1380281 0.13374798
0.11389732 0.120457541 0.135386097 0.144623045 0.110700756 0.094597464
0.099946063 0.180391713];
b=[0 0 0 0 0 0 0 1];
```

```
v =1;
for t =1:60
    CLV(t,:) =((1 +r)^( -t/f)) * b *(B^t) * v;
end
temp = sum(CLV);
CE(16,:) =temp;

CLV = zeros(60,8);
B =[0.183074373 0.107848322 0.137812282 0.139871734 0.107848322 0.107848322
0.107848322 0.107848322
0.135440186 0.14861565 0.139146886 0.141226282 0.108892749 0.108892749
0.108892749 0.108892749
0.133961733 0.107704085 0.187833171 0.139684669 0.107704085 0.107704085
0.107704085 0.107704085
0.133861302  0.10762334  0.137524792  0.190497208  0.10762334  0.10762334
0.10762334 0.10762334
0.135440186 0.108892749 0.139146886 0.141226282 0.14861565 0.108892749
0.108892749 0.108892749
0.135440186 0.108892749 0.139146886 0.141226282 0.108892749 0.14861565
0.108892749 0.108892749
0.135440186 0.108892749 0.139146886 0.141226282 0.108892749 0.108892749
0.14861565 0.108892749
0.135440186 0.108892749 0.139146886 0.141226282 0.108892749 0.108892749
0.108892749 0.14861565];
b =[1 0 0 0 0 0 0 0];
v =2;
for t =1:60
    CLV(t,:) =((1 +r)^( -t/f)) * b *(B^t) * v;
end
temp = sum(CLV);
CE(17,:) =temp;
```

```
CLV = zeros(60,8);
B = [0.184510983 0.135193757 0.135193757 0.116965107 0.104781335 0.104781335
0.104781335 0.113792391
0.135193757 0.184510983 0.135193757 0.116965107 0.104781335 0.104781335
0.104781335 0.113792391
0.135193757 0.135193757 0.184510983 0.116965107 0.104781335 0.104781335
0.104781335 0.113792391
0.136098762 0.136098762 0.136098762 0.160701319 0.105482755 0.105482755
0.105482755 0.114554132
0.13671044  0.13671044  0.13671044  0.118277289  0.144608744  0.105956833
0.105956833 0.11506898
0.13671044  0.13671044  0.13671044  0.118277289  0.105956833  0.144608744
0.105956833 0.11506898
0.13671044  0.13671044  0.13671044  0.118277289  0.105956833  0.105956833
0.144608744 0.11506898
0.136257518 0.136257518 0.136257518 0.117885437 0.105605798 0.105605798
0.105605798 0.156524614];
b = [1 0 0 0 0 0 0 0];
v = 2/3;
for t = 1:60
    CLV(t,:) = ((1 + r)^( - t/f)) * b * (B^t) * v;
end
temp = sum(CLV);
CE(18,:) = temp;

CLV = zeros(60,8);
B = [0.175509963 0.123042416 0.134070057 0.133846793 0.102914218 0.103789258
0.106622633 0.120204662
0.128859762 0.168268014 0.134342346 0.134118629 0.103123232 0.104000048
0.106839178 0.120448792
0.128342422 0.122797321 0.182612885 0.133580176 0.102709217 0.103582514
```

```
0.106410245 0.11996522
0.128352855 0.122807303 0.133813872 0.182323604 0.102717567 0.103590934
0.106418895 0.119974971
0.12981487 0.124206151 0.135338091 0.135112715 0.14178465 0.104770896
0.10763107 0.121341557
0.129773054 0.124166141 0.135294496 0.135069193 0.103854116 0.14294413
0.1075964 0.121302471
0.129637838 0.124036768 0.135153527 0.134928459 0.103745907 0.104628018
0.146693402 0.121176081
0.128993565 0.123420331 0.134481842 0.134257892 0.103230311 0.104108038
0.106950116 0.164557906];
b=[0 0 1 0 0 0 0 0];
v=1;
for t=1:60
    CLV(t,:)=((1+r)^(-t/f))*b*(B^t)*v;
end
temp=sum(CLV);
CE(19,:)=temp;

CLV=zeros(60,8);
B=[0.168784805 0.147298022 0.145686622 0.123918558 0.096026535 0.096026535
0.096026535 0.126232388
0.12261417 0.199312895 0.144441695 0.122859644 0.095205965 0.095205965
0.095205965 0.125153702
0.122685671 0.146124485 0.197247423 0.122931288 0.095261483 0.095261483
0.095261483 0.125226684
0.1236598 0.147284719 0.145673465 0.169107439 0.096017863 0.096017863
0.096017863 0.126220988
0.12493082 0.148798565 0.14717075 0.125180931 0.132391063 0.097004769
0.097004769 0.127518333
0.12493082 0.148798565 0.14717075 0.125180931 0.097004769 0.132391063
```

```
0.097004769 0.127518333
0.12493082 0.148798565 0.14717075 0.125180931 0.097004769 0.097004769
0.132391063 0.127518333
0.123555521 0.147160518 0.145550623 0.123802879 0.095936894 0.095936894
0.095936894 0.172119778];
b=[0 1 0 0 0 0 0 0];
v=1;
for t=1:60
    CLV(t,:)=((1+r)^(-t/f))*b*(B^t)*v;
end
temp=sum(CLV);
CE(20,:)=temp;

CLV=zeros(60,8);
B=[0.172973077 0.119677739 0.125604233 0.12410599 0.127366568 0.103351516
0.103351516 0.123569361
0.127067118 0.163756751 0.125928645 0.124426532 0.127695531 0.103618453
0.103618453 0.123888517
0.126792295 0.119727334 0.171494342 0.12415742 0.127419349 0.103394346
0.103394346 0.123620568
0.126861659 0.119792833 0.125725027 0.169541408 0.127489056 0.103450909
0.103450909 0.123688197
0.126710801 0.119650381 0.125575521 0.12407762 0.173788783 0.103327891
0.103327891 0.123541113
0.127830395 0.12070759 0.126685083 0.125173947 0.128462583 0.142266825
0.104240877 0.1246327
0.127830395 0.12070759 0.126685083 0.125173947 0.128462583 0.104240877
0.142266825 0.1246327
0.126886522 0.119816311 0.125749667 0.124249689 0.127514042 0.103471184
0.103471184 0.168841402];
b=[0 0 0 0 1 0 0 0];
```

```
v=1;
for t=1:60
    CLV(t,:)=((1+r)^(-t/f))*b*(B^t)*v;
end
temp=sum(CLV);
CE(21,:)=temp;

CLV=zeros(60,8);
B=[0.156458173 0.123444136 0.121809138 0.118663139 0.120782174 0.111529453
0.12095542 0.126358366
0.114272034 0.167935818 0.121419141 0.118283214 0.120395465 0.111172369
0.120568156 0.125953804
0.114340011 0.123122102 0.165810112 0.118353578 0.120467085 0.111238502
0.120639879 0.12602873
0.114471039 0.123263193 0.121630592 0.161712789 0.120605134 0.111365975
0.120778125 0.126173152
0.11438275 0.123168124 0.121536782 0.118397817 0.164473635 0.111280082
0.120684972 0.126075838
0.114769264 0.123584324 0.12194747 0.118797898 0.12091934 0.152387057
0.121092782 0.126501864
0.114375538 0.123160358 0.121529119 0.118390351 0.120504516 0.111273065
0.164699164 0.126067889
0.114151071 0.12291865 0.121290612 0.118158005 0.12026802 0.111054687
0.120440528 0.171718428];
b=[0 1 0 0 0 0 0 0];
v=1;
for t=1:60
    CLV(t,:)=((1+r)^(-t/f))*b*(B^t)*v;
end
temp=sum(CLV);
CE(22,:)=temp;
```

```
CLV = zeros(60,8);
B = [0.168042502 0.121577299 0.131659222 0.130002056 0.105588585 0.105588585
0.108532565 0.129009185
0.123196721 0.166021246 0.131733697 0.130075593 0.105648312 0.105648312
0.108593958 0.12908216
0.122745037 0.121200072 0.179129558 0.129598689 0.105260967 0.105260967
0.108195813 0.128608898
0.122819053  0.121273156  0.131329858  0.17698155  0.10532444  0.10532444
0.108261055 0.12868645
0.123919894 0.122360141 0.132506982 0.130839146 0.145034069 0.106268475
0.109231412 0.129839881
0.123919894 0.122360141 0.132506982 0.130839146 0.106268475 0.145034069
0.109231412 0.129839881
0.1237861  0.122228031  0.132363917  0.130697881  0.106153739  0.106153739
0.148916897 0.129699696
0.122863441 0.121316986 0.131377322 0.129723704 0.105362505 0.105362505
0.108300182 0.175693354];
b = [1 0 0 0 0 0 0 0];
v = 1;
for t = 1:60
    CLV(t,:) = ((1 + r)^( - t/f)) * b * (B^t) * v;
end
temp = sum(CLV);
CE(23,:) = temp;

CLV = zeros(60,8);
B = [0.160928015 0.11283845 0.123218247 0.128760894 0.130663304 0.11283845
0.11283845 0.117914189
0.118132921 0.154286373 0.123446818 0.128999747 0.130905686 0.113047767
0.113047767 0.118132921
0.117686482 0.112620545 0.167842184 0.128512241 0.130410977 0.112620545
```

```
0.112620545 0.117686482
0.11744947 0.112393735 0.122732624 0.175038893 0.130148338 0.112393735
0.112393735 0.11744947
0.11736834 0.112316097 0.122647844 0.128164833 0.177502352 0.112316097
0.112316097 0.11736834
0.118132921 0.113047767 0.123446818 0.128999747 0.130905686 0.154286373
0.113047767 0.118132921
0.118132921 0.113047767 0.123446818 0.128999747 0.130905686 0.113047767
0.154286373 0.118132921
0.117914189 0.11283845 0.123218247 0.128760894 0.130663304 0.11283845
0.11283845 0.160928015];
b=[0 0 0 1 0 0 0 0];
v=1;
for t=1:60
    CLV(t,:)=((1+r)^(-t/f))*b*(B^t)*v;
end
temp=sum(CLV);
CE(24,:)=temp;

CLV=zeros(60,8);
B=[0.179822959 0.138514194 0.136998887 0.138791499 0.099332499 0.099332499
0.099332499 0.107874963
0.131434881 0.188577965 0.13666211 0.138450316 0.099088316 0.099088316
0.099088316 0.10760978
0.131507396 0.138249924 0.186617878 0.138526701 0.099142984 0.099142984
0.099142984 0.107669149
0.13142162 0.13815975 0.136648321 0.188936433 0.099078318 0.099078318
0.099078318 0.107598922
0.133335976 0.140172257 0.138638812 0.140452882 0.13719072 0.100521544
0.100521544 0.109166264
0.133335976 0.140172257 0.138638812 0.140452882 0.100521544 0.13719072
```

```
0.100521544 0.109166264
0.133335976 0.140172257 0.138638812 0.140452882 0.100521544 0.100521544
0.13719072 0.109166264
0.132916822 0.139731614 0.138202989 0.140011357 0.100205546 0.100205546
0.100205546 0.14852058];
b=[0 0 1 0 0 0 0 0];
v=2/3;
for t=1:60
    CLV(t,:)=((1+r)^(-t/f))*b*(B^t)*v;
end
temp=sum(CLV);
CE(25,:)=temp;

CLV=zeros(60,8);
B=[0.159899061 0.096114746 0.124363586 0.125927887 0.129698097 0.121941662
0.130217928 0.111837033
0.11806668 0.132191225 0.125325733 0.126902137 0.130701515 0.122885072
0.131225368 0.112702268
0.116853206 0.095862848 0.169285251 0.125597854 0.129358183 0.121622076
0.129876652 0.11154393
0.116786738 0.095808319 0.123967097 0.171317093 0.129284601 0.121552895
0.129802775 0.111480481
0.116626849 0.095677151 0.123797378 0.125354557 0.176204663 0.121386481
0.129625066 0.111327857
0.116956266 0.095947394 0.124147048 0.125708625 0.129472271 0.166134893
0.129991197 0.111642306
0.116604838 0.095659094 0.123774013 0.125330899 0.129083235 0.121363571
0.176877505 0.111306846
0.117388212 0.09630175 0.124605552 0.126172897 0.129950442 0.122178916
0.130471285 0.152930947];
b=[0 0 0 0 0 1 0 0];
```

```
v=2/3;
for t=1:60
    CLV(t,:)=((1+r)^(-t/f))*b*(B^t)*v;
end
temp=sum(CLV);
CE(26,:)=temp;

CLV=zeros(60,8);
B=[0.17472787 0.120750899 0.132718419 0.121093511 0.114789085 0.105238556
0.113616613 0.117065047
0.128366181 0.165238019 0.133071552 0.121415713 0.115094512 0.105518572
0.11391892 0.11737653
0.127806741 0.120544537 0.180823114 0.120886564 0.114592912 0.105058705
0.113422443 0.116864984
0.128350097 0.121057019 0.133054879 0.165686094 0.115080091 0.10550535
0.113904647 0.117361823
0.128646707 0.121336775 0.133362361 0.12168105 0.157423025 0.105749167
0.114167874 0.11763304
0.12909866 0.121763047 0.133830881 0.122108532 0.115751261 0.144832358
0.114568961 0.1180463
0.128702021 0.121388946 0.133419702 0.121733369 0.11539563 0.105794636
0.155882079 0.117683618
0.12853947 0.121235631 0.133251193 0.121579619 0.115249885 0.105661017
0.114072706 0.160410478];
b=[1 0 0 0 0 0 0 0];
v=1;
for t=1:60
    CLV(t,:)=((1+r)^(-t/f))*b*(B^t)*v;
end
temp=sum(CLV);
CE(27,:)=temp;
```

```
CLV = zeros(60,8);
B = [0.178901927 0.127506978 0.156962108 0.103562065 0.103458555 0.103458555
0.103458555 0.122691257
0.13125519 0.174247513 0.157167185 0.103697373 0.103593727 0.103593727
0.103593727 0.122851558
0.129858054 0.126314558 0.212216849 0.102593573 0.102491031 0.102491031
0.102491031 0.121543873
0.132413311 0.12880009 0.158553939 0.142773793 0.104507779 0.104507779
0.104507779 0.12393553
0.132418362 0.128805003 0.158559987 0.104616329 0.142636531 0.104511765
0.104511765 0.123940257
0.132418362 0.128805003 0.158559987 0.104616329 0.104511765 0.142636531
0.104511765 0.123940257
0.132418362 0.128805003 0.158559987 0.104616329 0.104511765 0.104511765
0.142636531 0.123940257
0.131486477 0.127898547 0.157444132 0.1038801 0.103776271 0.103776271
0.103776271 0.16796193];
b = [0 0 1 0 0 0 0 0];
v = 2;
for t = 1:60
    CLV(t,:) = ((1 + r)^( - t / f)) * b * (B^t) * v;
end
temp = sum(CLV);
CE(28,:) = temp;

CLV = zeros(60,8);
B = [0.1867479 0.141282238 0.133654696 0.107546815 0.096520901 0.095115592
0.095115592 0.144016265
0.136611042 0.192508013 0.133438111 0.107372537 0.096364491 0.094961459
0.094961459 0.143782889
0.136991596 0.141446221 0.182622208 0.107671642 0.096632931 0.095225991
```

```
0.095225991 0.144183421
0.138310375 0.142807884 0.135097975 0.148363734 0.097563189 0.096142704
0.096142704 0.145571434
0.138874981 0.143390849 0.135649467 0.109151931 0.133696741 0.096535175
0.096535175 0.146165681
0.138947274 0.143465493 0.135720081 0.109208752 0.098012453 0.13181875
0.096585427 0.146241769
0.138947274 0.143465493 0.135720081 0.109208752 0.098012453 0.096585427
0.13181875 0.146241769
0.13647515 0.140912981 0.133305375 0.10726573 0.096268633 0.094866997
0.094866997 0.196038136];
b=[0 1/2 0 0 0 0 0 1/2];
v=2;
for t=1:60
    CLV(t,:)=((1+r)^(-t/f))*b*(B^t)*v;
end
temp=sum(CLV);
CE(29,:)=temp;

CLV=zeros(60,8);
B=[0.154907694 0.123387451 0.122731137 0.121206546 0.126924964 0.11092224
0.115541459 0.12437851
0.113095225 0.167792847 0.12229019 0.120771077 0.126468951 0.110523721
0.115126343 0.123931645
0.113122211 0.122973483 0.166940158 0.120799895 0.126499128 0.110550093
0.115153814 0.123961217
0.113184948 0.123041684 0.122387208 0.164957829 0.126569284 0.110611404
0.115217678 0.124029965
0.112949993 0.122786267 0.12213315 0.120615988 0.172381811 0.110381791
0.114978503 0.123772497
0.113609974 0.123503723 0.122846789 0.121320762 0.127044569 0.151528132
```

```
0.115650336 0.124495715
0.113418678 0.123295768 0.122639941 0.121116483 0.126830653 0.110839819
0.157572566 0.12428609
0.1130545  0.122899875  0.122246154  0.120727588  0.12642341  0.110483921
0.115084887 0.169079666];
b=[0 0 1 0 0 0 0 0];
v=2;
for t=1:60
    CLV(t,:)=((1+r)^(-t/f))*b*(B^t)*v;
end
temp=sum(CLV);
CE(30,:)=temp;

CLV=zeros(60,8);
B=[0.166555235 0.122037332 0.123840403 0.155761657 0.107733473 0.100115748
0.100115748 0.123840403
0.122037332 0.166555235 0.123840403 0.155761657 0.107733473 0.100115748
0.100115748 0.123840403
0.121957116 0.121957116 0.168904952 0.155659273 0.107662659 0.100049941
0.100049941 0.123759002
0.120554241  0.120554241  0.1223354  0.209998374  0.106424213  0.098899065
0.098899065 0.1223354
0.12267745  0.12267745  0.124489979  0.156578668  0.147804712  0.100640882
0.100640882 0.124489979
0.123021102 0.123021102 0.124838708 0.157017286 0.108601936 0.137738354
0.100922803 0.124838708
0.123021102 0.123021102 0.124838708 0.157017286 0.108601936 0.100922803
0.137738354 0.124838708
0.121957116 0.121957116 0.123759002 0.155659273 0.107662659 0.100049941
0.100049941 0.168904952];
b=[0 0 0 1 0 0 0 0];
```

```
v = 1;
for t = 1:60
    CLV(t,:) = ((1 + r)^( - t/f)) * b * (B^t) * v;
end
temp = sum(CLV);
CE(31,:) = temp;

CLV = zeros(60,8);
B = [0.171522797 0.123826681 0.13190072 0.134699924 0.107542149 0.099937953
0.099937953 0.130631823
0.125762026 0.169111474 0.131989817 0.134790911 0.107614792 0.100005459
0.100005459 0.130720062
0.125392456 0.123546194 0.179608916 0.134394808 0.107298549 0.099711578
0.099711578 0.130335922
0.125264835 0.123420453 0.131468004 0.183233905 0.107189344 0.099610094
0.099610094 0.13020327
0.126514081 0.124651305 0.132779113 0.135596959 0.147749797 0.10060349
0.10060349 0.131501766
0.126868348 0.125000356 0.133150924 0.13597666 0.108561473 0.137687036
0.100885202 0.13187
0.126868348 0.125000356 0.133150924 0.13597666 0.108561473 0.100885202
0.137687036 0.13187
0.125450392 0.123603278 0.131662751 0.134456904 0.107348126 0.099757649
0.099757649 0.17796325];
b = [0 0 1 0 0 0 0 0];
v = 1;
for t = 1:60
    CLV(t,:) = ((1 + r)^( - t/f)) * b * (B^t) * v;
end
temp = sum(CLV);
CE(32,:) = temp;
```

```
CLV = zeros(60,8);
B = [0.161243558 0.118145392 0.118145392 0.120110962 0.122109234 0.118145392
0.118145392 0.123954678
0.118145392 0.161243558 0.118145392 0.120110962 0.122109234 0.118145392
0.118145392 0.123954678
0.118145392 0.118145392 0.161243558 0.120110962 0.122109234 0.118145392
0.118145392 0.123954678
0.11806074 0.11806074 0.11806074 0.163808693 0.122021742 0.11806074
0.11806074 0.123865864
0.117974804 0.117974804 0.117974804 0.119937537 0.166412739 0.117974804
0.117974804 0.123775703
0.118145392 0.118145392 0.118145392 0.120110962 0.122109234 0.161243558
0.118145392 0.123954678
0.118145392 0.118145392 0.118145392 0.120110962 0.122109234 0.118145392
0.161243558 0.123954678
0.117895552 0.117895552 0.117895552 0.119856966 0.121851011 0.117895552
0.117895552 0.168814264];
b = [0 0 0 0 0 0 0 1];
v = 2;
for t = 1:60
    CLV(t,:) = ((1 + r)^( - t/f)) * b * (B^t) * v;
end
temp = sum(CLV);
CE(33,:) = temp;

CLV = zeros(60,8);
B = [0.157718584 0.120519592 0.118725289 0.119619076 0.121755183 0.118369647
0.122047746 0.121244883
0.115354005 0.164186948 0.11851099 0.119403164 0.121535415 0.11815599
0.12182745 0.121026037
0.115429422 0.120380707 0.161848268 0.119481229 0.121614874 0.118233239
```

```
0.1219071 0.121105162
0.115391842 0.120341515 0.118549864 0.163013605 0.12157528 0.118194747
0.121867411 0.121065735
0.115302128 0.120247953 0.118457694 0.119349467 0.16579563 0.118102854
0.121772663 0.12097161
0.115444382 0.120396308 0.118603841 0.119496714 0.121630635 0.161384364
0.121922899 0.121120858
0.115289852 0.12023515 0.118445082 0.11933676 0.121467825 0.118090279
0.166176323 0.12095873
0.115323548 0.120270291 0.1184797 0.119371638 0.121503326 0.118124793
0.121795284 0.165131419];
b=[0 0 1 0 0 0 0 0];
v=2;
for t=1:60
    CLV(t,:)=((1+r)^(-t/f))*b*(B^t)*v;
end
temp=sum(CLV);
CE(34,:)=temp;

CLV=zeros(60,8);
B=[0.169920398 0.102890304 0.107518553 0.127505999 0.125880127 0.122690315
0.120903989 0.122690315
0.125492427 0.141539489 0.108372975 0.128519257 0.126880464 0.123665303
0.121864782 0.123665303
0.125279233 0.103531762 0.147654996 0.12830092 0.126664912 0.123455213
0.12165775 0.123455213
0.124366796 0.102777717 0.1074009 0.173828393 0.125742383 0.122556061
0.120771689 0.122556061
0.124440521 0.102838644 0.107464568 0.127441979 0.171713581 0.122628712
0.120843283 0.122628712
0.124585417 0.102958387 0.107589697 0.12759037 0.125963422 0.167557218
```

```
0.120983991 0.122771499
0.124666708 0.103025566 0.107659899 0.127673621 0.126045611 0.122851606
0.165225384 0.122851606
0.124585417 0.102958387 0.107589697 0.12759037 0.125963422 0.122771499
0.120983991 0.167557218];
b=[1 0 0 0 0 0 0 0];
v=1;
for t=1:60
    CLV(t,:)=((1+r)^(-t/f))*b*(B^t)*v;
end
temp=sum(CLV);
CE(35,:)=temp;

CLV=zeros(60,8);
B=[0.182776995 0.108194818 0.144425933 0.152312369 0.08778876 0.08778876
0.08778876 0.148923607
0.135192079 0.149062136 0.145794278 0.153755433 0.088620503 0.088620503
0.088620503 0.150334565
0.133412103 0.107781876 0.196358654 0.151731046 0.087453701 0.087453701
0.087453701 0.148355218
0.133030849 0.107473866 0.143463557 0.206489118 0.087203783 0.087203783
0.087203783 0.147931261
0.136215663 0.110046836 0.146898135 0.154919566 0.121864047 0.089291478
0.089291478 0.151472797
0.136215663 0.110046836 0.146898135 0.154919566 0.089291478 0.121864047
0.089291478 0.151472797
0.136215663 0.110046836 0.146898135 0.154919566 0.089291478 0.089291478
0.121864047 0.151472797
0.133194404 0.107606001 0.143639939 0.151483455 0.087310996 0.087310996
0.087310996 0.202143212];
b=[0 0 1 0 0 0 0 0];
```

```
v = 2;
for t = 1:60
    CLV(t,:) = ((1 + r)^( - t/f)) * b * (B^t) * v;
end
temp = sum(CLV);
CE(36,:) = temp;

CLV = zeros(60,8);
B = [0.157592022 0.121390127 0.120062153 0.121410361 0.119994137 0.115990646
0.120459013 0.123101541
0.115221024 0.165314915 0.11980342 0.121148722 0.11973555 0.115740687
0.120199424 0.122836258
0.115276747 0.121187112 0.163585491 0.121207312 0.119793457 0.115796661
0.120257555 0.122895664
0.115220175 0.12112764 0.119802537 0.165341252 0.119734669 0.115739834
0.120198539 0.122835353
0.115279603 0.121190114 0.119864328 0.121210314 0.163496869 0.11579953
0.120260534 0.122898708
0.115447929 0.12136707 0.120039348 0.1213873 0.119971345 0.158272716
0.120436133 0.123078159
0.115260089 0.1211696 0.119844038 0.121189797 0.119776146 0.115779928
0.164102497 0.122877905
0.115149291 0.121053121 0.119728834 0.121073298 0.119661006 0.11566863
0.120124591 0.167541229];
b = [0 0 1 0 0 0 0 0];
v = 2;
for t = 1:60
    CLV(t,:) = ((1 + r)^( - t/f)) * b * (B^t) * v;
end
temp = sum(CLV);
CE(37,:) = temp;
```

```
CLV = zeros(60,8);
B = [0.165917128 0.130907168 0.119520563 0.11651132 0.114742264 0.111737805
0.125138581 0.115525171
0.121157099 0.178054208 0.119114837 0.116115809 0.114352759 0.111358498
0.124713783 0.115133007
0.121660727 0.131005099 0.163242405 0.116598481 0.114828102 0.111821395
0.125232196 0.115611594
0.121794526 0.131149174 0.119741519 0.159307359 0.114954387 0.111944373
0.125369922 0.11573874
0.12187332 0.131234021 0.119818985 0.116802228 0.156990006 0.112016795
0.125451029 0.115813617
0.122007373 0.13137837 0.119950779 0.116930703 0.11515528 0.153047472
0.125589018 0.115941005
0.121411721 0.130736967 0.119365167 0.116359836 0.11459308 0.111592527
0.170565733 0.115374969
0.121838437 0.131196458 0.11978469 0.116768796 0.114995831 0.111984732
0.125415122 0.158015934];
b = [1 0 0 0 0 0 0 0];
v = 2;
for t = 1:60
    CLV(t,:) = ((1 + r)^( - t / f)) * b * (B^t) * v;
end
temp = sum(CLV);
CE(38,:) = temp;

CLV = zeros(60,8);
B = [0.157592022 0.121390127 0.120062153 0.121410361 0.119994137 0.115990646
0.120459013 0.123101541
0.115221024 0.165314915 0.11980342 0.121148722 0.11973555 0.115740687
0.120199424 0.122836258
0.115276747 0.121187112 0.163585491 0.121207312 0.119793457 0.115796661
```

```
0.120257555 0.122895664
0.115220175 0.12112764 0.119802537 0.165341252 0.119734669 0.115739834
0.120198539 0.122835353
0.115279603 0.121190114 0.119864328 0.121210314 0.163496869 0.11579953
0.120260534 0.122898708
0.115447929 0.12136707 0.120039348 0.1213873 0.119971345 0.158272716
0.120436133 0.123078159
0.115260089 0.1211696 0.119844038 0.121189797 0.119776146 0.115779928
0.164102497 0.122877905
0.115149291 0.121053121 0.119728834 0.121073298 0.119661006 0.11566863
0.120124591 0.167541229];
b=[0 0 1 0 0 0 0 0];
v=2;
for t=1:60
    CLV(t,:)=((1+r)^(-t/f))*b*(B^t)*v;
end
temp=sum(CLV);
CE(39,:)=temp;

CLV=zeros(60,8);
B=[0.164730422 0.124044909 0.120639931 0.118034506 0.128104158 0.102358054
0.119113522 0.122974498
0.120553181 0.169088851 0.120492919 0.117890668 0.12794805 0.10223332
0.11896837 0.122824641
0.120702923 0.124047639 0.164651702 0.118037103 0.128106978 0.102360307
0.119116143 0.122977205
0.120817754 0.124165653 0.120757361 0.161249026 0.128228853 0.102457688
0.119229465 0.1230942
0.12037515 0.123710783 0.120314977 0.11771657 0.174364241 0.102082344
0.118792679 0.122643256
0.121513317 0.124880489 0.121452575 0.118829599 0.128967082 0.140638185
```

```
0.119915884 0.123802868
0.120770171 0.124116751 0.120709801 0.118102867 0.128178351 0.102417336
0.162659002 0.12304572
0.120600215 0.123942085 0.12053993 0.117936663 0.127997969 0.102273207
0.119014785 0.167695147];
b=[1/8 1/8 1/8 1/8 1/8 1/8 1/8 1/8];
v=2;
for t=1:60
    CLV(t,:)=((1+r)^(-t/f))*b*(B^t)*v;
end
temp=sum(CLV);
CE(40,:)=temp;

CLV=zeros(60,8);
B=[0.160017845 0.123258693 0.123711471 0.121261819 0.122963226 0.105314594
0.12208921 0.121383142
0.116990747 0.167854049 0.123440778 0.120996487 0.122694171 0.105084156
0.121822067 0.121117544
0.116971469 0.122968725 0.168442883 0.120976549 0.122673954 0.10506684
0.121801993 0.121097586
0.117075843 0.12307845 0.123530566 0.165254816 0.122783416 0.105160591
0.121910677 0.121205642
0.11700333 0.123002219 0.123454055 0.121009501 0.167469693 0.105095459
0.12183517 0.121130571
0.117759895 0.123797574 0.124252331 0.12179197 0.123500816 0.144360613
0.122622978 0.121913823
0.117040569 0.123041367 0.123493347 0.121048015 0.122746422 0.105128907
0.166332249 0.121169124
0.117070669 0.123073011 0.123525107 0.121079146 0.12277799 0.105155944
0.12190529 0.165412843];
b=[0 1 0 0 0 0 0 0];
```

```
v = 1;
for t = 1:60
    CLV(t,:) = ((1 + r)^( - t/f)) * b * (B^t) * v;
end
temp = sum(CLV);
CE(41,:) = temp;

CLV = zeros(60,8);
B = [0.158693518 0.102034206 0.096220405 0.121345451 0.131970021 0.124791138
0.132260674 0.132684586
0.116884226 0.139982478 0.096722939 0.121979206 0.132659265 0.125442889
0.132951436 0.133377562
0.117133942 0.102786232 0.132288448 0.122239808 0.132942684 0.125710891
0.133235479 0.133662516
0.11606235  0.1018459  0.096042828  0.165305325  0.131726467  0.124560833
0.132016584 0.132439714
0.115615085 0.101453419 0.095672711 0.120654743 0.179086054 0.124080817
0.131507836 0.131929335
0.115916918 0.101718281 0.095922481 0.120969733 0.131561406 0.169786264
0.131851159 0.132273759
0.115602897 0.101442725 0.095662626 0.120642025 0.131205004 0.124067737
0.179461557 0.131915428
0.115585127 0.101427131 0.095647921 0.12062348 0.131184836 0.124048666
0.13147376 0.180009079];
b = [0 0 0 1 0 0 0 0];
v = 2;
for t = 1:60
    CLV(t,:) = ((1 + r)^( - t/f)) * b * (B^t) * v;
end
temp = sum(CLV);
CE(42,:) = temp;
```

```
CLV = zeros(60,8);
B = [0.150052007 0.109945187 0.127993815 0.111774332 0.129608099 0.109945187
0.129228473 0.1314529
0.109945187 0.150052007 0.127993815 0.111774332 0.129608099 0.109945187
0.129228473 0.1314529
0.109226049 0.109226049 0.173541988 0.111043229 0.128760348 0.109226049
0.128383205 0.130593082
0.109871875 0.109871875 0.127908468 0.152446683 0.129521676 0.109871875
0.129142302 0.131365246
0.109162187 0.109162187 0.127082277 0.110978305 0.175627989 0.109162187
0.128308142 0.130516727
0.109945187 0.109945187 0.127993815 0.111774332 0.129608099 0.150052007
0.129228473 0.1314529
0.109177198 0.109177198 0.127099753 0.110993566 0.128702761 0.109177198
0.17513765 0.130534675
0.109089296 0.109089296 0.126997421 0.110904202 0.128599139 0.109089296
0.128222467 0.178008882];
b = [1/8 1/8 1/8 1/8 1/8 1/8 1/8 1/8];
v = 1;
for t = 1:60
    CLV(t,:) = ((1 + r)^( - t/f)) * b * (B^t) * v;
end
temp = sum(CLV);
CE(43,:) = temp;

CLV = zeros(60,8);
B = [0.159042773 0.116532847 0.127252484 0.116532847 0.116532847 0.116532847
0.116532847 0.13104051
0.116532847 0.159042773 0.127252484 0.116532847 0.116532847 0.116532847
0.116532847 0.13104051
0.116078931 0.116078931 0.172996333 0.116078931 0.116078931 0.116078931
```

```
0.116078931 0.130530084
0.116532847 0.116532847 0.127252484 0.159042773 0.116532847 0.116532847
0.116532847 0.13104051
0.116532847 0.116532847 0.127252484 0.116532847 0.159042773 0.116532847
0.116532847 0.13104051
0.116532847 0.116532847 0.127252484 0.116532847 0.116532847 0.159042773
0.116532847 0.13104051
0.116532847 0.116532847 0.127252484 0.116532847 0.116532847 0.116532847
0.159042773 0.13104051
0.115919374 0.115919374 0.126582579 0.115919374 0.115919374 0.115919374
0.115919374 0.17790118];
b=[0 0 1 0 0 0 0 0];
v=2;
for t=1:60
    CLV(t,:)=((1+r)^(-t/f))*b*(B^t)*v;
end
temp=sum(CLV);
CE(44,:)=temp;

CLV=zeros(60,8);
B=[0.165416097 0.125729248 0.123857383 0.110383879 0.131306038 0.113992285
0.108273897 0.121041174
0.121002864 0.171311045 0.123653201 0.110201908 0.131089577 0.113804365
0.108095405 0.120841634
0.121085409 0.125607608 0.16887568 0.110277086 0.131179003 0.113882
0.108169145 0.12092407
0.121682901 0.126227414 0.124348133 0.151247639 0.131826301 0.114443947
0.108702901 0.121520765
0.120757605 0.125267562 0.12340257 0.109978542 0.178547012 0.113573697
0.107876308 0.120596703
0.121522306 0.126060822 0.124184021 0.110674984 0.131652319 0.155985726
```

```
0.108559438 0.121360384
0.121777004 0.126325031 0.124444297 0.110906947 0.131928248 0.114532451
0.148471279 0.121614743
0.12120981  0.125736655  0.12386468  0.110390382  0.131313774  0.113999
0.108280276 0.165205422];
b=[1 0 0 0 0 0 0 0];
v=1;
for t=1:60
    CLV(t,:)=((1+r)^(-t/f))*b*(B^t)*v;
end
temp=sum(CLV);
CE(45,:)=temp;

CLV=zeros(60,8);
B=[0.169280864 0.141253939 0.142341047 0.108118292 0.108118292 0.108118292
0.108118292 0.114650983
0.123260181 0.191578455 0.141452515 0.107443387 0.107443387 0.107443387
0.107443387 0.1139353
0.123211624 0.140316895 0.192976818 0.107401062 0.107401062 0.107401062
0.107401062 0.113890417
0.124758792 0.142078854 0.143172311 0.148420414 0.108749697 0.108749697
0.108749697 0.115320539
0.124758792 0.142078854 0.143172311 0.108749697 0.148420414 0.108749697
0.108749697 0.115320539
0.124758792 0.142078854 0.143172311 0.108749697 0.108749697 0.148420414
0.108749697 0.115320539
0.124758792 0.142078854 0.143172311 0.108749697 0.108749697 0.108749697
0.148420414 0.115320539
0.124460464  0.141739109  0.142829952  0.10848965  0.10848965  0.10848965
0.10848965 0.157011875];
b=[0 1 0 0 0 0 0 0];
```

```
v=2;
for t=1:60
    CLV(t,:)=((1+r)^(-t/f))*b*(B^t)*v;
end
temp=sum(CLV);
CE(46,:)=temp;

CLV=zeros(60,8);
B=[0.162954176 0.111996658 0.12377545 0.125144495 0.124420758 0.111996658
0.114442102 0.125269703
0.119722061 0.153265682 0.124110575 0.125483328 0.124757631 0.112299892
0.114751957 0.125608874
0.119208463 0.111818134 0.168658127 0.124945013 0.12422243 0.111818134
0.114259679 0.125070021
0.119149053 0.111762407 0.123516562 0.170438624 0.124160521 0.111762407
0.114202736 0.12500769
0.119180452 0.11179186 0.123549112 0.124915655 0.169497597 0.11179186
0.114232832 0.125040633
0.119722061 0.112299892 0.124110575 0.125483328 0.124757631 0.153265682
0.114751957 0.125608874
0.119615067 0.112199531 0.123999659 0.125371185 0.124646137 0.112199531
0.156472271 0.125496619
0.119143622 0.111757313 0.123510933 0.124877053 0.124154862 0.111757313
0.114197531 0.170601372];
b=[0 0 1 0 0 0 0 0];
v=1;
for t=1:60
    CLV(t,:)=((1+r)^(-t/f))*b*(B^t)*v;
end
temp=sum(CLV);
CE(47,:)=temp;
```

```
CLV = zeros(60,8);
B = [0.164110645 0.124052831 0.12774561 0.099190363 0.119586608 0.108513457
0.119586608 0.137213878
0.1200794 0.169071188 0.127568463 0.099052815 0.119420776 0.10836298
0.119420776 0.137023602
0.119918084 0.123714382 0.173870171 0.098919746 0.119260345 0.108217404
0.119260345 0.136839523
0.121176897 0.125013046 0.128734409 0.136421784 0.120512253 0.109353392
0.120512253 0.138275965
0.120275084 0.124082684 0.127776352 0.099214233 0.16324979 0.108539571
0.119615387 0.137246899
0.120763007 0.124586054 0.128294706 0.099616718 0.120100634 0.148734575
0.120100634 0.137803672
0.120275084 0.124082684 0.127776352 0.099214233 0.119615387 0.108539571
0.16324979 0.137246899
0.119506444 0.123289711 0.126959774 0.098580187 0.118850963 0.107845929
0.118850963 0.18611603];
b = [0 0 0 0 0 0 1 0];
v = 1;
for t = 1:60
    CLV(t,:) = ((1 + r)^( - t/f)) * b * (B^t) * v;
end
temp = sum(CLV);
CE(48,:) = temp;

CLV = zeros(60,8);
B = [0.184436513 0.146296976 0.131868512 0.112746128 0.108596441 0.111456974
0.105299145 0.099299311
0.134591373 0.198855147 0.131333951 0.112289084 0.108156219 0.111005157
0.10487229 0.098896778
0.135300621 0.146471732 0.180187707 0.112880807 0.108726163 0.111590113
```

```
0.105424929 0.099417928
0.136252202 0.147501881 0.132954584 0.155142016 0.109490844 0.112374937
0.106166392 0.100117143
0.136460472 0.147727347 0.133157813 0.113848467 0.14966034 0.112546709
0.106328674 0.100270178
0.136316836 0.147571851 0.133017653 0.113728632 0.109542783 0.153440855
0.106216754 0.100164635
0.136626416 0.147906992 0.133319741 0.113986913 0.109791558 0.112683572
0.145292697 0.100392112
0.136929408  0.148235  0.1336154  0.114239698  0.110035039  0.112933467
0.106694064 0.137317925];
b=[1/8 1/8 1/8 1/8 1/8 1/8 1/8 1/8];
v=2;
for t=1:60
    CLV(t,:)=((1+r)^(-t/f))*b*(B^t)*v;
end
temp=sum(CLV);
CE(49,:)=temp
```

参考文献

［1］聂冲，贾生华．离散选择模型的基本原理及其发展演进评介［J］．数量经济技术经济研究，2005，22（11）：151－159.

［2］邵景波，唐桂，张明立．顾客资产测量模型的改进及其在服务业中的应用［J］．中国软科学，2010（5）：161－168.

［3］谭刚，王毅，熊卫．基于顾客知识的服务失误归因模型研究：以航空服务业为例［J］．经济管理，2006（8）：24－31.

［4］陶鹏德，王永贵．服务质量对顾客资产的驱动作用研究——基于顾客行为视角的实证考察［J］．南京社会科学，2010（3）：29－35.

［5］滕学珍，吴作民．顾客知识管理的概念及其实施［J］．科技情报开发与经济，2007，17（6）：142－143.

［6］王永贵，邢金刚，史有春，何健．对市场导向、顾客资产导向与新产品开发绩效之间关系的探索性研究——基于中国背景的调节效应模型［J］．南开管理评论，2008：12－19.

［7］张群，曹丽，李纯青．离散选择模型的比较及其在零售业的应用［J］．西安工业学院学报，2005（3）：293－298.

［8］张若勇，刘新梅，王海珍．服务氛围对顾客知识获取影响路径的实证研究［J］．科学学研究，2008，26（2）：350－357.

［9］周镭，田欣媛，臧国强．顾客资产收益期限影响因素实证研究——以商业银行信用卡顾客为例［J］．软科学，2009，23（11）：136－139.

［10］朱俊．顾客知识管理的作用机理研究［J］．理论月刊，2006（7）：153－155.

［11］王伟，黄瑞华．顾客知识管理及其对竞争优势的贡献［J］．科学

学与科学技术管理，2006（10）：71 -75.

[12] Manoj K. Agarwal and Brian T. Ratchford, 1980. Estimating Demand Functions for Product Characteristics: The Case of Automobiles [J]. The Journal of Consumer Research, 7 (3): 249 -262.

[13] Alba, Joseph W. and J. Wesley Hutchinson, 1987. Dimensions of Consumer Expertise [J]. Journal of Consumer Research, 13 (March): 411 -454.

[14] Alba, J., J. Lynch, B. Weitz, C. Janiszewski, et al., 1997. Interactive home shopping: Consumer, retailer, and manufacturer incentives to participate in electronic marketplaces [J]. Journal of Marketing, 61 (3): 38 -53.

[15] Anderson, Simon, Andre de Palma and Jacques-Francois Thisse, 1992. Discrete Choice Theory of Product Differentiation [M]. Cambridge, MA: The MIT Press.

[16] Anderson, E. and D. Simester, 2004. Long-run effects of promotion depth on new versus established customers: Three field studies [J]. Marketing Science, 23 (1): 4 -20.

[17] Anderson, E. W., C. Fornell, and D. R. Lehmann, 1994. Customer satisfaction, market share, and profitability: Findings from Swedem [J]. Journal of Marketing, 58: 53 -66.

[18] Anderson, E. W., C. Fornell, and S. K. Mazvacheryl, 2004. Customer satisfaction and shareholder value [J]. Journal of Marketing, 68 (4): 172 -185.

[19] Anderson, E. W. and V. Mittal, 2000. Strengthening the satisfaction-profit chain [J]. Journal of Service Research, 3 (2): 107 -120.

[20] Ansari, A. and C. F. Mela, 2003. E-customization [J]. Journal of Marketing Research, 40 (2): 131 -145.

[21] Scott E. Atkinson and Robert Halvorsen, 1984. A New Hedonic Technique for Estimating Attribute Demand: An Application to the Demand for Automobile Fuel Efficiency [J]. The Review of Economics and Statistics, Vol. 66, No. 3 (Aug.): 417 -426.

[22] Bakos, J. Y., 1991. A strategic analysis of electronic marketplaces

[J]. MIS Quarterly, 15 (3): 295 -310.

[23] Bakos, J. Y. , 1997. Reducing buyer search costs: Implications for electronic marketplaces [J]. Management Science, 43 (12): 1676 -1692.

[24] Bass, F. M. , 1969. A new product growth for model consumer durables [J]. Management Science, 15 (5): 215 -227.

[25] Gary S. Becker, 1963. A Theory of the Allocation of Time [J]. The Economic Journal, Vol. 75, No. 299: 493 -517.

[26] Gary S. Becker, Michael Grossman, Kevin M. Murphy, 1991. Economics of Drugs Rational Addiction and the Effect of Price on Consumption [J]. The American Economic Review, Vol. 81, No. 2: 237 -241.

[27] M. K. Berkowitz and G. H. Haines, 1982. Predicting Demand for Residential Solar Heating: An Attribute Method [J]. Management Science, 28 (7): 717 -727.

[28] Belk, Russell W. , Melanie Wallendorf, and John F. Sherry, 1989. The Sacred and the Profane in Consumer Behavior: Theodicy and the Odyssey [J]. Journal of Consumer Research, 16: 1 -38.

[29] Bell, D. R. , J. Chiang, and V. Padmanabhan, 1999. The decomposition of promotional response: An empirical generalization [J]. Marketing Science, 18 (4): 504 -526.

[30] Ben-Akiva, M. and S. R. Lerman, 1985. Discrete Choice Models [M]. MIT Press.

[31] Berger, P. D. and N. N. Bechwati, 2001. The allocation of promotion budget to maximize customer equity [J]. Omega, 29 (1): 49 -62.

[32] Berger, P. D. and N. I. Nasr, 1998. Customer lifetime value: Marketing models and applications [J]. Journal of Interactive Marketing, 12 (1): 17 -30.

[33] Berry, M. J. A. and G. Linoff, 1997. Data Mining Techniques for Marketing, Sales and Customer Support [M]. New York: John Wiley & Sons.

[34] Berry, Steven, 1994. Estimating Discrete Choice Models of Product Differentiation [J]. RAND Journal of Economics, 23 (2): 242 -262.

[35] Berry, Steven, James Levinsohn, and Ariel Pakes, 1995. Automobile Prices in Market Equilibrium [J]. Econometrica, 60 (4): 889 -917.

[36] Berry, Steven, James Levinsohn, and Ariel Pakes, 2004. Differentiated Products Demand Systems from a Combination of Micro and Macro Data: The New Vehicle Market [J]. Journal of Political Economy, 112 (1): 68 -105.

[37] Bitran, G. and S. Mondschein, 1996. Mailing decisions in the catalog sales industry [J]. Management Science, 42 (9): 1364 -1381.

[38] Blattberg, R. C. and J. Deighton, 1996. Manage marketing by the customer equity test [J]. Harvard Business Review, 74 (4): 136 -144.

[39] Blattberg, R. C. , G. Getz, and J. S. Thomas, 2001. Customer Equity: Building and Managing Relationships as Valued Assets [M]. Boston, Massachusetts: Harvard Business School Press.

[40] Bolton, R. N. , 1998. A dynamic model of the duration of the customer's relationship with a continuous service provider: The role of satisfaction [J]. Marketing Science, 17 (1): 45 -65.

[41] Bolton, R. N. and K. N. Lemon, 1999. "A dynamic model of customers" usage of services: Usage as an antecedent and consequence of satisfaction [J]. Journal of Marketing Research, 36 (2): 171 -186.

[42] William Boulding, Richard Staelin, Michael Ehret, & Wesley J. Johnston, 2005. A Customer Relationship Management Roadmap: What Is Known, Potential Pitfalls, and Where to Go [J]. Journal of Marketing, Vol. 69 (October): 155 -166.

[43] Breese, J. S. , D. Heckerman, and C. Kadie, 1998. Empirical analysis of predictive algorithms for collaborative filtering [J]. Proceedings of the Fourteenth Conference on Uncertainty in Artificial Intelligence.

[44] Brucks, Merrie, 1985. The Effects of Product Class Knowledge on Information Search Behavior [J]. Journal of Consumer Research, 12 (June): 1 -16.

[45] Brucks, Merrie, 1986. A Typology of Consumer Knowledge Content [J]. in Advances in Consumer Research, Vol. 13, ed. Richard J. Lutz, Provo,

UT: Association for Consumer Research: 58 - 63.

[46] Brynjolfsson, E. and M. D. Smith, 2000. Frictionless commerce? A comparison of internet and conventional retailers [J]. Management Science, 46 (4): 563 - 585.

[47] Bult, J. R. and T. Wansbeek, 1995. Optimal selection for direct mail [J]. Marketing Science, 14 (4): 378 - 394.

[48] Cao, Y. and T. S. Gruca, 2005. Reducing adverse selection through customer relationship management [J]. Journal of Marketing, 69 (4): 219 - 229.

[49] Celsi, Richard, Randall Rose, and Thomas Leigh, 1993. An Exploration of High-Risk Leisure Consumption through Skydiving [J]. Journal of Consumer Research, 20 (June): 1 - 23.

[50] Chakravarti, D., A. Mitchell, and R. Staelin, 1981. Judgment based marketing decision models: Problems and possible solutions/commentary on "Judgment-Based Marketing Decision Models" [J]. Journal of Marketing, 45 (4): 13 - 40.

[51] Chen, Y., 1997. Paying customers to switch [J]. Journal of Economics and Management Strategy, 6: 877 - 897.

[52] Chen, Y., C. Narasimhan, and Z. J. Zhang, 2001. Individual marketing with imperfect targetability [J]. Marketing Science, 20 (1): 23 - 41.

[53] Chen, Y. and Z. J. Zhang, 2001. Price-for-information effect and benefit of behavior-based targeted pricing [J]. Working Paper.

[54] Cox, D. R., 1975. Partial likelihood [M]. Biometrika, 62: 269 - 276.

[55] Dekimpe, M. G. and D. M. Hanssens, 1995. The persistence of marketing effects on sales [J]. Marketing Science, 14 (1): 1 - 21.

[56] Dekimpe, M. G. and D. M. Hanssens, 1999. Sustained spending and persistent response: A new look at long-term marketing profitability [J]. Journal of Marketing Research, 36 (4): 397 - 412.

[57] Dowling, G. R. and M. Uncles, 1997. Do customer loyalty programs really work? [J]. Sloan Management Review, 38 (4): 71 - 82.

[58] Dreze, X. and A. Bonfrer, 2001. To pester or leave alone: Lifetime val-

ue maximization through optimal communication timing [J]. Working Paper, Wharton-SMU Research Center.

[59] Dreze, X. and A. Bonfrer, 2003. A renewable-resource approach to database valuation [J]. Working Paper, Wharton-SMU Research Center.

[60] Du, R. Y., W. A. Kamakura, and C. F. Mela, 2006. Size and share of customer wallet [J]. Journal of Marketing.

[61] Dwyer, F. R., 1997. Customer lifetime valuation to support marketing decision making [J]. Journal of Direct Marketing, 11 (4): 6 - 13.

[62] Enders, W., 1994. Applied Econometric Times Series [M]. New York: John Wiley & Sons.

[63] Fader, P. S., B. G. S. Hardie, and K. L. Lee, 2005a. "Counting your customers" the easy way: An alternative to the pareto/NBD model [J]. Marketing Science, 24 (2): 275 - 284.

[64] Fader, P. S., B. G. S. Hardie, and K. L. Lee, 2005b. RFM and CLV: Using iso-value curves for customer base analysis [J]. Journal of Marketing Research, XLII: 415 - 430.

[65] Fournier, S., S. Dobscha, and D. G. Mick, 1998. Preventing the premature death of relationship marketing [J]. Harvard Business Review, 76 (1): 42 - 44.

[66] Fudenberg, D. and J. Tirole, 2000. Customer poaching and brand switching [J]. RAND Journal of Economics, 31 (4): 634 - 657.

[67] Garbarino, E. and M. S. Johnson, 1999. The different roles of satisfaction, trust, and commitment in customer relationships [J]. Journal of Marketing, 63 (2): 70 - 87.

[68] Gensch, D., 1973. Advertising Planning Mathematical Models in Advertising Media Planning [J]. New York: Elsevier Scientific Publishing Company.

[69] Giuffrida, G., W. Chu, and D. M. Hanssens, 2000. Mining classification rules from datasets with large number of many-valued attributes [J]. Lecture Notes in Computer Science 1777, Springler-Verlag: 335 - 349.

[70] Greene, W. H. , 2000. Econometric Analysis [M]. Prentice Hall.

[71] Greyser, S. A. and H. P. Root, 1999. Improving advertising budgeting [J]. MSI Working Paper Report No. 00 – 126.

[72] Gupta, S. , 1988. Impact of sales promotions on when, what, and how much to buy [J]. Journal of Marketing Research, 25 (4): 342 – 355.

[73] Gupta, S. and D. R. Lehman, 2003. Customers as assets [J]. Journal of Intercative Marketing, 17 (1): 9 – 24.

[74] Gupta, S. , D. R. Lehman, and J. A. Stuart, 2002. Valuing customers [J]. Journal of Marketing Research XLI: 7 – 18.

[75] Gupta, S. and V. Zeithaml, 2006. Customer metrics and their impact on financial performance [J]. Marketing Science, Vol. 25, No. 6: 718 – 739.

[76] Gustafsson, A. , M. D. Johnson, and I. Roos, 2005. The effects of customer satisfaction, relationship commitment dimensions, and triggers on customer retention [J]. Journal of Marketing 69: 210 – 218.

[77] Hansotia, B. J. and P. Wang, 1997. Analytical challenges in customer acquisition [J]. Journal of Direct Marketing, 11 (2): 7 – 19.

[78] Helsen, K. and D. C. Schmittlein, 1993. Analyzing duration times in marketing: Evidence for the effectiveness of hazard rate models [J]. Marketing Science, 11 (4): 395 – 413.

[79] Hogan, J. E. , D. R. Lehmann, M. Merino, R. K. Srivasta, J. S. Thomas, and P. C. Verhoef, 2002a. Linking customer assets to financial performance [J]. Journal of Service Research, 5 (1): 36 – 38.

[80] Hogan, J. E. , K. N. Lemon, and B. Libai, 2002b. The true value of a lost customer [J]. MSI Working Paper Report No. 02 – 108.

[81] Hogan, J. E. , K. N. Lemon, and R. R. Rust, 2002c. Customer equity management: Charting new directions for the future of marketing [J]. Journal of Service Research, 5 (1): 4 – 12.

[82] Holbrook, Morris C. and Elizabeth C. Hirschman, 1982. The Experiential Aspects of Consumption: Consumer Fantasies, Feelings, and Fun [J]. Jour-

nal of Consumer Research, 9 (September): 132 - 140.

[83] Holt, D. B., 1995. How consumers consume: A typology of consumption practices [J]. Journal of Consumer Research, 22 (1): 1 - 16.

[84] Hotelling, H., 1929. Stability in competition [J]. The Economic Journal, 39 (153): 41 - 45.

[85] Jackson, B. B., 1985. Winning and Keeping Industrial Customers the Dynamics of Customer Relationships [M]. Lexington, Mass: Lexington Books.

[86] Jackson, D., 1989a. Determining a customer's lifetime value [J]. Direct Marketing, 51 (11): 60 - 62, 123.

[87] Jackson, D., 1989b. Determining a customer's lifetime value (Part 2) [J]. Direct Marketing, 52 (1): 24 - 32.

[88] Jackson, D., 1989c. Insurance marketing: Determining a customer's lifetime value (Part 3) [J]. Direct Marketing, 52 (4): 28 - 30.

[89] Jain, D. and S. Singh, 2002. Customer lifetime value research in marketing: A review and future directions [J]. Journal of Interactive Marketing, 16 (2): 34 - 46.

[90] Jedidi, K., C. F. Mela, and S. Gupta, 1999. Managing advertising and promotion for long-run profitability [J]. Marketing Science, 18 (1): 1 - 22.

[91] Johnson, E. J., W. W. Moe, P. S. Fader, S. Bellman, and G. L. Lohse, 2004. On the depth and dynamics of online search behavior [J]. Management Science, 50 (3): 299 - 308.

[92] Jones, T. O. and W. E. Jr. Sasser, 1995. Why satisfied customers defect [J]. Harvard Business Review, 73 (6): 88 - 99.

[93] Kamakura, W., S. Ramaswami, and R. Srivasta, 1991. Applying latent trait analysis in the evaluation of prospects for cross-selling of financial services [J]. International Journal of Research in Marketing 8: 329 - 349.

[94] Kamakura, W. A. and M. Wedel, 2003. List augmentation with model based multiple imputation: A case study using a mixed-income factor model [J]. Statistica Neerlandia, 57 (1): 46 - 57.

[95] Kamakura, W. A., M. Wedel, F. d. Rosa, and J. A. Mazzon, 2003. Cross-selling through database marketing: A mixed data factor analyzer for data augmentation and prediction [J]. International Journal of Research in Marketing 20: 45 – 65.

[96] Keane, T. J. and P. Wang, 1995. Applications for the lifetime value model in modern newspaper publishing [J]. Journal of Direct Marketing, 9 (2): 59 – 66.

[97] Keil, S. K., D. Reibstein, and D. R. Wittink, 2001. The impact of business objectives and the time horizon of performance evaluation on pricing behavior [J]. International Journal of Research in Marketing (18): 67 – 81.

[98] Kim, B. -D. and S. -O. Kim, 1999. Measuring upselling potential of life insurance customers: Application of a stochastic frontier model [J]. Journal of Interactive Marketing, 13 (4): 2 – 9.

[99] Klemperer, P., 1987a. The competitiveness of markets with switching costs [J]. Rand Journal of Economics, 18 (1): 138 – 150.

[100] Klemperer, P., 1987b. Markets with consumer switching costs [J]. Quarterly Journal of Economics, 102 (2): 375 – 394.

[101] Knott, A., A. Hayes, and S. Neslin, 2002. Next-product-to-buy models for cross-selling applications [J]. Journal of Interactive Marketing, 16 (3): 59 – 75.

[102] Kumar, V., N. K. Leman, and A. Parasuraman, 2006. Managing customers for value: An overview and research agenda [J]. Journal of Service Research, 9 (2): 87 – 94.

[103] Labe R. P. Jr., 1994. Database marketing increases prospecting effectiveness at merrill lynch [J]. Interfaces, 24 (5): 1 – 12.

[104] Lancaster, Kelvin, 1966. A New Approach to Consumer Theory [J]. Journal of Political Economy, 74 (2): 132 – 157.

[105] Kelvin Lancaster, 1966. Change and Innovation in the Technology of Consumption [J]. The American Economic Review, Vol. 56, No. 1/2 (Mar.):

14 –23.

[106] Leeflang, P. S. H., D. R. Wittink, M. Wedel, and P. A. Naert, 2000. Building Models for Marketing Decisions [M]. Boston/Dordrecht/London: Kluwer Academic Publishers.

[107] Lemmens, A. and C. Croux, 2006. Bagging and boosting classification trees to predict churn [J]. Journal of Marketing Research, 43 (2): 276 –286.

[108] Lemon, K. N., T. B. White, and R. S. Winer, 2002. Dynamic customer relationship management: Incorporating future considerations into the service retention decision [J]. Journal of Marketing 66: 1 –14.

[109] Leone, R. P., V. R. Rao, K. L. Keller, A. M. Luo, L. McAlister, and R. Srivasta, 2006. Linking brand equity to customer equity [J]. Journal of Service Research, 9 (2): 125 –138.

[110] Lewis, M., 2004. The influence of loyalty programs and short-term promotions on customer retention [J]. Journal of Marketing Research XLI: 281 –292.

[111] Lewis, M., 2005a. A dynamic programming approach to customer relationship pricing [J]. Management Science, 51 (6): 986 –994.

[112] Lewis, M., 2005b. Incorporating strategic consumer behavior into customer valuation [J]. Journal of Marketing 69: 230 –238.

[113] Lewis, M., 2006. Customer acquisition promotions and customer asset value [J]. Journal of Marketing Research XLIII (2): 195 –203.

[114] Li, S., B. Sun, and R. T. Wilcox, 2005. Cross-selling sequentially ordered products: An application to consumer banking services [J]. Journal of Marketing Research XLII: 233 –239.

[115] Libai, B., D. Narayandas, and C. Humby, 2002. Toward an individual customer profitability model: A segment-based approach [J]. Journal of Service Research, 5 (1): 69 –76.

[116] Little, J. D. C., 1970. Models and managers: The concept of a decision calculus [J]. Management Science, 16 (8): B466 –B485.

[117] Little, J. D. C. , 1975. BRANDAID: A marketing-mix model [J]. Operations Research, 23 (4): 628 -673.

[118] Little, J. D. C. and L. M. Lodish, 1969. A media planning calculus [J]. Operations Research, 17 (1): 1 -35.

[119] Little, J. D. C. and L. M. Lodish, 1981. Judgment-based marketing decision models: Problems and possible solutions/commentary on "Judgment-Based Marketing Decision Models [J]. Journal of Marketing, 45 (4): 13 -40.

[120] Lodish, L. M. , 1971. CALLPLAN: An interactive salesman's call planning system [J]. Management Science, 18 (4): 25 -40.

[121] Malthouse, E. C. and R. C. Blattberg, 2005. Can we predict customer lifetime value? [J]. Journal of Interactive Marketing, 19 (1): 2 -16.

[122] Manski, C. and S. Lerman, 1977. The estimation of choice probabilities from choice-based samples [J]. Econometrica 45: 1977 -1988.

[123] Mantrala, M. K. , P. Sinha, and A. A. Zoltners, 1992. Impact of resource allocation rules on marketing investment-level decisions and profitability [J]. Journal of Marketing Research, 29 (2): 162 -176.

[124] McGahan, A. M. and P. Ghemawat, 1994. Competition to retain customers [J]. Marketing Science, 13 (2): 165 -176.

[125] Mela, C. F. , S. Gupta, and D. R. Lehmann, 1997. The long-term impact of promotion and advertising on consumer brand choice [J]. Journal of Marketing Research, 34 (2): 248 -261.

[126] Robert T. Michael; Gary S. Becker, 1973. The New Approach to Consumer Behavior [J]. Swedish Journal of Economics.

[127] Mittal, V. and W. A. Kamakura, 2001. Satisfaction, repurchase intent, and repurchase behavior: Investigating the moderating effect of customer characteristics [J]. Journal of Marketing Research, 37: 131 -142.

[128] Montgomery, D. B. , A. J. Silk, and C. J. Zaragoza, 1971. A multiple-product sales force allocation model [J]. Management Science, 18 (4): 3 -24.

[129] Mulhern, F. J. , 1999. Customer profitability analysis: Measurement,

concentration, and research directions [J]. Journal of Interactive Marketing, 13 (1): 25 -40.

[130] Narasimhan, C., 1988. Competitive promotional strategies [J]. Journal of Business 61 (4): 427 -449.

[131] Neslin, S., S. Gupta, W. Kamakura, J. Lu, and C. Mason, 2006. Defection detection: Measuring and understanding the predictive accuracy of customer churn models [J]. Journal of Marketing Research, 46 (2): 204 -211.

[132] Nevo, Aviv, 2000. Mergers with Differentiated Products: The Case of the Ready-to-Eat Cereal Industry [J]. RAND Journal of Economics, 31 (3): 395 -421.

[133] Nevo, 2001. Measuring Market Power in the Ready-to-Eat Cereal Industry [J]. Econometrica, Vol. 69, No. 2 (Mar.): 307 -342.

[134] Nijs, V. R., M. G. Dekimpe, J. -B. E. M. Steenkamp, and D. H. Hanssens, 2001. The category-demand effects of price promotions [J]. Marketing Science, 20 (1): 1 -22.

[135] O'Brien, L. and C. Jones, 1995. Do rewards really create loyalty? [J]. Harvard Business Review, 73 (3): 75 -82.

[136] Papatla, P. and L. Krishnamurthi, 1996. Measuring the dynamic effects of promotions on brand choice [J]. Journal of Marketing Research, 33 (1): 20 -35.

[137] C. Whan Park, David L. Mothersbaugh, Lawrence Feick, 1994. Consumer Knowledge Assessment [J]. The Journal of Consumer Research, Vol. 21, No. 1 (Jun., 1994): 71 -82.

[138] Petrison, L. A., R. C. Blattberg, and P. Wang, 1997. Database marketing-Past, present, and future [J]. Journal of Direct Marketing, 11 (4): 109 -125.

[139] Pfeifer, P. E. and R. L. Carraway, 2000. Modeling customer relationships as Markov chains [J]. Journal of Interactive Marketing, 14 (2): 43 -55.

[140] Pigou, A. C., 1920. The Economics of Welfare [M]. London: Mac-

millan and co.

[141] Reichheld, F. F., 1993. Loyalty-based management [J]. Harvard Business Review, 71 (2): 64-73.

[142] Reichheld, F. F., 1996. Learning from customer defections [J]. Harvard Business Review, 74 (2): 56-61.

[143] Reichheld, F. F. and W. E. Sasser, 1990. Zero defections: Quality comes to services [J]. Harvard Business Review, 68 (5): 105-111.

[144] Reichheld, F. F. and T. Teal, 1996. The Loyalty Effect the Hidden Force Behind Growth, Profits, and Lasting Value [M]. Boston, Mass: Harvard Business School Press.

[145] Reinartz, W. and V. Kumar, 2002. The mismanagement of customer loyalty [J]. Harvard Business Review, 80 (7): 86-94.

[146] Reinartz, W. and V. Kumar, 2003. The impact of customer relationship characteristics on profitable lifetime duration [J]. Journal of Marketing, 67 (1): 77-99.

[147] Reinartz, W., J. S. Thomas, and V. Kumar, 2005. Balancing acquisition and retention resources to maximize customer profitability [J]. Journal of Marketing 69: 63-79.

[148] Reinartz, W. J. and V. Kumar, 2000. On the profitability of long-life customers in a noncontractual setting: An empirical investigation and implications for marketing [J]. Journal of Marketing, 64 (4): 17-35.

[149] Resnick, P. and H. R. Varian, 1997. Recommender systems [J]. Communications of the ACM, 40 (3): 56-58.

[150] Rigby, D. K., F. F. Reichheld, and P. Schefter, 2002. Avoid the four perils of CRM [J]. Harvard Business Review, February.

[151] Roberts, M. L. and P. D. Berger, 1989. Direct Marketing Management [M]. Prentice Hall Collage Div.

[152] Rogers, E. M., 1983. Diffusion of Innovations [M]. New York: Free Press.

[153] Rust, R. T., 1986. Advertising Media Models [M]. Lexington Books.

[154] Rust, R. T., K. N. Lemon, and V. A. Zeithaml, 2004. Return on marketing: Using customer equity to focus marketing strategy [J]. Journal of Marketing 68: 109 - 127.

[155] Rust, R. T. and P. C. Verhoef, 2005. Optimizing the marketing interventions mix in intermediate-term CRM [J]. Marketing Science, 24 (3): 477 - 489.

[156] Rust, R. T., V. A. Zeithaml, and K. N. Lemon, 2000. Driving Customer Equity How Customer Lifetime Value is Reshaping Corporate Strategy [M]. New York: Free Press.

[157] Ryals, L., 2005. Making customer relationship management work: The measurement and profitable management of customer relationships [J]. Journal of Marketing 69: 252 - 261.

[158] Schmittlein, D. C., D. G. Morrison, and R. Colombo, 1987. Counting your customers: Who are they and what will they do next? [J]. Management Science, 33 (1): 1 - 24.

[159] Schmittlein, D. C. and R. A. Peterson, 1994. Customer base analysis: An industrial purchase process application [J]. Marketing Science, 13 (1): 41 - 67.

[160] Shaffer, G. and Z. J. Zhang, 1995. Competitive coupon targeting [J]. Marketing Science, 14 (4): 395 - 416.

[161] Shaffer, G. and Z. J. Zhang, 2000. Pay to switch or pay to stay: Prefernce-based price discrimination in markets with switching costs [J]. Journal of Economics & Management Strategy, 9 (3): 397 - 424.

[162] Shaffer, G. and Z. J. Zhang, 2002. Competitive one-to-one promotions [J]. Management Science, 48 (9): 1143 - 1160.

[163] Silk, A. J., L. R. Klein, and E. R. Berndt, 1997. Intermedia substitutability in the U. S. national advertising market [J]. Working Paper.

[164] Simester, D. I., P. Sun, and J. N. Tsitsiklis, 2006. Dynamic catalog

mailing policies [J]. Management Science, 52 (5): 683 -696.

[165] Sissors, J. Z. and E. R. Petray, 1976. Advertising Media Planning [M]. Chicago, IL: Crain Books.

[166] Stauss, B. and C. Friege, 1999. Regaining service customers [J]. Journal of Service Research, 1 (4): 347 -361.

[167] George J. Stigler and Gary S. Becker, 1977. De Gustibus Non Est Disputandum [J]. The American Economic Review, 67 (2): 76 -90.

[168] Thomas, J., R. Blattberg, and E. Fox, 2004. Recapturing lost customers [J]. Journal of Marketing Research, 38 (2): 31 -45.

[169] Thomas, J. S., 2001. A methodology for linking customer acquisition to customer retention [J]. Journal of Marketing Research, 38 (2): 262 -268.

[170] Debora Viana Thompson, Rebecca W. Hamilton, and Roland T. Rust, 2005. Feature Fatigue: When Product Capabilities Become Too Much of a Good Thing [J]. Journal of Marketing Research Vol. XLII (November): 431 -442.

[171] Tirole, J., 1988. The Theory of Industrial Organization [M]. Cambridge, Mass: MIT Press.

[172] Venkatesan, R. and V. Kumar, 2004. A customer lifetime value framework for customer selection and resource allocation strategy [J]. Journal of Marketing 68: 106 -125.

[173] Verhoef, P. C. and B. Donkers, 2001. Predicting customer potential value an application in the insurance industry [J]. Decision Support Systems 32: 189 -199.

[174] Verhoef, P. C., P. H. Franses, and J. C. Hoekstra, 2001. The impact of satisfaction and payment equity on cross-buying: A dynamic model for a multi-service provider [J]. Journal of Retailing 77: 359 -378.

[175] Villanueva, J., P. Bhardwaj, Y. Chen, and S. Balasubramanian, 2006a. Managing customer relationships: Should managers focus on the long term? [J]. Working Paper, University of California, Los Angeles.

[176] Villanueva, J., S. Yoo, and D. M. Hanssens, 2006b. The impact of

marketing-induced versus word-of-mouth customer acquisition on customer equity [J]. Working Paper.

[177] Villas-Boas, J. M., 1999. Dynamic competition with customer recognition [J]. RAND Journal of Economics, 30 (4): 604 - 631.

[178] Villas-Boas, J. M., 2004. Price cycles in markets with customer recognition [J]. RAND Journal of Economics, 35 (3): 486 - 501.

[179] Wiesel, T. and B. Skiera, 2004. Enterprise valuation by using customer lifetime values [J]. Working Paper.

[180] Yoo, S. and D. M. Hanssens, 2005. Modeling the sales and customer equity effects of the marketing mix [J]. Working Paper.

[181] Zauberman, G., 2003. The inter-temporal dynamics of consumer lock-in [J]. Journal of Consumer Research, 30 (3): 405 - 419.

[182] Zhang, J. and L. Krishnamurthi, 2004. Customizing promotions in online stores [J]. Marketing Science, 23 (4): 561 - 578.

后　记

本书从理论上分析了消费者人力资本的特征及其变化，发现这一概念与消费者家庭制成品结合可以很好地预测消费者对企业市场产品的需求。在此基础上，结合这两个概念，本书还构建了一个更加合理精确的顾客资产模型，为企业更合理地分配其营销资源、最大化其营销行为的价值提供了一个指导框架，但本书还存在着诸多局限和不足，下面将逐一说明。

第一，在第四章的动态理论分析中，本书的理论预测了消费者人力资本存在一个稳态均衡值，消费者可以通过不同的消费决策以实现这一消费者人力资本存量水平，但是在后面的实证模型和经验检验中本书并没有能够验证这一理论预测是否正确。这与本书的实证测量模型构建存在着密切的关系。本书的经验模型是基于离散选择模型这一理论基础的，离散选择模型最大的局限性就在于对动态性的分析。因而要检验本书理论模型的预测，需要在将来的研究中开发出新的实证测量模型才能够实现，这也是本书未来需要深入研究的方向之一。

第二，本书在第七章的顾客资产测量应用中发现，在计算企业的顾客资产时，如果采用的平均方式不同，所得的顾客资产结果就会有差别。虽然这一差别不会导致计算结果出现质的不同，但是这两个结果有差别就说明不同的平均方法准确性是不一样的。本书认为可能是概率计算函数的凹凸性导致了不同平均方法在最终结果上的差别，但是本书并没有分析这背后的管理学含义。只有深刻理解了这一点，才能得知哪种平均方式是更加准确的，或者说在哪种情况下采用何种平均方式更合适。这一点也值得将来进行深入的研究。

第三，在本书的测量模型中并未考虑回归模型的内生性问题，但是实际上这一模型是可能存在内生性的。内生性的出现会导致估计结果出现偏差，因此，本书认为在未来的研究中有必要对内生性问题进行专门、深入的分析。

第四，本书在应用性的分析中，所采用的样本数量相对来说较小，虽然这一点因为每一份问卷包含多条信息这一特点得到了一定的改善，但还是无法改变样本较小的事实。因此，将来的研究可能需要更大样本的分析，或者说，采用某一市场上不同企业或品牌的产品实际销售情况作为样本进行分析，以期能够得出更加准确和有意义的结果。

第五，为了使得分析更为简明，同时也是由于本书缺乏关于消费者购买数量、不同产品利润率大小等数据，本书顾客资产的结果实际上是一个相对价值，而不是真正的市场价值，这一点则需要在未来的研究中运用更加丰富的数据予以解决。

张　锐

2021 年 12 月